ABITUR 2013

Prüfungsaufgaben
mit Lösungen

Deutsch
Gymnasium
Bayern
2011–2012

STARK

ISBN 978-3-8490-0034-9

© 2012 by Stark Verlagsgesellschaft mbH & Co. KG
3. ergänzte Auflage
www.stark-verlag.de

Das Werk und alle seine Bestandteile sind urheberrechtlich geschützt. Jede vollständige oder teilweise Vervielfältigung, Verbreitung und Veröffentlichung bedarf der ausdrücklichen Genehmigung des Verlages.

Inhalt

Vorwort

Hinweise und Tipps zum Abitur

1 Grundlagen I
2 Prüfungsstoff III
3 Aufgabenarten V
4 Anforderungsbereiche und Operatoren XI
5 Tipps, Hinweise zu den Bewertungskriterien XV

Übungsaufgaben im Stil des Abiturs

Übungsaufgabe 1
Verfassen einer vergleichenden Analyse von Sachtexten
und Stellungnahme in einem Brief
    Friedrich Dürrenmatt, *Theaterprobleme*
    Bertolt Brecht, *Kann die heutige Welt durch Theater wiedergegeben werden?*   1

Übungsaufgabe 2
Verfassen einer materialgestützten Erörterung
    Gesellschaftliche Funktionen und diesbezügliche Probleme des Spitzensports   13

Übungsaufgabe 3
Verfassen einer materialgestützten Erörterung
    Wandel des traditionellen Familienbildes in Deutschland 25

Übungsaufgabe 4
Verfassen eines Kommentars auf der Grundlage eines Sachtextes
    Nikolas Westerhoff, *Die Macht des Klischees* 35

Übungsaufgabe 5
Verfassen eines Kommentars auf der Grundlage eines Sachtextes
    Julia Bonstein, *Prosecco statt Popcorn* 45

Offizielle Musteraufgaben des bayerischen Kultusministeriums

Musterabitur 1
Verfassen einer Rede auf der Grundlage eines Sachtextes
*Grußwort von Bundespräsident Horst Köhler im Berliner Ensemble
am 17. 04. 2005 anlässlich der Matinee zum 200. Todestag Schillers* 55

Musterabitur 2
Verfassen einer materialgestützten Erörterung
Möglichkeiten und Grenzen der Sprachpflege 65

Abiturprüfungsaufgaben

Abiturprüfung 2011

Aufgabe 1: Erschließen eines poetischen Textes:
Hugo von Hofmannsthal, *Erlebnis* 2011-1

Aufgabe 2: Erschließen eines poetischen Textes:
Franz Grillparzer, *Die Jüdin von Toledo* 2011-10

Aufgabe 3: Erschließen eines poetischen Textes:
Michael Kumpfmüller, *Hampels Fluchten* 2011-23

Aufgabe 4: Vergleichendes Analysieren von Sachtexten:
Hans-Dieter Gelfert, *Wozu überhaupt Interpretation?*
Iris Radisch, *Nie wieder Versfüßchen* 2011-36

Aufgabe 5: Argumentieren, auch in freieren Formen:
Freundschaft im Zeitalter digitaler Kommunikation 2011-48

Abiturprüfung 2012

Aufgabe 1: Erschließen eines poetischen Textes:
Eduard Mörike, *Am Walde* 2012-1

Aufgabe 2: Erschließen eines poetischen Textes:
Thomas Bernhard, *Freispruch* 2012-10

Aufgabe 3: Erschließen eines poetischen Textes:
Robert Musil, *Die Verwirrungen des Zöglings Törleß* 2012-22

Aufgabe 4: Materialgestütztes Verfassen eines informierenden Textes:
Teil eines Programmhefts zu Goethes *Faust* 2012-34

Aufgabe 5: Argumentieren, auch in freieren Formen:
Thema „Nichtstun".. 2012-42

Jeweils im Herbst erscheinen die neuen Ausgaben
der Abiturprüfungsaufgaben mit Lösungen.

Autoren:

Ute Badum, Stefanie Offergeld (Übungsaufgaben 3, 5, Lösungen Musterabitur 1, 2);
Dr. Klaus Gladiator (Übungsaufgaben 1, 2, 4); Barbara Zeller (Lösungen 2011, 2012)

Vorwort

Liebe Abiturientinnen und Abiturienten,

Sie werden 2013 die schriftliche Abiturprüfung im Fach Deutsch ablegen. Dieser Band wird Ihnen dabei helfen, sich optimal auf diese Prüfungen vorzubereiten!

Das einführende Kapitel „**Hinweise und Tipps**" informiert Sie über die offiziellen Rahmenvorgaben, macht Sie mit dem Prüfungsstoff sowie den Aufgabenarten vertraut und erläutert die Arbeitsanweisungen (Operatoren). Hier erhalten Sie auch konkrete Hinweise, wie Sie die verschiedenen Aufgabenarten am besten lösen können. Praktische Tipps sowie Hinweise zu den Bewertungskriterien runden diesen Teil ab.

Die **fünf Übungsaufgaben im Stil des Abiturs** richten sich zum einen nach den gültigen Richtlinien und Lehrplänen Deutsch für die gymnasiale Oberstufe in Bayern. Zum anderen greifen sie die ministeriellen Vorgaben für das Zentralabitur Deutsch auf und berücksichtigen die adressatenorientierten und freieren Formen des Argumentierens.

Die **offiziellen Musteraufgaben** und die **Original-Prüfungsaufgaben 2011 und 2012** zeigen, was im Abitur auf Sie zukommt, und sind optimales Trainingsmaterial.

Zu jeder Aufgabe finden Sie eine mögliche **Gliederung** sowie einen ausführlichen **Lösungsvorschlag**, mit dem Sie Ihren eigenen Aufsatz vergleichen können. Den Lösungsvorschlägen vorangestellt sind ⚡**Hinweise und Tipps**, die Ihnen bei der Erschließung der einzelnen Arbeitsanweisungen helfen. Wesentliche **Fachbegriffe** in den Lösungsvorschlägen sind durch Fettdruck hervorgehoben, die Angabe der **Gliederungsebene am Rand** erleichtert Ihnen die Orientierung im Musteraufsatz.

Ein **Stichwortverzeichnis** ermöglicht die rasche Orientierung in den Prüfungsaufgaben.

Vergegenwärtigen Sie sich bei Ihrer Vorbereitung immer wieder die genaue Fragestellung und die verwendeten Operatoren und lesen Sie wiederholt die Erklärung der unterschiedlichen Aufgabenarten in den Hinweisen nach.

Sollten nach Erscheinen dieses Bandes noch wichtige Änderungen in der Abiturprüfung 2013 vom Kultusministerium bekannt gegeben werden, finden Sie aktuelle Informationen dazu im Internet unter www.stark-verlag.de/info.asp?zentrale-pruefung-aktuell.

Wir wünschen Ihnen eine effektive Abiturvorbereitung und eine erfolgreiche Prüfung!

Die Autoren und der Verlag

Stichwortverzeichnis zu den Original-Prüfungsaufgaben

Sachregister

Adoleszenz 2012-12 ff.

Adressat 2011-46
Antiheld 2011-32

Bescheidenheit 2012-9
Beschleunigung 2012-48
Bildung 2012-49

Deutsche Teilung 2011-28
digitale Kommunikation 2011-55

Epoche
– Biedermeier 2011-15; 2012-4
– Klassik 2012-7
– Literatur um 1900 2011-6
– Romantik 2011-7; 2012-7, 9

Faulheit 2012-54 ff.
Freundschaft 2011-48 ff.

Gesellschaft 2012-5 ff., 21, 55

Hedonismus 2012-40 f.

Identitätssuche 2012-31 f.
Idylle 2012-5 f., 8
Ironie 2011-32

Jugendlichkeitswahn 2012-41

Kanon 2012-38
Kreativität 2012-49, 55
Kunst 2012-5

Liebesunfähigkeit 2012-40

Motiv
– Blick aus dem Fenster 2011-8
– Nacht 2011-7
– Neuanfang 2011-28, 33 f.
– Schifffahrt 2011-5
Muße 2012-42 ff.

Nachkriegszeit 2012-16
Natur 2012-5 ff., 8 f.
Nichtstun (→ Muße)

Orientierungslosigkeit 2012-41

Roman
– Adoleszenz~ 2012-22 ff.
– Gegenwarts~ 2012-21
– Wiedervereinigungs~ 2011-33

Satire 2012-18 f.
Schuld 2012-10 f.
Schule 2012-57
Selbsterkenntnis 2012-55 f.
Sonett 2012-5 f.
Sprachkrise 2011-3
Sprachlosigkeit 2012-29 f.
Stereotype 2012-33
Synästhesie 2011-5, 8

Tod 2011-4 ff.

Untreue 2011-20 ff.

Wortfeld 2011-43; 2012-29 f.

Werkregister

Am Walde 2012-1 ff.

Anekdote zur Senkung der
Arbeitsmoral 2012-53 f.

Der deutsche Mittagstisch
2012-10 ff.

Der Verschollene 2011-33 f.

Der Vorleser 2012-21

Die Jüdin von Toledo 2011-10 ff.

Die Verwirrungen des Zöglings
Törleß 2012-22 ff.

Effi Briest 2011-22

Erlebnis 2011-1 ff.

Faust 2012-9, 34 ff., 52

Freispruch (→ Der deutsche
Mittagstisch)

Hampels Fluchten 2011-23 ff.

Harry Potter 2012-31 ff.

Leben und Schreiben 2012-1 ff.

Lyrik nervt! Erste Hilfe für gestreßte
Leser 2011-41

Muße und Müßiggang 2012-42 ff.

Muße. Vom Glück des Nichtstuns
2012-42

Nebendraußen 2012-2 ff.

Nie wieder Versfüßchen 2011-38 ff.

Über Goethes „Faust" 2012-36

Woyzeck 2011-20 f.; 2012-20 f.

Wozu überhaupt Interpretation?
2011-36 ff.

Personenregister

Bernhard, Thomas 2012-10 ff.

Böll, Heinrich 2012-53 f.

Büchner, Georg
2011-20 f.; 2012-20 f.

Enzensberger, Hans Magnus
2011-41

Fontane, Theodor 2011-22

Gelfert, Hans-Dieter 2011-36 ff.

Goethe, Johann Wolfgang von
2012-9, 34 ff., 52

Grillparzer, Franz 2011-10 ff.

Hofmannsthal, Hugo von 2011-1 ff.

Kafka, Franz 2011-33 f.

Kumpfmüller, Michael 2011-23 ff.

Lenz, Hermann 2012-1 ff.

Mann, Thomas 2012-36

Mörike, Eduard 2012-1 ff.

Musil, Robert 2012-22 ff.

Nietzsche, Friedrich 2012-42 ff.

Radisch, Iris 2011-38 ff.

Rowling, Joanne K. 2012-31 ff.

Schlink, Bernhard 2012-21

Schnabel, Ulrich 2012-42 ff.

Hinweise und Tipps zum Abitur (G8)

1 Grundlagen

1.1 Vorgaben für die Abiturprüfung in Deutsch

Mit der Einführung des achtjährigen Gymnasiums ist Deutsch als verpflichtendes Abiturprüfungsfach festgelegt worden. **Alle** Schülerinnen und Schüler müssen sich jetzt einer **schriftlichen** Abiturprüfung im Fach Deutsch unterziehen. Dies bedeutet, dass die Anforderungen aus dem Lernbereich „Schreiben", wie sie im Fachlehrplan Deutsch festgelegt sind, sehr genau studiert werden müssen.[1] Deutlicher als bisher sind die Schreibaufgaben jetzt auch in der Abiturprüfung kompetenzorientiert angelegt. Die drei **Gattungen** sind dabei die Grundlage für die Erschließung und Interpretation literarischer Texte. Pragmatische Texte und Materialien führen zu Aufgaben, die analysierende und argumentierende Schreibformen verlangen. Neben der Analyse von **Sachtexten** spielen vor allem adressatenorientierte und freiere Formen des Argumentierens eine größere Rolle als bisher. In anderen Bundesländern hat dies eine längere Tradition. Deshalb ist es ratsam, sich die Prüfungsaufgaben anderer Bundesländer einmal näher anzuschauen.[2] Allen Bundesländern ist gemeinsam, dass sie die bundesweit verbindlichen „Einheitlichen Prüfungsanforderungen in der Abiturprüfung" (EPA)[3] einhalten müssen. Am Ende dieses Einführungskapitels wird deshalb noch etwas genauer auf die EPA-Vorgaben eingegangen.

1.2 Zeitrahmen und Hilfsmittel

In der Abiturprüfung im Fach Deutsch werden Ihnen fünf unterschiedliche Aufgaben vorgelegt, von denen Sie **eine** auswählen und bearbeiten müssen. Dafür stehen Ihnen 270 Minuten (einschließlich Auswahl- und Einlesezeit) zur Verfügung. Als Hilfsmittel ist ein Wörterbuch der deutschen Rechtschreibung zugelassen.

Wer für eine schriftliche Arbeit viereinhalb Stunden Zeit hat, denkt zunächst, dass dies mehr als genug ist. Bald wird man aber feststellen, dass die Zeiger schneller laufen,

---

[1] Den Lehrplan kann man in seiner jeweils aktuellen Fassung einsehen unter: Fachlehrplan Deutsch, München: Bayerisches Staatsministerium für Unterricht und Kultus, als Online-Version verfügbar unter www.isb.bayern.de

[2] Musterbeispiele finden sich u. a. bei den Bildungsservern der jeweiligen Länder und in den einschlägigen Veröffentlichungen des Stark Verlags

[3] Im Internet zu finden unter: http://www.kmk.org/fileadmin/veroeffentlichungen_beschluesse/1989/1989_12_01-EPA-Deutsch.pdf

I

als einem lieb ist. Deshalb ist eine richtige Planung der Schreibarbeit ganz wichtig! Alles beginnt mit der **Wahl des Themas**: Von der „richtigen" Aufgabe hängt ganz wesentlich der Erfolg der Arbeit ab. Aus Ihren Erfahrungen im Unterricht wissen Sie schon, welche Aufgabenstellungen Ihnen liegen. Dennoch sollten Sie alle fünf Prüfungsaufgaben wenigstens überfliegen und genau überlegen:

- Welche Aufgabe fordert mich heraus? Wo kann ich meine Stärken und Kenntnisse einbringen?
- Spricht mich ein Text inhaltlich oder aufgrund der Entstehungszeit, des Verfassers oder der Gattung besonders an?
- Was sind die Schwerpunkte des Erschließungsauftrags? Liegen sie mir?
- Kommt die Grundthese der Erörterungsaufgabe meinen Interessen und meinem Wissen entgegen?

Ausschlaggebend sollte nicht die vermeintliche Leichtigkeit der Aufgabe sein, sondern die Möglichkeit, sie auf ergiebige und gehaltvolle Weise zu lösen. Auch die Gelegenheit, Kenntnisse aus dem Unterricht einzubringen, ist ein Aspekt bei der Entscheidungsfindung. Ist die Entscheidung gefallen, sollten Sie möglichst nicht mehr wechseln, denn das wäre verschenkte Zeit.

Der weitere Verlauf der Prüfung könnte sich dann wie folgt darstellen:

Sie haben eine Aufgabe ausgewählt.
Lesen Sie jetzt die **Aufgabenstellung** genau durch!

Sichten Sie das **Textmaterial** – konzentrieren Sie sich dabei erst einmal auf die Informationen, die für die Aufgabe wichtig sind.

Machen Sie sich erste **Notizen**.

→ *Für die ersten Schritte sollten Sie sich ungefähr 30 Minuten Zeit nehmen.*

Gehen Sie anschließend an die **genaue Textarbeit**! Arbeiten Sie mit den Ihnen vertrauten Markierungen, mit Farben und Randnotizen.

→ *Dafür sind ca. 60 Minuten reserviert.*

Ihre Notizzettel sind nun schon gut gefüllt. Ergänzen Sie, versuchen Sie Ordnung in die Aufzeichnungen zu bekommen. Lesen Sie, wenn nötig, einzelne Textpassagen noch einmal gründlich durch. Entwerfen Sie eine vorläufige **Gliederung**!

→ *Das müsste in 30 Minuten machbar sein.*

Beginnen Sie mit einem **ersten Entwurf**! (Jeder Schreiber hat eine eigene Strategie – schreiben Sie aber nie einfach darauf los.) Arbeiten Sie Punkt für Punkt der Gliederung ab. Vergewissern Sie sich immer wieder am Text, ob die Argumentation stimmig und überzeugend ist.

→ *Dafür müssen Sie mindestens 90 Minuten einplanen.*

Sie haben immer noch 60 Minuten Zeit. Jetzt geht es an den **Feinschliff**: Prüfen Sie Ihre Argumentation und ergänzen Sie unvollständige Absätze. Bestimmte Aufgaben fordern einen ganz besonderen Sprachstil. Hier müssen Sie sicher nachbessern!

Am Ende der Arbeitszeit können Sie Rechtschreibung und Grammatik kritisch durchgehen. Beruhigt geben Sie die Arbeit dann ab.

---

2   Prüfungsstoff

Sie haben sich in den letzten beiden Jahren Ihrer gymnasialen Schullaufbahn mit literarischen (und kulturellen bzw. kulturgeschichtlichen) Entwicklungen von der Klassik bis hin zur Gegenwart beschäftigt. In der Jahrgangsstufe 10 haben Sie entweder die Aufklärung oder den Sturm und Drang näher kennengelernt. Die einzelnen Epochen der deutschen Literaturgeschichte wurden im Unterricht an ausgewählten Textbeispielen besprochen, es wurden typische Merkmale herausgearbeitet und Verbindungen zwischen den Strömungen hergestellt. Einen verbindlichen Literaturkanon hat es dabei nicht gegeben, sieht man einmal davon ab, dass in Bayern von jedem Abiturienten verlangt wird, dass er „seinen" Faust kennt. Sie sollten in der Lage sein, ein romantisches von einem expressionistischen Gedicht zu unterscheiden, und Sie sollten die Kennzeichen der Epochen im Überblick beherrschen. Vermeiden Sie aber, dieses Wissen den vorgelegten Texten aufzuzwingen! Vielmehr geht es bei den ersten drei Prüfungsaufgaben darum, **die literarischen Texte in ihrer Eigenart zu erfassen.** Dazu müssen Sie nicht nur einen Einblick in Epochentypisches haben, sondern vor allem sicher über das Handwerkszeug der Texterschließung verfügen.

Wie gesagt, einen Kanon gibt es nicht. Wenn Sie aber dennoch eine Lektüreliste abarbeiten wollen, dann lesen Sie: Georg Büchners Drama „Woyzeck"; ein Drama des Naturalismus, z. B. Gerhart Hauptmanns „Vor Sonnenaufgang", und ein episches Drama von Bert Brecht („Der gute Mensch von Sezuan"). Relevante epische Texte sind z. B. Theodor Fontanes „Effi Briest", Alfred Döblins „Berlin Alexanderplatz" und Franz Kafkas Erzählungen. Es schadet auch nicht, wenn Sie den ein oder anderen aktuellen Roman gelesen haben und sich vergegenwärtigen, worum es in diesen Büchern geht: „Schlafes Bruder" von Robert Schneider, „Der Vorleser" von Bernhard Schlink oder „Das Parfum" von Patrick Süskind.

Die Reihe ließe sich natürlich unendlich fortsetzen, Sie sollten nur wissen, dass es Ihnen viel leichter fallen wird, die **Aufgaben 1 bis 3** zu bearbeiten, wenn Sie das ein oder andere Werk aus der Literaturgeschichte und aus der aktuellen Literatur kennen. Übrigens: Sie haben ja seit der 8. Klasse immer wieder Lektüren besprochen, nicht nur im Deutschunterricht. Stellen Sie einmal eine Liste zusammen, die Ihnen vor Augen führt, was alles gelesen wurde, und frischen Sie Ihre Erinnerungen ein wenig auf. Unter Umständen können Sie auch Ihre Privatlektüre Gewinn bringend einsetzen. Dazu gehören auch Beispiele aus der Jugendliteratur oder Werke, die man zunächst dem Bereich der Trivialliteratur zuweisen würde.

In der Abiturprüfung steht traditionell die Interpretation eines **Gedichts** am Anfang. Die Techniken für diese Erschließungsaufgabe haben Sie seit der fünften Klasse erworben. Vor allem die formale Beschreibung eines lyrischen Textes ist Ihnen geläufig, zumal alle Schulbücher das entsprechende Grundwissen (Reim, Versmaß, Strophenformen) ausführlich einüben.

III

Daneben ist es wichtig zu wissen, dass

- ein lyrischer Sprecher als „Ich" explizit oder implizit im Gedicht anwesend ist,
- Klang und Rhythmus eines Gedichts für die Interpretation wichtig sind,
- sprachliche Bilder und rhetorische Figuren in Gedichten intensiver eingesetzt werden als bei den anderen Gattungen,
- formale Beobachtungen erst in Bezug auf inhaltliche Aussagen Sinn ergeben.

Die zweite Aufgabe widmet sich dem **Drama**. Sie haben neben Goethes „Faust" vermutlich ein Drama aus dem 19. oder dem 20. Jahrhundert erschlossen. Hier sollten Sie unter anderem gelernt haben, dass

- die Gattung unterteilt werden kann in Tragödie, Komödie, bürgerliches Trauerspiel und andere Formen,
- ein Drama eine Handlung in Dialogen und Monologen vorstellt,
- die Figuren vor allem durch Gespräche charakterisiert werden,
- die Beziehungen der Figuren in der Kommunikationssituation deutlich werden,
- der Autor (manchmal mehr, manchmal weniger) Regieanweisungen gibt, um die Aussage zu verstärken,
- Mittel der Theatersprache eingesetzt werden, z. B. die Teichoskopie, das Beiseitesprechen, das Sprechen in Sentenzen …,
- jede Epoche eine eigene Theatersprache entwickelt hat.

Wenn Sie auch ein Drama aus der Zeit nach 1945 kennen gelernt haben, dann wissen Sie, dass moderne Dramatik neue Wege sucht, und – manchmal radikal – mit den Traditionen des Theaters bricht. Achten Sie darauf, ob in der Ihnen vorgelegten Szene eine Handlung rekonstruiert wird oder ob nur eine Aussage auf die Bühne gebracht werden soll (Postdramatik).

Neben Gedichten und Dramen haben Sie eine längere Erzählung (oder eine Novelle oder einen Roman) des 19. Jahrhunderts und mit Sicherheit Romane und Erzählungen des 20. bzw. 21. Jahrhunderts gelesen. Sie haben unter anderem gelernt, dass

- ein **epischer Text** einen Erzähler hat, der die Geschichte in seiner Art und Weise dem Leser vermittelt,
- Erzählzeit und erzählte Zeit in der Regel nicht identisch sind,
- die Figuren direkt und indirekt charakterisiert werden,
- neben den dargestellten Figuren auch Raum und Zeit Bedeutung konstituieren,
- der historische Kontext des Werkes eine große Rolle spielen kann.

Bei epischen Texten muss die inhaltliche Zusammenfassung gut beherrscht werden, denn eine Erzählung entwickelt eine Geschichte stringent aus dem Erzählverlauf (das heißt aber nicht, dass die Chronologie immer eingehalten wird).

Bei allen Formen der literarischen Texterschließung geht es darum, Hypothesen zur Textaussage durch **überzeugende Textbelege** so zu untermauern, dass der Leser der Interpretation zustimmen kann. Das Schöne daran ist: Die eine richtige Interpretation gibt es nicht! Achten Sie bei der Interpretation aber auch auf die Forderungen der Aufgabenstellung. Es kann durchaus vorkommen, dass weitere Texte ausgewertet werden müssen. Dieses Zusatzmaterial soll Ihnen dabei helfen, bestimmte Aspekte genauer zu beleuchten. Was genau gemacht werden muss, wird in der Aufgabenstellung unmissverständlich formuliert.

Wer sich nicht so recht für literarische Fragestellungen erwärmen kann, hat in der Abiturprüfung die Möglichkeit, sich mit Problemstellungen allgemeiner Art auseinanderzusetzen. Dafür werden Ihnen die **beiden letzten Aufgaben** angeboten. Hier geht es um zweierlei Kompetenzen: Sie müssen zeigen, dass Sie einen **Sachtext und andere Materialien wie Statistiken und Grafiken auswerten** können. Dazu zählen
- die Gliederung eines Textes,
- die Informationsentnahme,
- die genaue Darstellung von Inhalt und Aufbau,
- das Erkennen der Argumentationsstruktur und der Intention.

Es ist nicht unwahrscheinlich, dass Ihnen die Aufgaben nicht nur einen, sondern mehrere Texte bieten. Je nach Aufgabenstellung müssen Sie dann unterschiedliche Arbeiten mit und an den Texten ausführen.

Sie müssen aber auch zeigen, dass Sie in der Lage sind, selbst **überzeugend** zu **argumentieren**. Der Zusammenhang von These und Argumentation sollte Ihnen geläufig sein. Neu ist, wie oben bereits angedeutet, dass der Lehrplan inzwischen auch freiere Formen der Argumentation zulässt. Diese Schreibhaltung kennen Sie vor allem aus dem journalistischen Bereich. Kommentare, Glossen, Reportagen oder Essays sind Beispiele für Zeitungstexte, die zwar auch argumentieren, oft tun sie dies aber in einer zugespitzten Art und Weise. Eine weitere Variante sind die sogenannten informierenden Texte, die die Aufgabe haben, einen definierten Adressaten über vorgegebene Sachgebiete aufzuklären. Als Beispiel kann der informierende Lexikonartikel oder das Programmheft einer Theateraufführung genannt werden. Ein Schwerpunkt der Bewertung wird bei diesen gestaltenden Aufsatzformen auf der sprachlichen Umsetzung liegen.

3 Aufgabenarten

Die EPA unterscheiden drei wesentliche fachspezifische Erschließungsformen von Texten: das Untersuchen, das Erörtern und das Gestalten. Kombiniert man diese drei Methoden mit einer Textart (literarisch oder pragmatisch), erhält man die folgenden Aufgabenarten:

V

Erschließungsform	Textart	Aufgabenart
untersuchend	literarisch	Interpretieren von literarischen Texten
	pragmatisch	Analysieren von Sachtexten
erörternd	literarisch	literarisches Erörtern
	pragmatisch	Erörtern im Anschluss an einen oder mehrere Texte
	(ohne Textgrundlage)	Erörtern in vorgegebenen Formen
gestaltend	literarisch	gestaltendes Interpretieren
	pragmatisch	adressatenbezogenes Schreiben

Aus den zahlreichen Kombinationsmöglichkeiten werden die zentralen Abituraufgaben in Bayern jeweils fünf Schreibformen mit unterschiedlichen Schwerpunkten anbieten, die aus der Aufgabenstellung ersichtlich werden.

Die oft zweiteiligen **Aufgaben 1 bis 3** präsentieren jeweils einen Text oder Textausschnitt aus einer der **drei Literaturgattungen**, den Sie zunächst **erschließen** sollen, sei es unter selbst gewählten oder vorgegebenen Schwerpunkten. Der zweite Teil der Aufgabe gibt Ihnen die Möglichkeit, den Text **in einen größeren Zusammenhang zu stellen**. Dies kann z. B. dadurch geschehen, dass Sie weiterführendes Textmaterial vorgelegt bekommen, das Ihnen einen bestimmten Blick auf den Primärtext eröffnet. So ist denkbar, dass in einem Sachtext Zusatzinformationen stehen, die den zu interpretierenden Text in einem bestimmten Licht erscheinen lassen. Oder es wird ein zweiter Text (des gleichen oder eines anderen Autors) vorgelegt, der eine ganz andere Sicht auf ein Thema erkennen lässt und deshalb die Interpretation in eine andere Richtung lenkt. Häufig werden Sie aber auch einfach aufgefordert, die von Ihnen erarbeitete Erschließung mit einem selbst gewählten Beispiel aus der Literaturgeschichte zu vergleichen.

Beachten Sie die Aufgabenformulierung immer ganz genau: Wenn es etwa heißt, dass „anhand eines literarischen Werks eines anderen Autors [verglichen werden soll], wie sich naturwissenschaftliche Vorstellungen auf Literatur auswirken" (Gk-Abitur Bayern 2007), dann sind Sie in Ihrer Wahl tatsächlich sehr frei: Sie bestimmen Autor, Werk und Epoche ganz allein. Es spricht auch nichts dagegen, ein Werk aus der fremdsprachigen Literatur zu wählen.

Die Aufgabe b) gibt Ihnen immer die Gelegenheit, Ihr literarisches Wissen und Ihre Fähigkeit zur literarischen Argumentation vorzuführen. Es ist sehr wichtig zu wissen, dass es kein Verbot gibt: Vielleicht sind Sie auf Science Fiction spezialisiert oder auf Kriminalliteratur oder Sie haben eben eine Vorliebe für französische Literatur – auch mit diesen Pfunden können Sie wuchern!

Die **Aufgaben 4 und 5** sind den **Sachtexten** und dem **Argumentieren** vorbehalten. Diese sollen unten genauer vorgestellt werden.

VI

3.1 Erschließen eines poetischen Textes

Verlangt ist hier, einen Text nach **Form** und **Inhalt** zu analysieren, häufig unter vorgegebenen Schwerpunktsetzungen. Zu verfassen ist also eine **Textinterpretation** (vgl. auch Abschnitt 4: „Anforderungsbereiche und Operatoren").

Zugrunde liegt ein Textausschnitt aus einem lyrischen, epischen oder dramatischen Werk, der meist zusammenzufassen, zu erschließen und zu interpretieren ist. Es geht darum, ihn in seiner Besonderheit zu verstehen und dieses Verständnis sprachlich angemessen zum Ausdruck zu bringen. Sie beginnen damit, dass Sie den Text mehrfach lesen, Auffälliges markieren, Beobachtungen – vor allem hinsichtlich der angegebenen Schwerpunktsetzungen – notieren, Fragen an den Text stellen und sich überlegen, was charakteristisch und wesentlich daran ist. Erschrecken Sie nicht, wenn Ihnen zunächst nicht alles sofort klar ist: Gerade gute Texte möchten, dass sich der Leser schon etwas anstrengt! Wichtig ist in jedem Fall die **überzeugende und nachvollziehbare Argumentation**. Belege sind zunächst vor allem **Textbelege**. Erst wenn dieser Fundus ausgeschöpft ist, können Sie anfangen, außertextuelle Bezüge herzustellen.

3.2 Erörtern

Der Deutsch-Lehrplan für das achtjährige Gymnasium unterscheidet im Lernbereich „Schreiben" zwischen zwei Formen des Erörterns: Erörtern in vorgegebenen und in freieren Formen. Beide Schreibhaltungen gehen von einer Problemfrage oder einer These, etwa in Form eines Zitats, aus. Es kommt darauf an, einen komplexen Sachverhalt – oft aus dem Bereich der Sprachbetrachtung oder des literarischen bzw. des kulturellen Lebens – von verschiedenen Seiten zu beleuchten, mögliche Betrachtungsweisen abzuwägen und einen eigenen, kritisch reflektierten Standpunkt zu entwickeln.

Unter „**vorgegebenen Formen**" versteht der Lehrplan die klassische freie Erörterung, eine Form der Meinungsfindung also, die streng nach Argumenten aufgebaut ist und die oft beide Seiten abwägt und dadurch abschließend zu einem eigenständigen Urteil gelangt. Man nennt diese Herangehensweise „antithetisch".

Die „**freieren Formen**" des Erörterns erkennen Sie immer an der Angabe einer bestimmten Textsorte, die von Ihnen verlangt wird. Es heißt also z. B. „Schreiben Sie einen Kommentar", „Verfassen Sie einen Essay" usw. Diese Schreibformen sollten Sie im Unterricht seit der neunten Jahrgangsstufe immer wieder eingeübt haben. Wenn dies nicht der Fall ist, werden Sie die Aufgabe kaum adäquat bearbeiten können.

Im Grunde genommen ist der Unterschied zwischen den freieren und den vorgegebenen Formen aber nicht so groß. Beide Aufsatzarten fordern eine **überzeugende Argumentation zu einer Leitthese**, die der Schreiber aufstellt. Die freieren Formen gehen nur bei der Beweisführung auf den Adressaten genauer ein, sie versuchen das oft mit bestimmten sprachlichen Mitteln. Dazu zählen beispielsweise rhetorische Fragen, ironische Wendungen und/oder bildhaftes Sprechen. Allerdings darf man diese Möglichkeiten nicht übertreiben, weil sonst die Überzeugungskraft darunter leidet.

3.3 Analysieren von Sachtexten

Neben der Auseinandersetzung mit poetischen Texten gibt es noch die Analyse von Sachtexten. Sie haben bereits seit der siebten Jahrgangsstufe gelernt, Sachtexte **zusammenzufassen**. Dies ist stets der erste Schritt, wenn der Aufgabe ein umfangreicher oder mehrere kürzere Sachtexte zugrunde liegen. Die Aufgabenstellung kann unter Umständen dabei den Schwerpunkt unterschiedlich setzen, z. B. wenn Wert darauf gelegt wird, dass vor allem die **Argumentationsstruktur** eines Textes erkannt wird, oder wenn **bestimmte Aspekte eines Themas** herausgearbeitet werden sollen. Das wiederum kennen Sie als „erweiterte Inhaltsangabe" seit der Jahrgangsstufe 9.

Sachtexte können unter zwei unterschiedlichen Gesichtspunkten eingesetzt werden. Entweder sind sie selbst Gegenstand der Untersuchung. Dann kann man davon ausgehen, dass sie anspruchsvoll sind und alle Aufmerksamkeit fordern, um die **Kernaussagen** zu erkennen. Oder sie dienen als Material für einen eigenen Schreibauftrag. In diesem Fall kann man damit rechnen, dass nicht nur zusammenhängende Texte, sondern auch sogenannte **diskontinuierliche Texte**, also Bilder, Grafiken etc. angeboten werden. Diese Form der Auswertung kennen Sie von den Deutschtests, die Sie in den Jahrgangsstufen 6 und 8 zu bestehen hatten.

Klar wird hier auch, dass **Sachtextanalyse und das Erörtern von Thesen und Problemen kombiniert** sein können. Es ist für die Planung Ihrer Abiturarbeit ganz wichtig, dass Sie sich genau anschauen, was von Ihnen verlangt wird. Bei der Auswertung von Sachtexten kann der Schreibauftrag auch lauten: Verfassen Sie auf der Grundlage des Materials einen **informierenden Text**. Auch hier können Sie davon ausgehen, dass Ihnen die Aufgabenstellung hilft, wenn es um die konkrete Textsorte geht. So könnten Sie z. B. aufgefordert werden, einen längeren Artikel für ein Sachbuch oder eine Theaterzeitschrift zu erstellen. Verlangt ist in jedem Fall eine untersuchende und erläuternde Vorgehensweise. Die vorgelegten Materialien müssen zunächst kritisch ausgewertet und um eigene Kenntnisse erweitert werden. Schließlich bringt man alle Aspekte in einen sachlogischen Zusammenhang. Es geht dabei nicht darum, die Materialien detailliert zu analysieren, sondern darum, eine für die kommunikative Situation passende Darstellung zu finden. Erwartungen und Interessen der potentiellen Leser sollen in angemessener Weise berücksichtigt werden.

3.4 Textlänge

Eine Neuerung bei den Aufgaben des Lernbereichs „Schreiben" ist die Einführung von Textlängenbegrenzungen. Dies gilt vor allem für die freieren Formen des Argumentierens. Es heißt dann in der Aufgabenstellung: „Ihr Text sollte 1 200 bis 1 500 Wörter enthalten." Diese Bandbreite kann ausgenutzt werden, sollte aber nicht allzu deutlich unter- bzw. überschritten werden. Der Sinn einer Begrenzung besteht darin, dass der Schreiber so gezwungen ist, mehr Energie und Konzentration auf die **sprachliche Ausarbeitung** zu verwenden. Sie sollten nicht einfach zu schreiben beginnen und Ihr gesamtes Wissen ausbreiten, sondern **bewusst auswählen** und auch bei den Formulierungen genau überlegen, was passend und was eventuell verzichtbar ist.

Nun ist der entscheidende Punkt bei einer Vorgabe der Textlänge, dass man se. Handschrift einschätzen kann: Wie viele Wörter passen bei mir auf eine geschriebene Seite? Schreibe ich gleichmäßig oder werden es am Ende mehr oder weniger Wörter pro Seite? Wenn Sie es ein paar Mal ausprobiert haben, dann werden Sie ein sicheres Gespür dafür entwickelt haben. Auch bei der Planung Ihres Textes sollten Sie die Längenbegrenzung schon im Auge haben: Wie viel Raum nimmt der Hauptpunkt ein? Wie viel verwende ich für die Einleitung, wie viel für den Schluss? Wie immer gilt auch hier: Übung macht den Meister!

Übrigens: Wie viele Wörter hat dieses Teilkapitel 3.4? *(Lösung auf Seite XVI)*

3.5 Weitere Tipps zur Arbeit mit Texten

Jeder gelungene Deutschaufsatz entsteht aus einem Zusammenspiel von genauem Eingehen auf die Aufgabenstellung und individuellem Zugang, also der Fähigkeit, das eigene Textverständnis und die eigene Problemerfassung überzeugend darzustellen. Für die Prüfungssituation ist es deshalb wichtig, über ein **Repertoire an Fragen** zu verfügen, mit denen man an literarische Texte und an Sachtexte herangeht.

Gedichtinterpretation
- Was drückt das Metrum aus, was bewirkt es?
- Aus welcher Perspektive wird im Gedicht gesprochen?
- Welche Entwicklung findet vom ersten bis zum letzten Vers statt? Denn auch in Gedichten passiert etwas.
- Welche Versgruppen gehören zusammen?
- Wie ist ein Motiv verwendet und inwieweit wandelt es sich?
- Was ist mit dem lyrischen Ich, das implizit oder explizit sich und seine Sicht der Welt zum Ausdruck bringt? Wie spricht es? Welche Sprache wählt es?
- Ergibt sich eher fließend ein Erlebniszusammenhang mit einer spürbaren Atmosphäre? Oder ist es ein eher spröder, intellektuell gedachter und gebauter Text, durchsetzt von Konjunktionen, Einsprüchen und Antithesen?

Sie sollten hinhören, überlegen, wie das Gedicht wirkt, und untersuchen, wodurch diese Wirkung zustande kommt. In der ersten halben Stunde einer Gedichtinterpretation sollten Sie den Text auf sich wirken lassen, Fragen sammeln und noch nicht losschreiben. Und noch etwas: Wie das eine oder andere letztlich zu verstehen ist, ist nicht immer eindeutig zu entscheiden. Gedichte haben einen offenen Deutungsraum um sich herum. Die Interpretation muss daher nach Plausibilität streben, indem sie sich nahe am Gedicht bewegt und die Thesen durch konkrete Textbelege stützt.

Interpretation einer dramatischen Szene
- Welche Kommunikationssituation liegt vor? Wie sind die Redeanteile der Figuren verteilt?
- Welche Spannung liegt in der Szene? Wie spitzt sich die Auseinandersetzung zu?
- Wo ist eventuell ein Höhe- und Wendepunkt?

olle spielen der Schauplatz, ein etwaiges Requisit oder ein Gang bezie-
eine Geste?

lie Regieanmerkungen zum Verständnis bei?

hinter dem gesprochenen Wort unausgesprochen, ist mitzudenken und
uns ahnen, wie es in der Figur wirklich aussieht und was sie vielleicht plant?
- Welchen Platz hat die Szene im Handlungszusammenhang und welche Funktion
kommt ihr zu? (Was wäre, wenn sie gestrichen wäre?)

Interpretation von epischen Texten
- Bei erzählender Literatur sollte man sich vor der Gefahr hüten, in der Fülle des
Stoffes zu ertrinken und zu viel Inhaltliches zu rekonstruieren.
- Nachdem es sich i. d. R. um einen Textausschnitt handelt und Sie das Werk kaum
kennen werden, ist eine Einbettung in den Gesamthandlungsverlauf nicht möglich.
Sie wird auch nicht gefordert. Allerdings gibt es in der Hinführung meist wichtige
Hinweise auf den Kontext.
- Konzentrieren Sie sich auf das Wesentliche des Textauszugs, finden Sie zunächst
das Thema der Textstelle.
- Entscheidend für das Verständnis ist oft, die Erzählperspektive und Haltung des
Erzählers zu erkennen und zu deuten. Weiß er nicht mehr, als die einzelne Figur
wissen kann, erzählt er gleichsam aus ihr heraus personal? Oder hat er den Über-
blick und ist allwissend? Verschwindet er ganz hinter einem erzählenden Ich?
Hegt der Erzähler Sympathie für seine Helden oder bleibt er ironisch distanziert?
- Wird linear-chronologisch erzählt oder gebrochen in Zeitsplittern, Facetten, Vor-
wegnahmen und Rückblicken?
- Entsteht ein Abbild unserer Wirklichkeit oder erscheint sie ins Artifizielle, Groteske, Absurde verfremdet?
- Welches Bild von der erzählten Zeit wird entworfen, mit welchen Fragen setzt sich
der Autor in seinem Text auseinander?

Weitere Hinweise bietet der Band *Textinterpretation Lyrik – Drama – Epik* von Friedel
Schardt aus der Reihe *Abiturwissen Deutsch* (Stark Verlag 2000, Titelnr. 944061).

Einen guten Eindruck macht es immer, wenn **korrekt zitiert** wird. Sie sollten nicht
zu umfangreich zitieren oder dem Leser das Zitat wortlos „vor die Füße schieben".
Zitate, oft nur ein Satzfetzchen oder ein besonderes Wort, werden gewählt, weil sie
aufschlussreich und vielsagend sind: Man muss also damit arbeiten, sie erläutern und
kommentieren. Überhaupt ist das A und O jeder Interpretation, in die eigene Sprache
hineinzuholen, was man vorfindet. Wer sprachfaul nur wiederholt, was der Autor
sagt, bleibt bei der Nacherzählung. Eine Interpretation verlangt immer auch einen
abstrahierenden Zugriff auf den Text. Die Anstrengung, Fremdes selbstständig in der
eigenen Sprache wiederzugeben, wirft unwillkürlich Fragen auf und bedeutet damit
den ersten Schritt zum Verständnis eines Textes.

Sehr ratsam ist es, über ein paar **Fachbegriffe** so zu verfügen, so dass über Erzähltes und Dargestelltes präzise gesprochen werden kann. Man sollte etwa schreiben können: „Die Figur tritt an dieser Stelle wie ein deus ex machina auf." Oder: „Hier wird der Beziehungsaspekt wichtiger als der Inhalt." Oder: „In diesen Ellipsen, diesen Kurzsätzen ohne Prädikat, drückt sich aus, wie ...". – Wichtig ist, dass Sie Wortarten, Satzteile und Nebensatztypen korrekt bezeichnen können. Üben Sie sich darin, die wichtigsten rhetorischen Figuren zu erkennen, die gestalteter Sprache ihre Wirkung verleihen.

Eine gute Übersicht über rhetorische Figuren findet sich in dem Band *Prüfungswissen Oberstufe* von Werner Winkler (Stark Verlag 2000, Titelnr. 94400, S. 18–21).

Analysieren von Sachtexten

- Sachtexte sind keine fiktionalen Texte. Hier schreibt ein real existierender Autor über die Welt, er zeigt Zusammenhänge, stellt Thesen und Behauptungen auf und versucht, Fragen zu beantworten. Es gibt also keine Zwischeninstanz, die interpretierend herausgearbeitet werden muss.
- Man kann davon ausgehen, dass der Autor eine Hauptthese und gegebenenfalls mehrere Unterthesen vertritt, die einen Bezug zur Hauptthese haben.
- Inhalt und Aufbau eines Sachtextes sollten strukturiert wiedergegeben werden. Es ist oft nötig, die einzelnen Abschnitte einem jeweiligen Verwendungszweck zuzuordnen: Werden Beispiele gegeben? Bezieht sich der Autor auf Autoritäten? Stellt er begründete Thesen auf? Wo stellt der Autor seine Thesen auf? Wo begründet er sie? Wo finden sich die Belege oder die Beispiele für seine Behauptungen?
- Sachtexte bestehen aus Sprechakten, die Sie in Ihrer Zusammenfassung benennen sollten: Der Autor behauptet, schlägt vor, kritisiert, polemisiert, wägt ab, bezieht sich auf, erkennt ... usw. Mit der Frage nach den Sprechakten können Sie auch die Argumentationsstruktur des Textes klären.
- Wie bei der Interpretation literarischer Texte ist auch bei der Analyse der Sachtexte die korrekte Zitierweise zu beachten. Rein inhaltliche Zusammenfassungen verzichten am besten ganz auf Zitate, weil so die Gefahr der bloßen Wiederholung des Ausgangstextes vermieden werden kann. Schlüsselstellen werden jedoch wörtlich zitiert, aber immer mit der Vorgabe, dass das Zitat auch im Zusammenhang erklärt und dann in seiner Funktion analysiert werden muss.

4 Anforderungsbereiche und Operatoren

4.1 Anforderungsbereiche (AFB)

In den EPA werden drei Anforderungsbereiche definiert, die sich auch in den unterschiedlichen Aufgaben wiederfinden. Sie müssen zeigen, dass Sie in der Lage sind, Texte und Problemstellungen zu verstehen, die Aufgabe argumentativ zu lösen und Ihre Überlegungen überzeugend darzustellen.

XI

- **Anforderungsbereich I** betrifft die Reproduktion: die Wiedergabe von gelernten Sachverhalten sowie die wiederholende Zusammenfassung. Der im Unterricht erarbeitete Hintergrund an Lektüre- und Faktenwissen, fachspezifische Arbeitstechniken, Methoden der Texterschließung sowie Darstellungstechniken sollen zum Einsatz gebracht werden.
- **Anforderungsbereich II** zielt auf die Anwendung erworbener Arbeitsweisen, auf Reorganisation von Bekanntem und Transferleistungen. Darunter sind unter anderem selbstständiges Auswählen, Ordnen, Erläutern, Interpretieren oder Vergleichen zu verstehen. Erwartet wird von Ihnen eine eigenständige, argumentativ begründete Interpretation beziehungsweise Erörterung, die zeigt, dass Sie in der Lage sind, Gelerntes auch auf unbekannte Zusammenhänge anzuwenden. Auf dem AFB II liegt in der Abiturprüfung das Hauptgewicht.
- **Anforderungsbereich III** betrifft die gedankliche Selbstständigkeit der Leistung: Hier müssen Sachverhalte und Zusammenhänge eigenständig ausgewertet, durchdacht und begründet beurteilt oder gestaltet werden. Sie sollen zu einer differenzierten und kritischen Wertung von Texten und Sachverhalten gelangen und Ihre Fähigkeit zur Reflexion und Problemlösung beweisen.

Oftmals wird nur ein umfassender Operator (Arbeitsanweisung) wie „erörtern", „interpretieren" oder „analysieren" eingesetzt, der Leistungen in allen Anforderungsbereichen erfordert. Wird die Aufgabe nicht weiter differenziert, entfällt aber auch eine erste Strukturierungshilfe, die die einzelnen Teilaufträge sonst bieten. So haben Sie weniger Orientierungspunkte, aber auch mehr Freiraum beim Gliedern des Aufsatzes.

4.2 Operatoren

Operatoren sind **Arbeitsanweisungen**. Sie machen deutlich, welche Art von Aufgabenstellung gemeint ist, lassen sich den einzelnen Anforderungsbereichen zuordnen und geben einen Hinweis auf das Gewicht der entsprechenden Aufgabe. Durch ihre konkreten Vorgaben dienen Operatoren sowohl dazu, Arbeitsaufträge eindeutig zu formulieren und voneinander abzugrenzen, als auch dazu, einheitliche Bewertungs- und Korrekturmaßstäbe zu setzen. Es ist auch möglich, dass ein eigenständiges Vorgehen verlangt wird und Sie selbst die Schwerpunkte festlegen sollen (meist lautet die Aufgabenstellung dann: „Erschließen/vergleichen Sie … nach von Ihnen selbst festgelegten Kriterien …"). Die folgende Operatorenliste basiert auf den EPA und bietet ein breites Spektrum an Arbeitsaufträgen, die Ihnen in der Prüfung begegnen können.

Anforderungsbereich I (Reproduktion)

(be)nennen	Hier sollen Sie zielgerichtet Informationen zusammentragen, ohne diese zu kommentieren.	*Nennen Sie die wesentlichen Merkmale* eines Sonetts.
beschreiben	Textaussagen oder Sachverhalte müssen in eigenen Worten strukturiert und fachsprachlich richtig dargestellt werden.	*Beschreiben Sie die äußere Form* des Gedichtes.

XII

wiedergeben	Sie sollen Informationen aus Ihrem Vorwissen bzw. dem Material zusammenfassend in eigenen Worten präsentieren.	*Geben Sie die Hauptgedanken der Rede wieder.*
zusammenfassen	Es wird von Ihnen erwartet, dass Sie Inhalte, Aussagen, Zusammenhänge komprimiert wiedergeben.	*Fassen Sie die unterschiedlichen Meinungen zum Thema X zusammen.*
darstellen	Sie haben die Aufgabe, einen Sachverhalt, Zusammenhang, eine methodische Entscheidung zu formulieren.	*Stellen Sie die Wirkungsabsicht dar, die der Autor mit seinem Text verfolgt.*

Anforderungsbereich II (Reorganisation und Transfer)

untersuchen, erschließen	Hier müssen Sie an Texten, Textaussagen, Problemstellungen, Sachverhalten kriterienorientiert arbeiten.	*Untersuchen Sie, inwiefern die rhetorischen Mittel die Aussageabsicht verstärken.* *Erschließen Sie anhand der Bildsprache die Grundstimmung des Textes.*
einordnen	Sie sollen einen Inhalt, eine Problemstellung, einen Sachverhalt auf einen vorgegebenen oder selbst gewählten Kontext beziehen.	*Ordnen Sie dieses Naturgedicht epochal ein.*
charakterisieren	Es wird erwartet, dass Sie eine Person oder Sache in ihren Eigenheiten darstellen sowie treffend und anschaulich schildern.	*Charakterisieren Sie den Protagonisten in Goethes Drama vor dem Hintergrund der Epoche des Sturm und Drang.*
vergleichen	Sie sollen Texte, Problemstellungen, Sachverhalte unter vorgegebenen oder selbst gewählten Aspekten einander gegenüberstellen, in Beziehung zueinander setzen und Gemeinsamkeiten und Unterschiede feststellen.	*Vergleichen Sie die Figurenkonstellation mit derjenigen im Drama X. Vergleichen Sie Art und Wirkung der Metaphorik in beiden Gedichten.*
kennzeichnen	Es kommt bei dieser Aufgabe darauf an, Typisches herauszustellen.	*Kennzeichnen Sie das vorliegende Gedicht als expressionistischen Text.*
erklären	Es wird von Ihnen erwartet, dass Sie Textaussagen und Sachverhalte auf der Basis von Kenntnissen differenziert darstellen.	*Erklären Sie Brechts Dramentheorie anhand des vorliegenden Textausschnittes.*
erläutern	„Erläutern" entspricht „erklären", enthält jedoch den zusätzlichen Aspekt, dass Sie Ihre Ergebnisse durch Zusatzinformationen und Beispiele veranschaulichen sollen.	*Erläutern Sie Schillers Theaterverständnis, indem sie sich auch auf sein Drama X beziehen.*

XIII

| in Beziehung setzen | Sie haben die Aufgabe, Analyseergebnisse, Textaussagen, Sachverhalte, Problemstellungen mit vorgegebenen oder selbst gewählten Aspekten in Verbindung zu bringen. | *Setzen Sie Ihr Analyseergebnis in Beziehung* zur aktuellen Medienkritik am Privatfernsehen. |

Anforderungsbereich III (Reflexion und Problemlösung)

beurteilen	Sie müssen zu einem Text, der ästhetischen Qualität eines Textes bzw. einem Sachverhalt zu einem selbstständigen, begründeten Sachurteil gelangen, und zwar nicht gestützt auf subjektive Werte, sondern auf fachliches Wissen.	*Beurteilen Sie den Versuch des Autors*, die Ereignisse und Folgen des 11. September 2001 in lyrischer Form darzustellen.
bewerten	Es wird von Ihnen erwartet, dass Sie zu einem Sachverhalt, Text oder Problem selbstständig Stellung nehmen und ihn unter Bezug auf eine Wertordnung angemessen beurteilen.	*Bewerten Sie* Jandls lyrische „Sprachspiele" vor dem Hintergrund Ihres eigenen Verständnisses von der Aufgabe der Lyrik in der Gegenwart.
(kritisch) Stellung nehmen	Hier geht es darum, die Einschätzung einer Problemstellung, eines Sachverhaltes, einer Wertung auf der Grundlage fachlicher Kenntnis und Einsicht nach kritischer Prüfung und Abwägung zu formulieren.	*Nehmen Sie zu den Aussagen* des Autors *kritisch Stellung*, indem Sie Erkenntnisse der Sprachsoziologie berücksichtigen.
begründen	Es ist wichtig, dass Sie ein Analyseergebnis, Urteil, eine Einschätzung, eine Wertung fachlich und sachlich absichern (durch einen entsprechenden Beleg, Beispiele, eine Argumentation).	Schreiben Sie dem Verfasser eine Antwort; *begründen Sie* anschließend die von Ihnen gewählte Darstellungsform und die von Ihnen gewählten Stilmittel.
sich auseinandersetzen mit	Sie sollen zu einer (fachlichen) Problemstellung oder These eine Argumentation entwickeln, die zu einem begründeten und nachvollziehbaren Ergebnis führt.	*Setzen Sie sich mit der Position* des Schriftstellers vor dem Hintergrund Ihrer Kenntnisse des Vormärz *auseinander*.
prüfen, überprüfen	Hier müssen Sie eine Textaussage, These, einen Sachverhalt auf der Grundlage eigener Kenntnisse, Einsichten oder Textkenntnis auf ihre/seine Angemessenheit hin untersuchen.	*Überprüfen Sie die Stimmigkeit* der Aussage anhand der Gliederung und der rhetorischen Mittel.
interpretieren	**Literarische Texte:** Texterfassung, Textbeschreibung, Textdeutung (unter Berücksichtigung des Wechselbezugs von Textstrukturen, Funktionen und Intentionen, Erfassen zentraler strukturbildender, genretypi-	*Interpretieren Sie* das vorliegende Gedicht. *Interpretieren Sie* den Text im Zusammenhang mit den Ihnen bekannten Dramentheorien.

	scher, syntaktischer, semantischer und rhetorischer Elemente und ihrer Funktionen für das Textganze), kritische Reflexion und ggf. Wertung.	
analysieren	**Sachtexte:** Texterfassung, Textbeschreibung, Textuntersuchung (Zusammenhang von Textstruktur und Textintention, strukturbildende semantische, syntaktische Elemente unter Berücksichtigung der sprachlichen Funktion); Erfassen der pragmatischen Struktur des Textes unter besonderer Berücksichtigung der Argumentationsweise; Erkennen und ggf. Beurteilen des Zusammenspiels von Struktur, Intention und Wirkung im Rahmen des historischen und aktuellen Verstehenshorizontes.	*Analysieren Sie* die Rede unter Berücksichtigung der Anmerkungen. *Analysieren* Sie den vorliegenden Text *im Hinblick auf die Argumentationsstruktur.*
erörtern	Es wird von Ihnen erwartet, dass Sie eine These oder Problemstellung, eine Argumentation durch Für- und- Widerbzw. Sowohl-als-Auch-Argumente auf ihre Stichhaltigkeit hin prüfen und auf dieser Grundlage eine Schlussfolgerung bzw. eigene Stellungnahme dazu entwickeln.	*Erörtern Sie die Notwendigkeit* von Sprachförderkonzepten im Zusammenhang mit den Aussagen der beiden vorliegenden Texte.
diskutieren	Gegenüberstellung unterschiedlicher Argumente; abwägende Stellungnahmen zu deren Bedeutung bzw. Stichhaltigkeit; zusammenfassende Schlussfolgerung(en) – aber auch: Überprüfung einer gedanklichen Position anhand der darin erkennbaren Thesen und Argumente.	*Diskutieren Sie* die Haltbarkeit der Position von ... zur Änderung des bayerischen Schulsystems.

5 Tipps, Hinweise zu den Bewertungskriterien

5.1 Praktische Tipps

Ein sinnvoller Aufbau spiegelt sich immer in einer überzeugenden **Gliederung** wider. Diese ist **Teil der Prüfungsleistung** und wird natürlich auch bewertet. Es gibt zwei Arten der Gliederung: die alphanumerische Gliederung (A-B-C) und die numerische Gliederung (1-2-3-4). Beispiele dafür finden sich in diesem Buch. Sie selbst können entscheiden, welche Gliederungsform Sie verwenden, genauso wie Sie sich für den Nominal- oder den Verbalstil entscheiden. Wichtig ist nur, dass Sie die gewählte Form durchhalten! Im ausformulierten Aufsatz gibt es keine Zwischenüberschriften, als Serviceleistung für den Leser können Sie aber die Gliederungsnummern am Rand notieren. Auch diese Technik wird im vorliegenden Buch gezeigt.

Schreiben ist immer ein Prozess. Wer die einzelnen Phasen konzentriert angeht, wird am Ende ein vorzeigbares Produkt haben. **Bereiten** Sie die Arbeit gut **vor**, indem Sie z. B. die Texte farbig markieren und sinnvolle Randnotizen machen. **Sammeln** Sie Ihre Ideen in Clustern, Mindmaps oder in Stichworten. **Verfassen** Sie dann einen gut gegliederten und durchdachten Aufsatz, den Sie am Ende sorgfältig **überarbeiten**.

5.2 Hinweise zu den Bewertungskriterien

Wie bei allen Aufsätzen an bayerischen Gymnasien wird auch die Abiturnote nicht durch Addition der auf die Anforderungsbereiche bezogenen Teilnoten errechnet, sondern stellt eine Gesamtwürdigung der erbrachten Leistungen dar.
Bei der Punktevergabe werden folgende Bewertungskategorien berücksichtigt:
* inhaltliche Leistung,
* methodische Leistung,
* sprachliche Leistung/Darstellungsleistung. Bei den freieren Formen des Argumentierens spielt die sprachliche Leistung eine große Rolle. Es wird darauf geachtet werden, dass Ihr Text eine gewisse Attraktivität hat, dass er Sprachwitz wagt und den Leser zu unterhalten vermag. Aber keine Angst: Niemand wird von Ihnen einen perfekten Text verlangen. Es geht vielmehr darum, dass Sie den Mut haben, Ihre Ideen auch sprachlich entsprechend zu pointieren.

Besonders viel Gewicht wird in der Bewertung darauf gelegt, dass
* Ihre Ausführungen sachlich richtig sind,
* Ihre Aussagen folgerichtig und begründet sind,
* Ihre Darstellung und Ihr Verständnis der Thematik den prinzipiellen Ansprüchen des Deutschunterrichts in der Oberstufe entsprechen,
* Ihre Arbeit einen bestimmten Grad an Selbständigkeit, etwa in der Entwicklung von Gedankengängen, aufweist,
* der Aufsatz sinnfällig aufgebaut und klar formuliert ist,
* eine grundlegende Sicherheit im Umgang mit der Fachsprache und den entsprechenden Methoden unter Beweis gestellt wird,
* Ihre Ausführungen sprachlich richtig sind und
* die äußere Form Ihres Aufsatzes den Erwartungen entspricht.

Bei der Erörterungsaufgabe wird besonders darauf geachtet, dass
* das Thema präzise erschlossen ist,
* der Aufsatz schlüssig aufgebaut ist,
* plausibel argumentiert wird,
* ein angemessener Grad der Reflexion erreicht ist,
* die verwendete Begrifflichkeit angemessen und korrekt eingesetzt ist,
* Sie sich sprachlich korrekt und gewandt auszudrücken vermögen.

Viel Erfolg!

Lösung der Frage auf Seite IX: 201 Wörter

Abitur Deutsch (Bayern G8) – Übungsaufgabe 1:
Verfassen einer vergleichenden Analyse von Sachtexten
und Stellungnahme in einem Brief

Aufgaben:

1. Vergleichen Sie die beiden folgenden Textausschnitte durch eine Analyse ihrer Argumentation und ihrer sprachlichen Gestaltung und erarbeiten Sie, ausgehend von Ihren Ergebnissen, die wesentlichen Unterschiede im Hinblick auf die Weltsicht der beiden Autoren.

2. Äußern Sie sich in einem offenen Brief an Friedrich Dürrenmatt, wie Sie als junger Mensch zu seiner Weltsicht stehen und welche Erwartungen Sie an ein zeitgemäßes Theater haben.

   Dabei soll vorausgesetzt werden, dass Dürrenmatt noch lebt und sein Text *Theaterprobleme* als aktuell gelten kann.

Vorbemerkung

Die Abhandlung *Theaterprobleme* von Friedrich Dürrenmatt erschien als erste Zusammenfassung seiner theoretischen Arbeiten über das Theater bereits 1954, also kurz nach der Uraufführung von *Ein Engel kommt nach Babylon* (1953) und zwei Jahre vor der Uraufführung von *Der Besuch der alten Dame* (1956). Der Text von Bertolt Brecht entstand 1955 kurz vor seinem Tod als Essay für das Darmstädter Dramaturgengespräch und knüpft unmittelbar an die Ausführungen von Dürrenmatt an.

Text A

Friedrich Dürrenmatt: Theaterprobleme (1955)

Doch die Aufgabe der Kunst, soweit sie überhaupt eine Aufgabe haben kann, und somit die Aufgabe der heutigen Dramatik ist, Gestalt, Konkretes zu schaffen. Dies vermag vor allem die Komödie. Die Tragödie, als die gestrengste Kunstgattung, setzt eine gestaltete Welt voraus. Die Komödie – sofern sie nicht Gesellschaftskomödie ist wie
5 bei Molière –, eine ungestaltete, im Werden, im Umsturz begriffene, eine Welt, die am Zusammenpacken ist wie die unsrige. Die Tragödie überwindet die Distanz. Die in grauer Vorzeit liegenden Mythen macht sie den Athenern zur Gegenwart. Die Komödie schafft Distanz, den Versuch der Athener, in Sizilien Fuß zu fassen, verwandelt sie in das Unternehmen der Vögel, ihr Reich zu errichten, vor dem Götter und Men-
10 schen kapitulieren müssen. [...]
   Die Tragödie setzt Schuld, Not, Maß, Übersicht, Verantwortung voraus. In der Wurstelei unseres Jahrhunderts, in diesem Kehraus der weißen Rasse, gibt es keine Schuldigen und auch keine Verantwortlichen mehr. Alle können nichts dafür und haben es nicht gewollt. Es geht wirklich ohne jeden. Alles wird mitgerissen und bleibt

1

15 in irgendeinem Rechen hängen. Wir sind zu kollektiv schuldig, zu kollektiv gebettet
in die Sünden unserer Väter und Vorväter. Wir sind nur noch Kindeskinder. Das ist
unser Pech, nicht unsere Schuld: Schuld gibt es nur noch als persönliche Leistung, als
religiöse Tat. Uns kommt nur noch die Komödie bei. Unsere Welt hat ebenso zur Groteske geführt wie zur Atombombe, wie ja die apokalyptischen Bilder des Hieronymus
20 Bosch auch grotesk sind. Doch das Groteske ist nur ein sinnlicher Ausdruck, ein sinn-
liches Paradox, die Gestalt nämlich einer Ungestalt, das Gesicht einer gesichtslosen
Welt, und genauso wie unser Denken ohne den Begriff des Paradoxen nicht mehr aus-
zukommen scheint, so auch die Kunst, unsere Welt, die nur noch ist, weil die Atombombe existiert: aus Furcht vor ihr.
25 Doch ist das Tragische immer noch möglich, auch wenn die reine Tragödie nicht
mehr möglich ist. Wir können das Tragische aus der Komödie heraus erzielen, her-
vorbringen als einen schrecklichen Moment, als einen sich öffnenden Abgrund, so sind
ja schon viele Tragödien Shakespeares Komödien, aus denen heraus das Tragische
aufsteigt.
30 Nun liegt der Schluß nahe, die Komödie sei der Ausdruck der Verzweiflung, doch
ist dieser Schluß nicht zwingend. Gewiß, wer das Sinnlose, das Hoffnungslose dieser
Welt sieht, kann verzweifeln, doch ist diese Verzweiflung nicht eine Folge dieser Welt,
sondern eine Antwort, die er auf diese Welt gibt, und eine andere Antwort wäre sein
Nichtverzweifeln, sein Entschluß etwa, die Welt zu bestehen, in der wir oft leben wie
35 Gulliver unter den Riesen. Auch der nimmt Distanz, auch der tritt einen Schritt zurück,
der seinen Gegner einschätzen will, der sich bereit macht, mit ihm zu kämpfen oder
ihm zu entgehen. Es ist immer noch möglich, den mutigen Menschen zu zeigen.

Aus: Fr. Dürrenmatt, Theater. Werkausgabe in 37 Bänden. Bd. 30,
Zürich: Diogenes 1998, © 1986 Diogenes Verlag AG Zürich

Text B

Bertolt Brecht: Kann die heutige Welt durch Theater wiedergegeben werden? (1955)

Mit Interesse höre ich, daß Friedrich Dürrenmatt in einem Gespräch über das Theater
die Frage gestellt hat, ob die heutige Welt durch Theater überhaupt noch wiedergegeben werden kann.
Diese Frage, scheint mir, muß zugelassen werden, sobald sie einmal gestellt ist. Die
5 Zeit ist vorüber, wo die Wiedergabe der Welt durch das Theater lediglich erlebbar sein
mußte. Um ein Erlebnis zu werden, muß sie stimmen.
Es gibt viele Leute, die konstatieren, daß das Erlebnis im Theater schwächer wird,
aber es gibt nicht so viele, die eine Wiedergabe der heutigen Welt als zunehmend
schwierig erkennen. Es war diese Erkenntnis, die einige von uns Stückeschreibern und
10 Spielleitern veranlaßt hat, auf die Suche nach neuen Kunstmitteln zu gehen.
Ich selbst habe, wie Ihnen als Leuten vom Bau bekannt ist, nicht wenige Versuche
unternommen, die heutige Welt, das heutige Zusammenleben der Menschen, in das
Blickfeld des Theaters zu bekommen.

Dies schreibend, sitze ich nur wenige hundert Meter von einem großen, mit guten
Schauspielern und aller nötigen Maschinerie ausgestatteten Theater, an dem ich mit
zahlreichen, meist jungen Mitarbeitern manches ausprobieren kann, auf den Tischen,
um mich Modellbücher mit Tausenden von Fotos unserer Aufführungen und vielen
mehr oder minder genauen Beschreibungen der verschiedenartigsten Probleme und
ihrer vorläufigen Lösungen. Ich habe also alle Möglichkeiten, aber ich kann nicht sagen, daß die Dramaturgien, die ich aus bestimmten Gründen nicht-aristotelische nenne,
und die dazugehörende epische Spielweise *die* Lösung darstellen. Jedoch ist eines klar-
geworden: Die heutige Welt ist den heutigen Menschen nur beschreibbar, wenn sie
als eine veränderbare Welt beschrieben wird.

Für heutige Menschen sind Fragen wertvoll der Antworten wegen. Heutige Menschen interessieren sich für Zustände und Vorkommnisse, denen gegenüber sie etwas
tun können. [...]

In einem Zeitalter, dessen Wissenschaft die Natur derart zu verändern weiß, daß die
Welt schon nahezu bewohnbar erscheint, kann der Mensch dem Menschen nicht mehr
lange als Opfer beschrieben werden, als Objekt einer unbekannten, aber fixierten
Umwelt. Vom Standpunkt eines Spielballs aus sind die Bewegungsgesetze kaum kon-
zipierbar.

Weil nämlich – im Gegensatz zur Natur im allgemeinen – die Natur der menschlichen Gesellschaft im Dunkeln gehalten wurde, stehen wir jetzt, wie die betroffenen
Wissenschaftler uns versichern, vor der totalen Vernichtbarkeit des kaum bewohnbar
gemachten Planeten.

Es wird Sie nicht verwundern, von mir zu hören, daß die Frage der Beschreibbarkeit
der Welt eine gesellschaftliche Frage ist. Ich habe dies viele Jahre lang aufrechterhalten und lebe jetzt in einem Staat, wo eine ungeheure Anstrengung gemacht wird, die
Gesellschaft zu verändern. Sie mögen die Mittel und Wege verurteilen – ich hoffe übrigens, Sie kennen sie wirklich, nicht aus den Zeitungen –, Sie mögen dieses besondere
Ideal einer neuen Welt nicht akzeptieren – ich hoffe, Sie kennen auch dieses –, aber
Sie werden kaum bezweifeln, daß an der Änderung der Welt, des Zusammenlebens
der Menschen in dem Staat, in dem ich lebe, gearbeitet wird. Und Sie werden mir
vielleicht darin zustimmen, daß die heutige Welt eine Änderung braucht.

Für diesen kleinen Aufsatz, den ich als einen freundschaftlichen Beitrag zu Ihrer
Diskussion zu betrachten bitte, genügt es vielleicht, wenn ich jedenfalls meine Meinung berichte, daß die heutige Welt auch auf dem Theater wiedergegeben werden
kann, aber nur, wenn sie als veränderbar aufgefaßt wird.

Aus: Bertolt Brecht, Kann die heutige Welt durch Theater wiedergegeben werden?
in: Gesammelte Werke in 20 Bänden. Frankfurt am Main: Suhrkamp 1968.

Hinweise und Tipps

- *Die **Argumentation** der beiden Autoren sollte insbesondere durch die Verwendung von **Verben** verdeutlicht werden, welche einzelne Schritte im Verlauf einer Gedankenführung aufzeigen, so z. B. folgen, hinzufügen, veranschaulichen etc.*
- *Beim **Vergleich der sprachlichen Gestaltung** geht es nicht um eine vollständige Analyse der beiden Texte, sondern um das Herausstellen von auffälligen Sprachmitteln, so dass auf diese Weise auch die jeweiligen **Funktionen** deutlich gemacht werden können.*
- *Eine geraffte Darstellung unter Beachtung ausgewählter Gesichtspunkte ist auch beim Vergleich der in den beiden Texten zum Ausdruck kommenden **Weltsicht** anzustreben.*
- *Der **offene Brief an Friedrich Dürrenmatt** sollte den persönlichen Hintergrund des Schreibers erkennen lassen und auf der einen Seite durchaus persönliche Akzente setzen, auf der anderen Seite um Begründungen sachlicher Art bemüht sein. Es sei besonders betont, dass sowohl die stilistische Gestaltung als auch die inhaltliche Anlage des Schreibens offen sind.*

Gliederung

1   Lange Tradition dramentheoretischer Schriften

2   Vergleichende Analyse der Textausschnitte

2.1   Argumentation
2.1.1   Friedrich Dürrenmatt
2.1.2   Bertolt Brecht

2.2   Sprachliche Gestaltung
2.2.1   Friedrich Dürrenmatt
2.2.2   Bertolt Brecht

2.3   Wesentliche Unterschiede im Hinblick auf die Weltsicht der beiden Autoren

3   Offener Brief an Friedrich Dürrenmatt: Stellungnahme zu der im Text „Theaterprobleme" zum Ausdruck kommenden Weltsicht und Erwartungen an ein zeitgemäßes Theater

3.1   Stellungnahme zur Weltsicht des Autors

3.2   Erwartungen an ein zeitgemäßes Theater
3.2.1   Realitätsbezug
3.2.2   Provokation
3.2.3   Erschütterung
3.2.4   Nachdenklichkeit, Reflexion
3.2.5   Unterhaltung / Ablenkung – Spott / Schadenfreude

Lösungsvorschlag

Seit der Aufklärung war es üblich, dass sich Autoren in theoretischen Schriften 1
mit den **Möglichkeiten und Aufgaben dramatischer Werke** auseinandersetzten. Hier seien nur Gotthold Ephraim Lessing *(Briefe die neueste Literatur betreffend)*, Friedrich Schiller *(Über die ästhetische Erziehung des Menschen)*, Friedrich Hebbel *(Ein Wort über das Drama)* und Georg Büchner *(Brief an die Familie vom 28. 7. 1835)* genannt. In der neueren deutschsprachigen Literatur war es insbesondere Bertolt Brecht, der die Diskussion mit seiner Theorie des epischen Theaters und den damit zusammenhängenden grundsätzlichen Fragen zur Funktion des modernen Dramas beziehungsweise der modernen Literatur maßgeblich beeinflusste. Aber auch Autoren wie die beiden Schweizer Max Frisch und Friedrich Dürrenmatt sowie Peter Handke, Botho Strauß oder Heiner Müller, um nur einige zu nennen, äußerten sich mehrfach, gelegentlich auch auf streitbare Weise, zu den Aufgaben des Theaters. Die beiden vorliegenden Texte markieren wesentliche Positionen innerhalb der **Theorie des modernen Dramas**.

In seinem Text *Theaterprobleme* geht Dürrenmatt auf die Möglichkeiten des 2
Theaters seiner Zeit ein. Nach einer allgemeinen Definition der Aufgabe von 2.1
Kunst und der Behauptung, dieser Aufgabe könne vor allem die Komödie ge- 2.1.1
recht werden (Z. 1–3), belegt der Autor diese These, indem er sich zu wesentlichen **Voraussetzungen der Tragödie und Komödie**, bezogen auf den Zustand der abzubildenden Wirklichkeit, äußert (Z. 3–10). Im Anschluss erweitert Dürrenmatt seine Ausführungen, warum die Tragödie der Welt des 20. Jahrhunderts nicht mehr gerecht werden kann: Diese Dramenform bilde Menschen ab, die Schuld bzw. Verantwortung tragen. Für Dürrenmatt gibt es jedoch in seinem Jahrhundert nur noch kollektiv Schuldige, es sei denn, greifbare, also individuelle Schuld komme als „persönliche Leistung" oder „religiöse Tat" (Z. 17 f.) zustande (Z. 11–18). Eine Welt, die so „gesichtslos[ ]" (Z. 21) geworden ist, kann nach Dürrenmatt nur durch die Komödie künstlerische Gestalt erhalten, wobei er die Komödie ganz nah an das Groteske heranrückt. Die Notwendigkeit einer Kunstgattung des Grotesken, der Komödie, leitet er daraus ab, dass das Groteske und das Paradoxe unser Denken und unsere Welt insgesamt bestimmen. Die apokalyptischen Bilder von Hieronymus Bosch sind ein Beispiel für die Widerspiegelung einer grotesken Welt in der Kunst, die Erfindung der Atombombe belegt den grotesken Zustand unserer Welt (Z. 18–24).
Im letzten Abschnitt des Textes (Z. 25–37) räumt Dürrenmatt ein, dass auch außerhalb der Tragödie noch Tragisches zum Ausdruck kommen könne. Er belegt dies am Beispiel von Shakespeares Komödien. Deshalb muss die Komödie noch lange nicht pure Verzweiflung über den Zustand der Welt widerspiegeln, sondern sie kann auch als Versuch verstanden werden, Distanz zu gewinnen und nicht kampflos zu resignieren.

Grundsätzlich geht Dürrenmatt von **Thesen** aus (z. B. Z. 1 ff.), die er weitgehend durch **Erfahrungsargumente**, z. B. auf dem Gebiet der Dramenpoetik (etwa Z. 26 ff.) oder im Bereich persönlicher Einsichten, stützt. Gerade bei der vorwiegend individuell geprägten Erfahrungsargumentation (z. B. Z. 11 ff.) nähern sich die Äußerungen teilweise auch einer eher behauptenden, also subjektiven Aufstellung von Thesen. Mitunter stützt Dürrenmatt seine Argumente auch durch **Belege** aus der Dramengeschichte (Z. 3 ff, 27 f.), der Kunstgeschichte (Z. 19 f.) und der politischen Geschichte (Z. 19, 23 f.). An diesen Stellen ist auch eine Tendenz zu **deduktiver Argumentation** zu erkennen.

Brecht bezieht sich einleitend auf die von Dürrenmatt angestoßene Diskussion, ob die Welt durch das Theater überhaupt noch wiedergegeben werden könne. Er bestätigt die Berechtigung dieser Frage und postuliert, dass die Wiedergabe der Welt sowohl ein Erlebnis sein als auch stimmen muss (Z. 1–6). Die Tatsache, dass die Wiedergabe der Welt nur von wenigen als zunehmend schwierig erkannt wird, habe dazu geführt, dass neue „Kunstmittel[ ]" (Z. 10) – bezogen auf das Theater – gefunden werden mussten. Er selbst habe sich dabei besonders engagiert, die heutige Welt in das „Blickfeld des Theaters" (Z. 13) zu bekommen. Dies stellt er, an die Teilnehmer des Darmstädter Dramaturgenkongresses gerichtet, als Resümee seiner Arbeit mit dem Theater und für das Theater in den Raum (Z. 8–13). Er veranschaulicht diese Feststellung durch die Beschreibung seines Arbeitsumfelds (womit er sein Theater am Schiffbauerdamm in Berlin meint), räumt aber ein, dass die von ihm begründeten nicht-aristotelischen Dramaturgien sowie die „epische Spielweise" (Z. 21) keine ideale Lösung darstellen. Sehr entschieden vertritt er aber die These, dass die Welt des heutigen Menschen nur beschreibbar ist, wenn sie als eine veränderbare dargestellt wird (Z. 14–23). Brecht reicht eine Begründung hierfür nach, indem er von den Bedürfnissen des heutigen Menschen ausgeht. Diese schließen sowohl die Möglichkeit zu aktivem Handeln als auch – so die weitere Folgerung des Autors – eine Neubesinnung auf die Rolle des Menschen in der Welt ein. Ein Beispiel aus der Physik verdeutlicht dies. Weil über die Rolle des Menschen und sein bisheriges Selbstverständnis als Opfer einer unbekannten Umwelt zu wenig nachgedacht worden sei, argumentiert Brecht anschließend, stehe man nun vor der „Vernichtbarkeit" (Z. 34) der Erde (Z. 24–35). Die **Schlussfolgerung** aus den von ihm entwickelten Gedanken, dass die Frage der Beschreibbarkeit der Welt eine gesellschaftliche Frage ist, stellt Brecht als für den Leser geradezu zwangsläufig dar. Im Folgenden unterstreicht er sein eigenes Bestreben, die Welt zu verändern, und verweist auf die diesbezüglichen Anstrengungen in dem Staat, in dem er selbst lebt, nämlich in der DDR. Die vorsichtige Prognose, auch den Leser von der Notwendigkeit einer **Änderung der Welt** überzeugt zu haben, schließt die inhaltliche Betrachtung weitgehend ab (Z. 36–44). Seine Antwort auf die von Dürrenmatt aufgeworfene Frage, ob die Welt auf der Bühne wiedergegeben werden könne, muss konsequenterweise sowohl bejahend als auch einschränkend ausfallen: Die Möglichkeit bestehe, aber nur, wenn die Welt als veränderbar aufgefasst werde.

Auch Brecht geht über weite Strecken seiner Ausführungen von **Thesen** aus (z. B. Z. 4 ff.). Ihm ist daran gelegen, die Richtigkeit der Thesen auch zu beweisen, und zwar entweder durch **normative Argumente** (z. B. Z. 6, 32 f.) oder durch **Erfahrungsargumentation** (z. B. Z. 14 ff.). Der Beweis für die zentrale These, dass nämlich die heutige Welt nur durch das Theater wiedergegeben werden könne, wenn sie als veränderbar aufgefasst werde, ergibt sich für Brecht genau genommen als **Schlussfolgerung** aus der Feststellung, wie es um die Welt wirklich steht und welche Fehler die Menschen bei der Beurteilung dieses Zustandes gemacht haben. Insofern kann das Verfahren Brechts auch eher als **induktiv** bezeichnet werden.

Im folgenden Abschnitt geht es nicht um eine detaillierte Analyse der sprachlich-stilistischen Gestaltung der beiden Texte, sondern darum, auffällige sprachliche Merkmale festzustellen und damit die wesentlichen Unterschiede und Gemeinsamkeiten erkennbar zu machen. 2.2

Dürrenmatt trifft in seiner Abhandlung *Theaterprobleme* Feststellungen, die er insbesondere in den Zeilen 11–20 in **Parataxen** formuliert. Die Zusammenhänge zwischen den einzelnen Sätzen entstehen durch gedankliche Stringenz, durch zwingende inhaltliche Bezüge, verstärkt durch **leitmotivisch** wiederkehrende Begriffe wie ‚Komödie‘, ‚Tragödie/das Tragische‘ und ‚Welt‘, sowie durch die **Wiederholung** der für die Aussage entscheidenden Personalpronomina „wir“ bzw. „uns“ (vgl. Z. 15 ff.). Im letzten Abschnitt des Textes, ab Z. 30, werden die gedanklichen Zusammenhänge weitgehend durch **Hypotaxen** hergestellt. 2.2.1
Dürrenmatts Ausführungen zeichnen sich durch große Eindringlichkeit aus. Dies erreicht er u. a. durch **Reihung** (z. B. Z. 11), durch zahlreiche **Appositionen** (z. B. Z. 12, 17 f., 21 f.) und **Einschränkungen** (Z. 25 f.). Da es Dürrenmatt ja auch darum geht, den Leser mit Gedanken zu einer neuen Dramentheorie zu konfrontieren, fordert er ihn durch ungewöhnliche Formulierungen heraus, z. B. durch **Paradoxa**, die seine Theorie optimal widerspiegeln (z. B. Z. 21, 26 ff.), durch **Antithetik** (z. B. Z. 2 ff., 16 f., 31 f.), **Hyperbolik** (z. B. Z. 11 ff., 21 f.) und **Bildhaftigkeit** (z. B. Z. 6, 11 f., 35).
Zusammenfassend ist festzustellen, dass die sprachliche Gestaltung des Textes gedanklich konsequent, klar und verständlich, dabei aber auch originell und provokativ ist. Es kommt auf jedes Wort an, Floskeln und Redundanzen werden vollständig vermieden. Am Anliegen Dürrenmatts gibt es keine Zweifel.

Der Essay Brechts weist fast durchgehend einen **hypotaktischen Satzbau** auf. Im Nebensatzbereich überwiegen **Relativsätze** (z. B. Z. 7, 20, 27, 45), **Objektsätze** (z. B. Z. 1, 19 f., 27 f.) und **Konditionalsätze** (z. B. Z. 22 f., 46 f., 48). Auf syntaktischer Ebene sind dies typische Kennzeichen eines auf die Darstellung von Zusammenhängen und die Entwicklung von Schlussfolgerungen ausgerichteten argumentativen Stils. Anders als bei Dürrenmatt werden hier die Gedanken meistens durch die jeweils erforderlichen Konjunktio- 2.2.2

7

nen verknüpft, ergänzende Verstärkungen, gleichsam Beteuerungen, finden sich als **Einschübe** (Z. 39 ff.). Ein auffälliges Mittel, um Akzente zu setzen, das Gemeinte besonders zu betonen, ist für Brecht die **Antithese** (z. B. Z. 8, 19 f., 32 f.). Darüber hinaus ist die Antithese im Sinne der dialektischen Methode ein Zwischenschritt, um zu erwünschten Schlussfolgerungen zu kommen (These – Antithese – Synthese, vgl. Z. 19 ff.).

Brecht stellt sich in dem Essay als ein Mann der Praxis dar, als ein Dramatiker, der das, was er in der Theorie vertritt, auch auf der Bühne ausprobiert. So verweist er auf einige **Details** in seinem beruflichen Umfeld, dem Theater am Schiffbauerdamm (Z. 14 ff.), und gebraucht in seiner **Anrede** an die Kollegen vom Darmstädter Dramaturgenkongress die fast schon kumpelhafte Formulierung „wie Ihnen als Leuten vom Bau bekannt ist" (Z. 11) – „Leute vom Bau" als umgangssprachlicher Ausdruck für die am Theater Beschäftigten. Diese Unmittelbarkeit der Kommunikation zeigt sich vor allem in den beiden letzten Abschnitten (ab Z. 36), in denen Brecht seine Leser/Zuhörer stets **direkt anspricht**, teilweise auch mit Formulierungen, die ein gewisses **Understatement** erkennen lassen (z. B. Z. 36, 40 f., 41 f., 45 ff.). Ein ähnliches Understatement ist auch in dem Abschnitt zu erkennen, in dem Brecht darauf aufmerksam machen will, dass die Erdenbewohner sich nicht mehr als Opfer höherer Gewalten sehen dürfen, sondern etwas tun müssen, um die von ihnen selbst verschuldete Vernichtbarkeit der Welt noch aufzufangen (Z. 27 ff.). Mit einem **ironischen Bild** greift er dabei noch einen Ansatz an, der den gesellschaftspolitischen Hintergrund des Problems außer Acht lässt (Z. 30 f.).

Zusammenfassend kann die Sprache Brechts als sachlich, aber durchaus persönlich und adressatenbezogen und vor allem als in sich geschlossen und gedanklich konsequent bezeichnet werden. Im Gegensatz zu Dürrenmatt bevorzugt er die Möglichkeiten der Hypotaxe zur gedanklichen Verknüpfung. Der ,rote Faden', aufgenommen mit dem ersten Satz, bleibt während des gesamten Textes erkennbar. Mit dem letzten Satz, einer Antwort auf die von Dürrenmatt gestellte Frage, schließt sich der Kreis.

Dürrenmatt äußert sich sehr drastisch über den Zustand der Welt: Er spricht 2.3
von der „Wurstelei" unseres Jahrhunderts (Z. 12), vom „Kehraus der weißen Rasse" (Z. 12) und von einer „Welt, die am Zusammenpacken ist wie die unsrige" (Z. 5 f.). Diese ungemein negative Sicht wird noch dadurch verschärft, dass dem Individuum praktisch keine Chance zugebilligt wird (vgl. Z. 13 ff.), wenn man davon absieht, dass Dürrenmatt ihm die Möglichkeit von Schuld als „persönliche[r] […], als religiöse[r] Tat" (Z. 17 f.) einräumt. Insgesamt sieht er die Menschheit jedoch als gesichtsloses Kollektiv, dessen einzelne Mitglieder nicht wirklich agieren können, wenn es um wesentliche Dinge geht. Auslöser dieser Entwicklung sind nach Dürrenmatt „die Sünden unserer Väter und Vorväter" (Z. 16), also früherer Generationen, gewesen. Auf welche geschichtlichen Vorgänge der Vergangenheit er anspielt, führt er nicht weiter aus. Nach Dürrenmatt bietet die Welt den Anblick einer „Ungestalt" (Z. 21), einer Ge-

sellschaft, die keine mehr ist und in der es nur noch vereinzelte Mutige geben kann, die gegen Verzweiflung und Resignation ankämpfen. Auch die Weltsicht von **Bertolt Brecht** ist nicht uneingeschränkt positiv. Er ist der Meinung und möchte sie auch anderen vermitteln, dass „die heutige Welt eine Änderung braucht" (Z. 44). Sie braucht sie deshalb, weil die Menschen selbst – und nicht irgendwelche höheren Gewalten – sie an den Rand der Vernichtung gebracht haben. Im Unterschied zu Dürrenmatt glaubt Brecht aber daran, dass die Welt verändert werden kann und es Menschen gibt, die dafür etwas tun wollen. Generell ist Brecht jedoch der Meinung, dass der nötigen Veränderung der Welt zuerst die Veränderung der Gesellschaft vorangehen muss. Eine bedeutende Rolle kommt hier dem Theater zu, wo eine Welt gezeigt wird, die veränderbar ist. Brecht vertritt also im Wesentlichen eine optimistische Weltsicht, jedenfalls was die Zukunft betrifft. Dürrenmatts Weltsicht kann dagegen als weitgehend pessimistisch bezeichnet werden.

Sehr geehrter Herr Dürrenmatt, **3**

ich habe vor kurzem Ihren Text *Theaterprobleme* gelesen und gebe unumwunden zu, dass ich die darin ausgesprochenen Thesen, Argumente und Schlussfolgerungen nicht nur äußerst interessant finde, sondern auch als Herausforderung ansehe, denn ich lebe ja in dieser Welt, die Sie so negativ sehen, und mir geht es nicht einmal schlecht. Ich erlaube mir deshalb, mich sowohl zu Ihren Ansichten zum Zustand unserer Welt zu äußern als auch in knapper Form darzulegen, was ich von einem zeitgemäßen Theater erwarte.
Natürlich sollten Sie wissen, wer der **Absender** dieses Schreibens ist: Ich bin 19 Jahre alt und habe vor zwei Monaten das Abitur mit gutem Erfolg abgelegt, u. a. mit dem Schwerpunkt auf Deutsch und Geschichte. Natürlich bin ich noch kein Fachmann auf dem Gebiet der Literatur beziehungsweise des Dramas und Theaters, aber ich interessiere mich seit einigen Jahren sehr für literaturgeschichtliche Fragen, für klassische und moderne Texte aller Gattungen und besuche regelmäßig Aufführungen an den hiesigen Theatern. Praktische Erfahrungen habe ich als Mitglied der Schulbühne gesammelt. Schließlich darf ich noch anfügen, dass ich geschichtliche Entwicklungen, speziell solche aus neuerer Zeit, mit großem Interesse verfolge. Ich würde mich also als einen interessierten Laien bezeichnen, der aber doch über einige Grundkenntnisse in den nachfolgenden Themenbereichen verfügt.

Ihre **Weltsicht** ist, das kann man wohl behaupten, sehr pessimistisch. Sie be- **3.1** zeichnen das, was das Leben der Menschen in unserer Zeit charakterisiert, als „Wurstelei unseres Jahrhunderts", als „Kehraus der weißen Rasse", als ein Dasein, in dem alle nur irgendwie kollektiv fremdbestimmt werden, aber – im Großen und Ganzen – nicht mehr schuldig oder verantwortlich sein können. Dass dieser Zustand nicht durch die derzeit zum Leben auf der Erde gezwungenen Menschen verursacht worden ist, sondern durch deren „Väter und Vorväter", erwähnen Sie zusätzlich. In Teilbereichen kann ich Ihnen durchaus zu-

9

stimmen, so vor allem im Hinblick auf die Vorgänge auf den internationalen und inzwischen auch nationalen Finanzmärkten. Hier ist tatsächlich nicht mehr erkennbar, woher die verschiedenen Impulse kommen, wer für diesen oder jenen Zusammenbruch einer Bank oder eines Weltkonzerns verantwortlich ist, oder wohin Kapitalien geflossen sind, deren Verbleib noch gestern gesichert schien. Die Globalisierung hat es mit sich gebracht, dass sich in der Finanzwirtschaft und in großen Teilen der Wirtschaft überhaupt neben Unübersichtlichkeit und anonymer Kriminalität auch ein veritables Chaos breitgemacht hat – nicht nur aus Sicht des kleinen Mannes. Es „gibt [...] keine Schuldigen und auch keine Verantwortlichen mehr", wie Sie es formuliert haben. Allerdings würde ich diese Einschätzung nicht wie Sie nur auf die „weiße[] Rasse" beziehen, sondern auf die Menschheit im Ganzen, auch wenn die Auslöser, soweit man dies überhaupt beurteilen kann, eher aus den USA und den europäischen Finanzzentren als aus der Mongolei oder Ecuador gekommen sind. Ich bin zudem davon überzeugt, dass man das genannte Chaos nicht nur unseren „Vätern und Vorvätern" zur Last legen kann, sondern – leider – zur Kenntnis nehmen muss, dass daran eine große Zahl von cleveren Zeitgenossen beteiligt ist, die zwar das Ganze durch ihre „Wurstelei" gefährden, sich selbst aber – mit beachtlicher krimineller Energie! – schadlos halten.

Für die Politik im Ganzen würde ich Ihr Urteil, dass die Welt sinn- und hoffnungslos ist, nicht unbedingt gelten lassen. Bei aller Verzweiflung über ständig neu aufflammende Kriegsherde, über feigen Terrorismus und über hinterhältiges, nur der Machterhaltung dienendes politisches Taktieren sollte nicht übersehen werden, dass es immer wieder erfolgreiche Ansätze einer Politik gibt, die der Erhaltung oder Wiederherstellung des Friedens verpflichtet ist, sich um soziale Gerechtigkeit bzw. Milderung sozialer Härten bemüht und dort für Hilfe sorgt, wo die Not am größten ist. Hier sei nur auf die internationale Hilfe bei der Tsunami-Katastrophe in Indonesien oder bei den Erdbeben in China, Iran und Italien hingewiesen. In diesem Zusammenhang verdienen auch die zahlreichen Wohlfahrtsorganisationen, seien sie halbstaatlich, kirchlich oder privat, eine positive Erwähnung: Ihre Arbeit zeugt von hohem Verantwortungsbewusstsein. In diesem Bereich zeigt sich meiner Meinung auch das, was Sie als die Möglichkeit zum Nichtverzweifeltsein bezeichnen: sich als mutiger Mensch zu zeigen. Denn es sind im Prinzip doch immer Einzelne, denen bedeutende Initiativen zu verdanken sind, hier sei nur auf Mutter Theresa verwiesen. Als „Wurstelei", zumindest aber als meistens enttäuschend würde ich dagegen das bezeichnen, was die Vereinten Nationen (UN) und ihr Sicherheitsrat zuwege bringen, wenn es um wirkungsvolles Krisenmanagement geht. Unentschlossenheit, fehlende Bereitschaft zur Einigung und vordergründiges Taktieren, das sind die Merkmale dieser ebenso riesigen wie kostspieligen Weltorganisation. Sie macht tatsächlich den Eindruck einer politischen „Ungestalt", und ihre Effizienz könnte man wahrhaft als „grotesk" bezeichnen. Ich würde aber trotzdem nicht so weit gehen, diesen Befund auf die ganze Welt und die gesamte Menschheit oder auch nur auf die „weiße Rasse" zu übertragen. Man findet trotz vielerlei „Wurstelei" in unserem Jahrhundert

10

auch immer wieder Beispiele für maßvolles, überlegtes Handeln, für die Bereitschaft, in schwierigen Situationen Verantwortung zu übernehmen, und für den Verzicht auf eigene Vorteile.

Da ich, wie ich ja angeführt habe, Ihre pessimistische Weltsicht nicht ganz teilen kann, komme ich beim Nachdenken über meine **Erwartungen an ein zeitgemäßes Theater**, ein Theater, das unserer Wirklichkeit gerecht wird, auch zu etwas anderen Ergebnissen als Sie. Es sind natürlich nur die Erwartungen eines zwar begeisterten, aber noch unerfahrenen und keineswegs kompetenten jungen Theaterfreundes, dennoch möchte ich sie Ihnen kurz vorstellen. 3.2

Natürlich erwarte ich vom Theater die **Widerspiegelung der gegenwärtigen Realität und vergangener Wirklichkeiten**, einschließlich einer Auseinandersetzung mit den aufgezeigten Denk- und Handlungsweisen. Die Kunst sollte Zusammenhänge deutlich machen, Irrtümer korrigieren und neue Perspektiven eröffnen – mit anderen Worten, sie sollte meinen Horizont erweitern beziehungsweise mich auch belehren. Ob dies nun mit den Mitteln des traditionellen realistischen Theaters (Büchner, Hauptmann) geschieht oder in der Form des epischen oder dokumentarischen Theaters (Brecht, Weiss) sowie des „Volkstheaters gegen den Strich" (Kroetz, Sperr), ist letztlich nicht entscheidend. Man könnte sich ja auch Mischformen vorstellen, in denen Elemente der unterschiedlichen Ausprägungen kombiniert werden. Auch Parabeln (Brecht), Modelle (Frisch) und nicht zuletzt Ihre Komödie als Groteske sind meiner Meinung nach gut geeignet, Einblick in eine Welt zu geben, die möglicherweise ziemlich aus den Fugen geraten ist. Das reine politische Theater mit eindeutig ideologischer Zielsetzung (Agitprop, Lehrstücke von Brecht) halte ich eher für entbehrlich, denn in ihm tritt die künstlerische Komponente stark in den Hintergrund, auch werden die Perspektiven zu stark eingeengt. 3.2.1

Eine der wichtigsten Aufgaben des zeitgemäßen Theaters ist es meiner Meinung nach, die Zuschauer zu **provozieren**, sie zu selbstständigen Überlegungen, wenn es sein muss, auch zu lauten Stellungnahmen herauszufordern. Wenn dies glückt, z. B. durch starke Verfremdungen, durch die Mittel des absurden Theaters und der scharfen Satire sowie durch ungewöhnliche Inszenierungen, dann wird das Theater zu einem Raum lebendiger Auseinandersetzung und verliert den Charakter eines Feinschmecker-Restaurants. 3.2.2

Wirkung auf den Zuschauer erzielt das Theater nicht nur durch Provokation oder argumentative Strukturen, also durch Ansprechen des Verstandes, sondern auch auf **emotionaler Ebene**. Natürlich eignen sich dafür klassische oder antike Tragödien, aber ihnen fehlt der Bezug zu unserer Gegenwart, auch dann, wenn Orest und Pylades in Anzügen von Hugo Boss auftreten. Ich würde die Tragödien, trotz des Fehlens einer „gestalteten Welt", auf der modernen Theaterbühne weiterhin aufführen, denn sie vermitteln auf unvergleichliche und grundsätzliche Art etwas vom Wesen des Konflikts, von der Unvermeidbarkeit schwierigster Entscheidungen und von geistiger Freiheit in aussichtslosen Situ- 3.2.3

ationen. So ausgelöste emotionale Erschütterungen werden nie unzeitgemäß. Sie können jedoch auch die Reaktion auf dramatische Umsetzungen aktueller Vorgänge sein, z. B. der Präsentation von realen Dokumenten und Protokollen, wie dies in dem Oratorium *Die Ermittlung* von Peter Weiss geschieht.

Grundsätzlich können **Nachdenklichkeit und Reflexionen** durch die meisten 3.2.4
Formen des traditionellen und modernen Dramas ausgelöst werden. An der Berechtigung dieser Funktion in einem zeitgemäßen Theater besteht kein Zweifel. Es gibt Formen des modernen Theaters, bei denen die Realität weitgehend im Bewusstsein der Figuren gespiegelt wird, in denen also das Befinden, die Perspektive des Individuums im Mittelpunkt steht. Das Subjekt auf der Bühne wird damit gleichzeitig auch zum Objekt der Nachdenklichkeit des Zuschauers. Oder: das, was im Bewusstsein des Akteurs auf der Bühne vorgeht, wird Gegenstand der Reflexion durch den Zuschauer. Mit ihrem Bewusstseinstheater beziehungsweise mentalen Theater haben Autoren wie Botho Strauß und Thomas Bernhard die beabsichtigte Wirkung beim Zuschauer und die Vorgänge auf der Bühne in unmittelbare Nähe zueinander gebracht. Die Mittel reichen von überlangen Monologen über absurde Dialoge bis zur Pantomime. Die thematische und formale Offenheit dieses Theaters entspricht meiner Meinung nach in hohem Maße den Ansprüchen an ein zeitgemäßes Theater.

Es wird Sie nicht verwundern, dass ich dem Aspekt der **Unterhaltung und Ab-** 3.2.5
lenkung durch das Theater auch einen gewissen Stellenwert zuschreibe. Dem ursprünglichen Bedürfnis des Menschen, befreit auflachen oder auch in sich hineinschmunzeln zu können, sollte auch im modernen Theater Rechnung getragen werden, denn dieses Bedürfnis ist immer zeitgemäß. Über die zahlreichen Möglichkeiten brauche ich mich Ihnen gegenüber nicht zu äußern, denn trotz Ihrer pessimistischen Weltsicht oder gerade deswegen haben Sie es nie unterlassen, dem Komischen beziehungsweise dem Grotesk-Komischen einen zentralen Platz in Ihren Stücken einzuräumen. Da viele der Anliegen, die ich im Hinblick auf ein zeitgemäßes Theater geäußert habe, u. a. auch durch die Darstellungsform der Satire erfüllt werden können, habe ich auch keine Bedenken, dass mein Bedarf an **Spott und Schadenfreude** gestillt werden könnte, wenn nur genügend satirisch unterlegte Stücke auf die Bühne kommen. Das Lachen gehört unbedingt zu einem zeitgemäßen Theater, denn es ist häufig die einzige Möglichkeit, um mit den Widrigkeiten des Lebens fertig zu werden. Fast nehme ich an, dass ich mich damit Ihrer Position wieder angenähert habe …

Ich hoffe, dass meine Ausführungen bei Ihnen nicht nur Kopfschütteln hervorgerufen haben, und verbleibe
mit freundlichen Grüßen

Unterschrift

| Abitur Deutsch (Bayern G8) – Übungsaufgabe 2: |
| Verfassen einer materialgestützten Erörterung |

Aufgabe:
Dem Spitzensport wird in unserer Zeit eine große gesellschaftliche Bedeutung zugeschrieben. Besonders aus diesem Grund finden krisenhafte Entwicklungen eine gesteigerte Beachtung in der Öffentlichkeit.
Erörtern Sie, ausgehend von zentralen gesellschaftlichen Funktionen des Spitzensports, Möglichkeiten und Grenzen, um die derzeit im Spitzensport erkennbaren Probleme zu beheben.
Beziehen Sie sich bei Ihren Ausführungen auch auf die beigefügten Materialien.

Material 1

Volker Gerhardt: Die Krise im Selbstverständnis des modernen Sports

Wann immer in diesen Jahren von „Sport und Ethik" die Rede ist, bekommt man Anklagen und Vorwürfe, feierliche Ermahnungen und strenge Forderungen zu hören. Neuerdings ergehen sich selbst die Sportler und ihre Repräsentanten, sobald die Moral zur Sprache kommt, in bitteren Selbstvorwürfen. Das ist durchaus verständlich, denn
5 der Sport ist offenkundig in eine Krise geraten, auch wenn es ihm äußerlich besser geht als je zuvor. Der breite Zulauf, das öffentliche Interesse, die internationale Betriebsamkeit, die glanzvollen Wettkämpfe und eine weltweite mediale Permanenz[1] können nicht davon ablenken, dass dem Sport sein gutes Gewissen abhanden gekommen ist. Das gesunde Selbstbewusstsein, in dem er sich jahrzehntelang präsentierte,
10 weil doch der Sport, alles in allem, für eine gute Sache steht, ist brüchig geworden. Die Sportler und Repräsentanten zweifeln an sich selbst. Dabei muss man den Eindruck haben, dass die Selbstzweifel in der Tat die Substanz berühren: Professionalisierung und Industrialisierung des Sports, der zu einem großen Wirtschaftszweig geworden ist, lassen es *erstens* fraglich erscheinen, ob hier noch ein zweckfreies Spiel
15 betrieben wird. Die Klagen über Spielertransfers und Ablösesummen, über Spitzengehälter und reine Schauwettkämpfe, über Werbung am Mann und den mit dem großen Geld verbundenen Verlust an Fairness sind ja sattsam bekannt. Angesichts der ökonomischen Potenzen des Sports hat die olympische Losung „Dabeisein ist alles!" des Barons de Coubertin längst einen Hintersinn, der die ursprüngliche Absicht ins
20 Gegenteil verkehrt.
Dem entspricht *zweitens,* dass der Sport, der schon lange kein Privileg der Oberschicht mehr ist, auch in der Breite nicht mehr bloß zum Ausgleich für die Belastungen in der Arbeitswelt betrieben wird. Seinen unter den Bedingungen einer Freizeitkultur gewachsenen Selbstzweck-Charakter hat er, zumindest in den hochentwickelten Län-
25 dern, verloren. Er ist zum Instrument der Selbstdarstellung privater Konsumenten, marktbewusster Produzenten und herrschender Gesellschaftssysteme avanciert und dabei schon lange nicht mehr auf die nationale Politik oder auf diverse Lokalpatrio-

13

tismen beschränkt. Der Sport ist zum Leitmedium der Mode und damit selbst zur Mode geworden. Er signalisiert nicht nur besondere Leistungsfähigkeit, sondern auch
30 einen exklusiven Lebensstandard. Selbst noch bei den randalierenden Fans ist er das Statussymbol für einen Überfluss an Zeit, Geld und Kraft, und auf den immer breiter und voller werdenden oberen Rängen der Alterspyramide ist er zum Attribut einer auf Dauer gestellten Jugendlichkeit geworden. Man hat ihn als Attitüde habitualisiert[2] und bis in die Accessoires hinein konfektioniert. Innen wie außen wird alles zum Sport. Es
35 wäre schön, wenn man dies als soziologischen Triumph des Sports deuten könnte; das Problem ist nur, dass der Sport in einer Kultur, die sich insgesamt als sportlich präsentiert, seine Identität zu verlieren droht. Was ohnehin alle machen, kann nichts Besonderes mehr sein.

Der gravierende Zweifel aber entsteht *drittens* mit der im Spitzensport längst offen-
40 kundigen, aber nun auch im Breitensport statistisch erhärteten Einsicht, dass der Sport gar nicht so gesund ist, wie man bislang gerne glaubte. Zwar steigert der Sport das Lebensgefühl; der Aktive spürt seine Kräfte wachsen und erfährt sich als leistungs- und widerstandsfähiger. In der Tat kann der Trainierte auch manche außersportliche Belastung besser ertragen. Aber im medizinischen Sinn gesünder wird man dadurch
45 keineswegs. Noch nicht einmal bei der mit Abstand häufigsten Todesursache, bei den Kreislauferkrankungen, ergibt sich ein nachweisbarer medizinischer Effekt sportlicher Leistung. Wer Sport treibt, bekommt mit der gleichen Wahrscheinlichkeit einen Herzinfarkt wie der Nichtsportler – ein gewisses Bewegungsminimum vorausgesetzt. Natürlich sollte man gleich hinzufügen, dass dieses Minimum unter den Lebensbe-
50 dingungen der modernen Zivilisation wohl durch nichts leichter, lustvoller und krea- tiver gesichert wird als eben durch den Sport. Gleichwohl gilt *medizinisch,* dass der aktive Sportler, insbesondere der Leistungssportler, nur die Hoffnung haben darf, dass ihn der Infarkt nicht mit gleicher Härte trifft. Da er aber mit nachweislich größeren Gelenk- und Bänderschäden rechnen muss, kürzt sich der ohnehin zweifelhafte Vor-
55 teil rasch weg. Mit Blick auf die in einer Gesellschaft insgesamt anfallenden Kran- kenkosten muss man sogar vermuten, dass der Sport die Ausgaben steigen lässt. Das sind gewiss noch in manchem ungesicherte Erkenntnisse. Für sie spricht aber vieles, vor allem, wenn man bedenkt, dass die nunmehr schon seit Jahren mit dem Sport verbundene massenhafte Selbstmedikation dabei noch nicht berücksichtigt ist.
60 Es ist noch gar nicht abzusehen, welche gesundheitlichen Folgen die weitverbreitete Leistungssteigerung durch Mineral- und Proteinkonzentrate sowie durch zentralner- vöse und hormonelle Stimulantien haben wird. Das Doping im Hochleistungssport, dessen verheerende gesundheitliche Folgen nicht mehr bestritten werden können, ist bekanntlich nur die Spitze eines Eisbergs. Was die Fitnesspräparate, die Dauerbestrah-
65 lung in den Sonnenstudios oder die nicht verbotenen Lokalanästhetika und die Korti- kosteroide für Langzeitwirkungen haben, vermag noch niemand abzusehen. Nur so- viel kann man heute schon sagen: Der Gesundheit dienen sie nicht.

Aus: Gerhardt, Volker: Die Moral des Sports, in: Caysa Volker: Sportphilosophie,
Leipzig: Reclam 1997, S. 172 ff.

Worterläuterungen:
1 *Permanenz:* ununterbrochene Dauer
2 *habitualisiert:* zur Gewohnheit machen

Material 2

Thomas Kistner: Wider die eilige Allianz

München – Erst hat ja, wenn man auf die Details blickt, alles gut ineinandergegriffen. Am späten Montagnachmittag – Redaktionsplanungen sind da generell weitgehend abgeschlossen – ging jäh die Erklärung fünf ehemaliger DDR-Leichtathletik-Trainer zu ihrer Dopingvergangenheit raus, in Windeseile begrüßt von Innenminister
5 und Sportverbänden. Letztere würdigten die aufrechten Selbstanzeiger, Schäuble schob flott die Verantwortung zu den Funktionären rüber und sprach wieder mal von einer „Angelegenheit des Sports" (wie schon 2006 bei der Verhinderungsdebatte um ein effektives Antidopinggesetz im Land). Aber die Vergangenheit des Sports ist ein heikles Thema hierzulande und offenkundig lästig. Das stört beim Medaillenzählen, es soll
10 endlich Ruhe herrschen im Karton – sollte dies, wie es aussieht, das Kalkül der eiligen Allianz gewesen sein, ist ihr Schuss nach hinten losgegangen.

Als „politische Perversion" und „Vertuschung" bewerten die Dopingopfer die konzertierte Aktion, in die sie, die Geschädigten, praktischerweise gar nicht eingebunden wurden. Die Grünen rügen eine „Schwammdrüber-Mentalität", und am Dienstagabend
15 rief der Dopingopferhilfe-Verein zur Vorstandssitzung. Anzunehmen ist, dass er sich an den Petitionsausschuss wenden wird.

Kaskaden aus Wut und Empörung also im Lager der Betroffenen haben die Trainer und ihre politischen Doppelpasspartner entfesselt, mit einer Erklärung zur Beteiligung am DDR-Dopingsystem, die in der Tat so vage ist, dass sich die Frage stellt, warum
20 es dafür 20 Jahre gebraucht haben soll. Beispielhaft heißt es, die Unterzeichner würden es sehr bedauern, „soweit die Sportler durch den Einsatz von Dopingmitteln gesundheitliche Schäden davongetragen haben sollten".

Nur: Ist das nicht längst geklärt durch Prozesse, Gutachten und die Existenz einer Dopingopferhilfe per se? Dass für die Täter von Gestern weiter der Konjunktiv die
25 Grundhaltung ist, zählt zu den stärksten Argumenten der Opfer. Instant-Entschuldigungen wie diese lehnen sie ab.

Das Opfer-Paar Andreas und Ute Krieger richtet einen offenen Brief an Schäuble, DOSB-Chef Bach und DLV-Chef Prokop: „Ohne Einbeziehung der Geschädigten wurde hier zugunsten der genannten Trainer eine ‚Lösung' konstruiert, die nicht dazu
30 taugt, eine Annäherung von Tätern und Opfern herbeizuführen". Politiker und Funktionäre versuchten, ihren „Anteil an der zwei Jahrzehnte währenden Ignoranz gegenüber den Opfern, an der Duldung eines […] Leugnens beteiligter Trainer, an mutmaßlich jahrelangen Verstößen gegen die Antidopingklauseln in den Zuwendungsbescheiden des BMI an die Sportverbände, mithin an der missbräuchlichen Verwendung von
35 Steuergeldern, zu vertuschen". Flugs wies Bach all das per offenem Brief zurück; es gelte weiter „Einzelfallgerichtigkeit". Neben der Pauschal-Entschuldung.

Die jüngste Sommermärchen-Sportpolitik steht auch in Kontrast zu geltenden Regelungen. 2006 bei der Novellierung des Stasi-Unterlagengesetzes wurde der Sport ausgenommen, wegen seiner besonderen Verantwortung. Auch vor dem Hintergrund, dass
40 sein schmutziges Treiben von der Stasi abgesichert worden war. Funktionäre, Trainer, Betreuer auf hoher Ebene sollen weiter überprüft werden können – dahinter steckt ein Sinn.

Geradezu kurios aber wirkt, dass diese Trainer-Erklärung nun den Skiverband unter Druck setzt. Der DSV hat einen Stab aus DSVlern eingesetzt, inklusive Marketing-
45 chef, der Bundestrainer Frank Ullrich anhören soll, welcher exklusive Wissenslücken aus seiner Zeit als DDR-Athlet und -trainer zurückbehalten hat. In Sachen Doping hat Ullrich eher nichts mitgekriegt, der DSV geht davon aus, dass er „weder als Aktiver noch als Trainer mit Dopingfragen direkt oder indirekt befasst gewesen sei". Die fünf Leichtathletik-Trainer indes waren das schon, wiewohl ja auch sie damals keine hohen
50 Ämter innehatten.

Maßstab in der Klärung dieser Frage sind die Opfer. Die nicht unversöhnlich sind, aber nicht übergangen werden wollen; im Geist einer nur auf Erfolg gedrillten Sportpolitik, die anhaltend Leid über die Athleten bringt. Frag' nach in Wien, wo eine gewaltige Dopingaffäre Kreise auch ins Ausland zieht, und deren Schlüsselfiguren
55 enge Anbindungen an DDR-Trainer hatten.

Aus: Kistner, Thomas: Wider die eilige Allianz, Süddeutsche Zeitung, Nr. 82, 8. April 2009, S. 29

Material 3

Doping – ein Problemaufriss

© ulstein bild - ddp
© Josef Muellek/Dreamstime.com

Spekulationen begleiten sportliche Höchstleistungen, seitdem bekannt ist, dass es Medikamente gibt, welche die eigene Leistung „unphysiologisch steigern". Lief die Sprinterin ihre phänomenale Zeit aufgrund optimalen Trainings oder hat sie zu verbotenen Substanzen gegriffen? Wurde der Ausdauerfähigkeit des Radrennfahrers mit
5 Blutdoping oder EPO nachgeholfen? Können Spitzenleistungen überhaupt ohne Doping erbracht werden?

Aus: Rolf Dober: Doping, http:www.Sportunterricht.de/lksport/dopegeschi.html

Hinweise und Tipps

- *Die Aufgabenstellung ermöglicht eine* **klare Strukturierung** *der Arbeit. Es wird empfohlen, nach einer angemessenen* **Einleitung** *(Hinführung zum Thema) bei den zentralen gesellschaftlichen* **Funktionen** *des Spitzensports anzusetzen und im Anschluss an die einzelnen Funktionsfelder jeweils die in ihnen erkennbaren Probleme des derzeitigen Spitzensports aufzuzeigen.*
- *Anschließend sollen* **Maßnahmen** *erörtert werden, um die Probleme zu beheben, sowie die* **Grenzen** *solcher Maßnahmen. Hierbei sollte die Strukturierung nach denselben Funktionsfeldern wie im ersten Teil erfolgen.*
- *Die beigegebenen* **Materialien** *ermöglichen die Einarbeitung in Kerngedanken der Aufgabe und liefern Informationen beziehungsweise Argumente für die Erörterung.*
- *Wichtig ist eine eigenständige sprachliche Gestaltung mit deutlicher Distanz zu den Materialien.*

Gliederung

1	Bedeutung des Sports in der heutigen Gesellschaft
2	Gesellschaftliche Funktionen und diesbezügliche Probleme des Spitzensports
2.1	Wirtschaftlich-ökonomischer Bereich
2.2	Gesundheitlicher Bereich
2.3	Sozialer Bereich
3	Möglichkeiten und Grenzen der Maßnahmen gegen die Probleme des Spitzensports
3.1	Maßnahmen gegen die Kommerzialisierung
3.2	Anti-Doping-Maßnahmen
3.3	Weitere Maßnahmen
4	Rückbesinnung auf die positiven Wirkungsbereiche des Sports

Lösungsvorschlag

Dicke Balkenüberschriften in der Presse, Sondersendungen in Rundfunk und 1
Fernsehen und stundenlange Übertragungen von Großereignissen des Sports
wie Welt- und Europameisterschaften führen einem täglich vor Augen, dass
der Sport, hier der Spitzensport, längst nicht mehr die ‚schönste Nebensache
der Welt‘ ist, sondern in der Gesellschaft bereits einen **zentralen Stellenwert**
einnimmt. Es spielt dabei kaum noch eine Rolle, ob von großen Erfolgen der
Sportler, von Bewerbungen um die Ausrichtung Olympischer Spiele, von unglaublichen Ablösesummen für erfolgreiche Fußballspieler oder von gedopten

Spitzenpferden die Rede ist. Vorgänge rund um den Hochleistungssport beanspruchen das Interesse der Medien und von großen Teilen der Bevölkerung. Dafür gibt es Gründe, die sowohl in den positiven Auswirkungen des Spitzensports auszumachen sind, wie auch dort, wo sportliche Leistungen und Verhaltensweisen von Funktionären in die Nähe von Illegalität, Betrug und Skandal geraten sind oder zu geraten drohen. Es besteht kein Zweifel, dass die negativen Schlagzeilen über Vorgänge im Spitzensport in den letzten Jahren zugenommen haben. Darauf hat bereits 1997 Volker Gerhardt in seinem Beitrag *Die Krise im Selbstverständnis des modernen Sports* hingewiesen. Gleichwohl ist natürlich nach wie vor nicht zu übersehen, dass auch dem Spitzensport, nicht nur dem Sport allgemein, wichtige **gesellschaftliche Funktionen** zukommen. Gerade vor dem Hintergrund dieser Funktionen kann man deutlich erkennen, welche Probleme den Spitzensport derzeit besonders belasten.

Auf **wirtschaftlichem Gebiet** erweist sich der Spitzensport zunehmend als ein **2** wichtiger Antriebsfaktor für bedeutende Industrie- und Gewerbezweige. Als **2.1** Beispiele seien hier nur die Branchen für Sportschuhe, Sporttextilien, Sportgeräte und Sportanlagenbau genannt. Der Spitzensport stellt hohe Anforderungen an diese Branchen, denn die Optimierung der sportlichen Leistungen soll ja u. a. durch eine ständige Weiterentwicklung von Geräten und Ausrüstungen bewirkt werden, wovon natürlich auch der **Sport allgemein** profitiert und somit jeder Breitensportler. Man denke nur an die Verbesserungen, die sich im Verlauf der letzten Jahrzehnte bei den Laufschuhen oder bei der Skiausrüstung ergeben haben. Ohne Spitzensport wäre es nicht dazu gekommen.
Es kann auch nicht geleugnet werden, dass durch den Spitzensport mittelbar und unmittelbar zahlreiche **Arbeitsplätze** geschaffen werden, so zum Beispiel für die Sportler selbst, dann für die Beschäftigten in den sportbezogenen Branchen und nicht zuletzt auch bei der Vorbereitung und Durchführung von großen Sportereignissen, wie Weltmeisterschaften und Olympischen Spielen. Nicht zu vergessen sei schließlich die große Bedeutung des Spitzensports für die **Medienlandschaft**. Sie hat dazu geführt, dass zahlreiche neue Zeitschriften und sogar einige neue Sender (mit den entsprechenden Arbeitsplätzen) entstanden sind, die sich fast ausschließlich dem Spitzensport widmen, wie etwa *Premiere* oder *Eurosport*. Dass der Spitzensport in vielen Ländern zu einem wichtigen Wirtschaftsfaktor geworden ist, hat inzwischen dazu geführt, dass in seinem Einfluss auf die Wirtschaft und seiner Vernetzung mit der Wirtschaft längst schon eine gleichsam natürliche gesellschaftliche Funktion gesehen wird.
Deshalb werden auch **Fehlentwicklungen** auf diesem Gebiet sehr schnell zu Themen, welche nicht nur in der sportinteressierten Öffentlichkeit großes Interesse, häufig auch große Empörung hervorrufen. In erster Linie gehört zu diesen Fehlentwicklungen die **maßlose Kommerzialisierung** in Teilen des Spitzensports. Dies betrifft vor allem die Ablösesummen und Spieler-, Trainer- und Funktionärsgehälter besonders im Profifußball, doch auch im Eishockey, Basketball, Handball, American Football und Baseball werden inzwischen Summen bezahlt, deren Höhe kein wirklich angemessenes Preis-Leistungs-Ver-

hältnis mehr erkennen lässt. Auch die ‚Preisgelder' bei Tennis- und Golfturnieren, ganz zu schweigen im Motorsport, haben geradezu astronomische Höhen erreicht. Wenn ein spanischer Fußballverein für einen Spieler 90 Millionen Euro auf den Tisch legt und wenn der Sieger eines europäischen Golfturniers nach einer Woche Anstrengung 660 000 Euro mit nach Hause nehmen darf, dann stimmen die Relationen einfach nicht mehr. Dabei handelt es sich nicht einmal mehr um Ausnahmen. Die fürstliche Honorierung von Aktiven und Trainern ist im Spitzensport Normalität, was sich längst schon auf den sogenannten Amateur- oder Breitensport auswirkt. Bereits Fußballspieler in der Bezirksliga wollen für ihre doch recht schlichten Darbietungen bezahlt werden und die Vereine müssen Sponsoren suchen, um dies finanzieren zu können.

Auch hinter der Tatsache, dass man sich im Spitzensport nahezu vollständig den **Medien**, hier vor allem dem Fernsehen, und den großen Sponsoren ausliefert, stehen finanzielle und wirtschaftliche Gründe. Das Fernsehen bestimmt, zu welchen Sendezeiten die Sportveranstaltungen stattzufinden haben, sonst wird nicht gesendet. Die Sportler müssen sich damit abfinden, als Werbeträger wie wandelnde Litfaßsäulen herumzuspringen, und das Sehvergnügen der Fernsehzuschauer wird häufig durch die zahlreichen Werbespots unterbrochen. Das Merkwürdige an der ganzen Angelegenheit ist die Tatsache, dass die Konsumenten, also die Fernsehzuschauer und die Zuschauer in den Sportstadien, kaum Anstoß an den Pervertierungen nehmen. Sie zahlen hohe Eintrittspreise beziehungsweise hohe Gebühren für das Bezahlfernsehen und wiegen sich in der Illusion, denselben Sport geboten zu bekommen, dessen begeisterte Anhänger auch ihre Großväter schon gewesen sind – einen Sport, bei dem es um Gewinnen, Verlieren, Fairness, gute Technik und Taktik ging. Diesen Sport hat man als „zweckfreies Spiel" bezeichnet (vgl. Gerhardt, Z. 14), weil er seinen Zweck in sich selbst hatte. Der heutige Spitzensport ist nicht mehr „zweckfrei", sondern in starkem Maße auf wirtschaftlichen Erfolg ausgerichtet. Gelungene Schüsse, Würfe und Sprünge sind zu hochentwickelten Instrumenten für Bankkontenbewegungen geworden. Große Sportvereine sollte man als Firmen bezeichnen, der Gang an die Börse hat ja bei einigen von ihnen schon stattgefunden. Schließlich ist auch noch daran zu erinnern, dass der Spitzensport aufgrund der zunehmenden kommerziellen Globalisierung, z. B. beim ‚Handel' mit Spielern, massiv dazu beiträgt, dass die Nachwuchsförderung in großen Vereinen stark vernachlässigt wird (weil ausländische Spieler bequemer und preisgünstiger zu haben sind) und dass die starke Medienpräsenz bestimmter Sportarten schrittweise zu einer ‚Zweiklassengesellschaft' innerhalb der Sportarten führt: zu einer Klasse der von den Medien geförderten Sportarten wie z. B. Fußball, Motorsport und Skisport und einer Klasse der unterprivilegierten, aber keineswegs weniger attraktiven Sportarten wie z. B. Badminton, Hockey und Sportklettern. Diese letztgenannten Sportarten haben es auf Dauer schwer, von der Öffentlichkeit wahrgenommen zu werden und Jugendliche zu begeistern.

Die größte Gefahr der starken Kommerzialisierung des Spitzensports besteht darin, dass diese auf den gesamten Sport, also auch den Breiten- und Gesundheitssport, übergreift. Eine Folge wird sein, dass sich viele Vereine finanziell übernehmen (um konkurrenzfähig bleiben zu können), dann aber ihr breitensportliches Angebot reduzieren oder sozial unverträgliche Beiträge verlangen müssen. Eine andere Folge betrifft das Wesen des Sports, seine ideelle Substanz: Insbesondere der Spitzensport ist zu einem großen Wirtschaftszweig geworden (Gerhardt, Z. 13 f.), in dem Geldverdienen, Geldbeschaffen und – gar nicht mehr so selten – Insolvenzen nicht nur die ursprünglichen Wesensmerkmale des Spitzensports wie Leistungs- und Erfolgsorientierung in den Hintergrund gedrängt haben, sondern auch traditionell mit dem Sport verbundene Werte wie zweckfreies Spiel, fairen Leistungsvergleich und gesunden Ausgleich zum Alltag und Beruf.

Gerade der Aspekt **Gesundheit** gibt Anlass, sich auf eine weitere gesellschaftliche Funktion des Sports zu besinnen: Es geht um die Möglichkeiten, mit Hilfe sportlicher Betätigung die Gesundheit zu erhalten beziehungsweise wiederherzustellen sowie Krankheiten vorzubeugen. Regelmäßige Bewegung ist Bestandteil einer gesunden Lebensführung neben einer ausgewogenen Ernährung und dem weitgehenden Verzicht auf Nikotin und Alkohol. Zwar zweifelt Gerhardt dies an (vgl. Z. 39 ff.), doch haben Tausende von wissenschaftlichen Versuchen bewiesen, dass die gesundheitlichen Vorteile des Sports seine Nachteile (z. B. Verletzungs- und Überlastungsgefahr) bei weitem übertreffen.

2.2

Der Spitzensport in seiner traditionellen Ausprägung hatte im Bereich der Gesundheit die Funktion eines **Vorbilds**. Gut ausgebildete, regelmäßig trainierende, erfolgreiche und auch im gesetzten Alter noch aktive Sportler konnten als Beweis dafür dienen, dass der Sport gesund hält. Der Spitzensport hat es aber leider geschafft, diese wichtige gesellschaftliche Funktion des Sports in Misskredit zu bringen: So gilt es inzwischen als normal, wenn verletzte Sportler rasch wieder ‚fit gespritzt‘ werden, um sie so schnell wie möglich wieder in die finanziell ja so wichtigen Wettkämpfe schicken zu können. Erhöhte Verletzungsanfälligkeit und die Gefahr von Dauerschäden können die Folgen sein. Der Spitzensport liefert häufig auch Beispiele für einen körperlichen Einsatz bis zur absoluten Belastungsgrenze und über sie hinaus. Voll austrainierte Spitzensportler werden dies in der Regel gesund überstehen, einen Breitensportler, der sich an dem Vorbild orientiert und sich selbst dann überfordert, kann dies unter Umständen das Leben kosten, wie Beispiele im Bereich der Ausdauersportarten (Marathon, Triathlon) dies immer wieder bestätigen. Auch schwerste Verletzungen und Todesfälle bei sogenannten Risikosportarten (z. B. Eisklettern, Motorsport) haben nicht selten die Fragwürdigkeit einer Vorbildwirkung des aktuellen Spitzensports gezeigt.

Die schlimmste gesundheitliche und sportethische Perversion ist jedoch in der Leistungssteigerung durch **Doping** zu sehen. Doping bedeutet, die Leistungsgrenzen des eigenen Körpers mit Hilfe von Medikamenten beziehungsweise chemischen Substanzen oder auch durch Aufbereitung des eigenen Bluts (Blutdoping) zu überwinden und auf diese Weise sonst nicht erreichbare Leistungen und Platzierungen zu erzielen. Abgesehen von der juristischen und ethischen

Dimension des Dopings – schließlich handelt es sich hierbei um Betrug –, sind vor allem auch die mit ihm verbundenen gesundheitlichen Gefahren zu bedenken. So war Doping schon mehrfach unmittelbare Ursache von Todesfällen, etwa im Radsport, und es ist längst erwiesen, dass die regelmäßige Einnahme von Leistungsverstärkern, wie z. B. Anabolika, zu nicht mehr korrigierbaren Persönlichkeitsveränderungen und zu Krankheiten führt. Ein systematisches, vom Staat gefördertes und sogar gefordertes Doping hat es in der DDR gegeben, unter den Folgen leiden die Betroffenen noch heute (vgl. den Aufsatz von Kistner). In der DDR erfolgte Doping, um die Leistungsfähigkeit der sozialistischen Gesellschaft unter Beweis zu stellen; heutzutage wird in der Regel deshalb gedopt, weil die wirtschaftlich so interessanten sportlichen Erfolge auf andere Weise kaum noch als erreichbar gelten. Einige ertappte Dopingsünder, wie die Radsportler Jaksche und Kohl, haben dies ganz klar zum Ausdruck gebracht. Besonders bedenklich ist, dass das sehr weit verbreitete Doping im Spitzensport nicht von allen Sportinteressierten abgelehnt wird, weil es unehrlich und gefährlich ist, sondern entweder beschönigt oder sogar gutgeheißen und nachgeahmt wird. Anabolika sind problemlos erhältlich und finden in Kreisen überehrgeiziger Freizeitsportler zahlreiche Abnehmer. Bei ihnen ist das Einnehmen noch gefährlicher als bei Spitzensportlern, denn es fehlt jegliche ärztliche Kontrolle (vgl. Gerhardt, Z. 64 ff.). Die Vorbildfunktion des Spitzensports erweist sich also auch im Hinblick auf den Gesundheitsaspekt im aktuellen Sportgeschehen als äußerst fragwürdig.

2.3 Über einen weiteren, den **sozialen** Bereich gehen die Ansichten hinsichtlich der gesellschaftlichen Funktion des Spitzensports sicher stark auseinander. Es lässt sich jedoch nicht bestreiten, dass sportliche Großereignisse für Millionen von Menschen eine große Bedeutung für ihre – in diesem Fall passive – Freizeitgestaltung haben, dass sie Ablenkung und Ausgleich zu den vielfältigen Belastungen des Alltags bieten und einen Beitrag zur Identifizierung mit Sportlern und Sportbegeisterten des eigenen Landes (vgl. Fußball-Weltmeisterschaft 2006 in Deutschland) sowie zum Einblick in andere Sportkulturen leisten können. Andererseits haben sportliche Großereignisse, speziell Fußballspiele, zum Entstehen einer gewalttätigen Hooligan-Szene beigetragen. Daran ist u. a. die Tatsache schuld, dass gerade Spitzensportler oft und gerne für chauvinistische beziehungsweise nationalistische Absichten missbraucht werden, z. B. in der Boulevardpresse, und dass sich der auf diese Weise angestoßene Chauvinismus in Aggressionen und körperlicher Gewalt entlädt.
Ein anderes soziales Problem im Zusammenhang mit dem Spitzensport kann darin gesehen werden, dass dessen als erstrebenswert geltende Merkmale zunehmend zu Statussymbolen für diejenigen geworden sind, die als attraktiv, gut situiert, lässig, jugendlich und natürlich ‚fit' gelten wollen. Dies wird durch die Mode, die betriebenen Sportarten und das Verhalten im gesellschaftlichen Umfeld dokumentiert (vgl. Gerhardt, Z. 25 ff.). Dieses Problem ist sicher nicht schwerwiegend, aber es zeigt doch, wie sehr der Spitzensport dazu beiträgt, dem äußeren Schein und dem Geltenwollen ein starkes Gewicht in unserer Gesellschaft zu geben.

Schon seit geraumer Zeit machen Journalisten, Sportwissenschaftler, Soziolo- **3** gen und nicht zuletzt Spitzensportler selbst auf die gravierenden **Probleme des Spitzensports** und deren Auswirkungen aufmerksam und fordern entsprechende **Gegenmaßnahmen**. Sie zu ergreifen wird jedoch nicht leicht sein, denn dagegen gibt es Widerstand oder Hinhaltetaktiken von direkt oder indirekt Betroffenen sowie von einer mächtigen Lobby, deren Handeln hauptsächlich kommerzielle Motive bestimmen. Tatsächlich sind es vor allem **zwei Problembereiche**, die den Spitzensport und damit teilweise den gesamten Sport in eine Krise gebracht haben: Das ist zum einen die ausufernde **Kommerzialisierung** und zum andern das **Doping** in seinen vielfältigen Erscheinungsformen. Was könnte getan werden, um die Entwicklungen in diesen Bereichen zu stoppen und den Spitzensport damit wieder in den Stand zu versetzen, positiv auf die Gesellschaft einzuwirken?

Was die **Kommerzialisierung** betrifft, so sind hier in erster Linie die Verbände **3.1** und Vereine gefordert. Von Seiten der Dachverbände müsste die Höhe der Ablösesummen für Sportler drastisch begrenzt werden, auch sollte es zu klaren Bestimmungen über die Höhe der Gehälter für Spieler, Trainer und Manager kommen, dem Wirken sogenannter ‚Spielervermittler‘ sollte vollständig Einhalt geboten werden. Als Begleitmaßnahme müsste Amateurvereinen grundsätzlich untersagt werden, ‚Gehälter‘ an Sportler zu bezahlen, wenn sie nicht ihre Gemeinnützigkeit verlieren wollen. Bei Geldzuwendungen durch Firmen müsste bestätigt werden, dass sie nicht für derartige Zwecke verwendet werden, andernfalls dürften sie steuerlich nicht mehr absetzbar sein. Die hier vorgeschlagenen Maßnahmen sollten nicht auf das Inland beschränkt bleiben, sondern auf den Weltsport ausgeweitet werden, um ‚Schlupflöcher‘ für Sportler und Funktionäre zu verhindern. Der Spitzensport und der Sport generell könnten auf diese Weise wieder etwas von ihrer früheren Glaubwürdigkeit zurückgewinnen, d. h., man würde akzeptieren, dass Hochleistungen auch angemessen honoriert werden, aber kommerzielle Aspekte würden die Leistungen, das Auftreten und die mögliche Vorbildfunktion der Sportler nicht völlig zudecken.

Schon die Umsetzung nur einiger der vorgeschlagenen Bestimmungen würde wahrscheinlich zu einem gewaltigen Protestgeschrei bei Verbands- und Vereinsfunktionären und häufig auch zum Gang vor die Gerichte führen. Diese verdienen meist an dem Geschäft mit dem Sport und den Sportlern ganz ordentlich und profitieren zusätzlich von den Annehmlichkeiten des Funktionärstourismus. Es bedürfte also großer Überzeugungskraft, um im Bereich der Kommerzialisierung Änderungen herbeizuführen. Falls nötig, müssten auch einmal Kommunen und Staaten aktiv werden, indem sie die Vereine und Verbände nicht unterstützen, die aufgrund ihres verfehlten Finanzgebarens insolvent geworden sind oder sich Änderungen gegenüber ablehnend verhalten. Auch an gesetzliche Bestimmungen könnte gedacht werden. Das Problem der Gefährdung der Chancengleichheit durch speziell entwickelte und sehr kostspielige Ausrüstungen (z. B. Schwimmanzüge) könnte – natürlich wieder gegen den

22

Wiederstand von Herstellern und Mitverdienern – ohne Schwierigkeiten durch die Fachverbände angegangen werden. Man müsste nur klare Vorschriften erlassen, wie dies im Schwimmsport ja schon teilweise geschehen ist.

In sehr engem Zusammenhang mit dem Problem der Kommerzialisierung steht 3.2 das **Dopingproblem**, das Problem der „unphysiologisch[en]" Leistungssteigerung (vgl. Material 3). Da sich ja mit sportlichen Erfolgen sehr viel Geld verdienen lässt, ist die Versuchung groß, dem eigenen Leistungsvermögen nachzuhelfen. Dies ist nicht nur in höchstem Maße unfair, sondern es erfüllt auch den Tatbestand des Betrugs und kann zudem die Gesundheit nachhaltig gefährden (s. oben). Doping ist durch die Dachverbände verboten, in einigen Ländern, z. B. Italien, gibt es sogar Gesetze, die Doping unter Strafe stellen. Nach Wettkämpfen und gelegentlich auch beim Training werden die Sportler einer Dopingkontrolle unterzogen. Wer des Dopings überführt wird, muss zumindest mit einer Wettkampfsperre von ca. zwei Jahren rechnen. Und dennoch wird nach wie vor gedopt: Es werden regelmäßig Athleten überführt und es wird ebenso regelmäßig nach Ausreden gesucht. Was kann dagegen unternommen werden?

Die wirkungsvollste Maßnahme wäre eine **Beschränkung der Verdienstmöglichkeiten**. Wenn die Sportler mit Siegen und Rekorden nicht so unglaublich viel Geld verdienen könnten, wäre Doping nicht mehr so interessant. Eine **Intensivierung der Kontrollen** und eine **Verbesserung der Kontrollmethoden** wären ebenfalls Mittel, um Auswüchse zu verhindern, allerdings ist hier zu bedenken, dass auch das Doping selbst fortwährend ‚Fortschritte' macht, d. h., neue Dopingmittel werden entwickelt und der Umgang mit ihnen wird ständig raffinierter. Wenn sich dann auch noch Sportfunktionäre und Ärzte uneinsichtig zeigen und Dopingfälle verharmlosen oder vertuschen, wie dies zur Zeit wieder im Zusammenhang mit der Dopingvergangenheit ehemaliger DDR-Leichtathletik-Trainer geschieht, wird eine Ahndung schwierig (vgl. Material 2). Was auf jeden Fall durchgesetzt werden sollte, wäre die gesetzliche Festschreibung von Doping, Mithilfe beim Doping und Handel mit Dopingpräparaten als Straftaten, eine Kronzeugenregelung – geständige Dopingsünder und -zeugen erhalten Strafmilderung – und die Pflicht des Beschuldigten zum Nachweis seiner Unschuld. Ein weiteres Instrument der Dopingbekämpfung wären Sanktionen gegen Länder, die sich regelmäßigen und unangekündigten Dopingkontrollen verweigern, und nicht zuletzt sollte eine wesentlich konsequentere Aufklärung der Athleten über die gesundheitlichen Folgen des Dopings erfolgen. Von der Durchsetzung auch nur eines Teils dieser Maßnahmen ist man weit entfernt, denn die derzeit aus dem Gebrauch von Dopingmitteln für die Athleten, aber auch für Ärzte und Funktionäre erwachsenden Vorteile sind noch zu groß, als dass man auf sie verzichten möchte. Auch spielen ethische Bedenken bei den meisten Beteiligten kaum noch eine Rolle, dafür aber häufig sogenannte nationale Interessen. Anstöße zu wirksamen Anti-Doping-Maßnahmen müssten von der Spitze kommen, d. h. von den obersten Repräsentanten des Sports und der Politik, und zwar länderübergreifend. Nur so könnte der Spitzensport seine Vorbildfunktion wieder erhalten.

Neben den zentralen Problemfeldern Kommerzialisierung und Doping, welche 3.3
die gesellschaftlichen Funktionen des Spitzensports am meisten gefährden,
gibt es noch eine Reihe von Interaktionsräumen, in denen ebenfalls etwas gegen Erscheinungen getan werden könnte, welche dem Spitzensport abträglich
sind: So ist es unbedingt nötig, in den Großstädten die Arbeit mit den Fan-
gruppen zu intensivieren und damit Ausschreitungen von **Hooligans** auf Dauer
zu verringern. Hierfür wären in erster Linie die Vereine zuständig. Ihnen käme
auch die Aufgabe zu, die **Nachwuchsarbeit** in den einzelnen Sportarten zu verstärken und den ausgebildeten Jugendlichen dann vermehrt eine Chance zu
geben, im eigenen Verein eine sportliche Karriere zu beginnen. Darauf könnten auch Bestimmungen der einzelnen Verbände hinwirken, was bisher nur in
schwachen Ansätzen geschehen ist. Der Spitzensport könnte so dem Unterhal-
tungs- und Ablenkungsbedürfnis der Menschen auf eine friedvolle Weise Rechnung tragen und sich gleichzeitig als Handlungsfeld für den sozialen Aufstieg
von Jugendlichen profilieren.

Einen ganz entscheidenden Beitrag für ein besseres Image des Spitzensports
könnten die **Medien** leisten, indem sie nicht nur über Sportereignisse berichten, bei denen der finanzielle Aspekt (z. B. Fußball), mitunter auch das Spek-
takuläre eine große Rolle spielt – man denke nur an die zahllosen Reportagen
über Boxkämpfe und Autorennen. Stattdessen sollten sie ihre Kameras und
Mikrofone etwas öfter und länger auf Ereignisse richten, bei denen man auch
sportliche Spitzenleistungen bewundern kann, dazu aber auch noch echten
Sportlergeist und garantiert ehrlich erarbeitete Erfolge, so z. B. bei Behinder-
tenwettkämpfen wie den Paralympics.

Die zuletzt genannten Möglichkeiten sind nicht gewichtig genug, um die der- 4
zeitigen Grundprobleme des Spitzensports zu lösen, sie sind aber vielleicht
geeignet, sowohl den Konsumenten des Hochleistungssports als auch den Verantwortlichen die Augen dahingehend zu öffnen, was ehrlicher und sauberer
Spitzensport wirklich sein könnte: ein faszinierendes Medium der Unterhaltung und Ablenkung, eine Autorität für die Vermittlung individueller Werte
und Einstellungen sowie ein Motor für wirtschaftliche und medizinische Entwicklungen.

Abitur Deutsch (Bayern G8) – Übungsaufgabe 3:
Verfassen einer materialgestützten Erörterung

Aufgabe:
Erörtern Sie ausgehend von aktuellen Entwicklungen differenziert, ob die traditionelle Vorstellung von Familie noch eine Zukunft in Deutschland hat, und legen Sie dar, wie der Staat die momentane Situation der Familien verbessern kann. Beziehen Sie sich in Ihren Ausführungen auf die beigefügten Bild- und Textmaterialien.

Material 1

Stefanie Hallberg: Wandel des klassischen Familienbildes

So wandelte sich das Familienmodell

Der Mann verdient das Geld, die Frau kümmert sich um Haushalt und Kinder. Die Familie, die wir für traditionell halten, behauptet sich in unserer Gesellschaft nach wie vor. Dabei gibt es sie noch gar nicht so lange.

5 Die bürgerliche Kleinfamilie, wie wir sie heute kennen, war nie die allgemeingültige Lebensform. Es gibt sie kaum 200 Jahre. Erst mit der Industrialisierung, dem Wachstum der Städte und der Entwicklung des Bürgertums kam Mitte des 19. Jahrhunderts das bürgerliche Idealbild der Familie auf, das unsere Gesellschaft noch heute prägt: das traute Heim als Gegenpol zur rauen Erwerbswelt. Der Mann verdient das Geld,
10 die Frau kümmert sich um den Haushalt und die Erziehung der Kinder.

© Susan Law Cain / Dreamstime.com

Familienideal für viele Arbeiter unerreichbar
„Trotz dieser Ideologisierung hat es auch zur Zeit der Industrialisierung viele allein erziehende Mütter gegeben", sagt Gisela Notz, Sozialwissenschaftlerin bei der Friedrich-Ebert-Stiftung in Bonn. In so manchem Eifeldorf waren die Frauen mit ihren Kin-
15 dern während der Woche allein, weil die Männer im Ruhrgebiet das Geld verdienen

mussten. Das Leben der Arbeiterfamilien entsprach dabei keineswegs dem bürgerlichen Ideal: Um nicht zu verhungern, mussten Männer und Frauen bis zu 16 Stunden täglich arbeiten. Die Erziehung der Kinder blieb oft auf der Strecke. Diese mussten selbst schon früh in der Textilindustrie, im Bergbau oder in Heimarbeit ihr Brot verdienen. Für viele Arbeiter blieb das bürgerliche Familienideal bis in die heutige Zeit ein Traum, so Notz.

Familie politisch ideologisiert
Im 20. Jahrhundert wurde das Loblied auf die Familie mit klassischer Rollenverteilung ideologisiert. Der Kaiser wollte Soldaten, Hitler ebenso. Im Dritten Reich galt die Familie als „Keimzelle des Staates". Frauen, die keine Kinder hatten, wurden diffamiert. „Aber wie zu anderen Zeiten auch konnte das propagierte Ideal auf Grund der Umstände nicht gelebt werden", erklärt Notz. Frauen, deren Männer im Krieg waren, erzogen die Kinder ohnehin allein. Und so manche Ehe zerbrach, als die Männer heimkehrten und ihren angestammten Platz einforderten.

Viele Mütter alleinerziehend
Auch in den 50er-Jahren wurde seitens der konservativen Familienpolitik die bürgerliche Familienform als die einzig wahre dargestellt – trotz der Tatsache, dass nach dem Krieg in vier von zehn Familien die Mütter alleinerziehend waren. Artikel 6 des Grundgesetzes stellte Ehe und Familie unter besonderen Schutz. Andere Formen des Zusammenlebens waren nicht vorgesehen. Die Hausfrauen- und Mutterrolle wurde systematisch aufgewertet und finanziell gefördert. Nur wer verheiratet war, durfte zusammen leben. Wer nicht-ehelichen Beziehungen Obdach gewährte, machte sich nach Paragraf 180 des Strafgesetzbuches der Kuppelei schuldig, gelebt wurden sie trotzdem. Das beste Beispiel seien die Onkel-Ehen, erklärt Notz: „Viele Kriegswitwen haben absichtlich nicht geheiratet, um ihre Rente nicht zu verlieren. Vorhandene Kinder mussten den neuen Vater Onkel nennen."

© *ullstein bild*

Selbstbestimmtes Leben im Vordergrund

Spätestens seit dem beschleunigten Wertewandel, der Ende der 60er-Jahre mit der Studentenbewegung einsetzte, wurde die bürgerliche Kleinfamilie immer mehr in Frage
45 gestellt. Es entwickelten sich alternative Formen des Zusammenlebens wie Wohngemeinschaften und Kommunen. Statt des traditionellen Daseins für andere, etwa Familie oder Eltern, rückte die Gestaltung eines selbstbestimmten Lebens stärker in den Vordergrund. Auch andere Faktoren trugen dazu bei, dass sich in den letzten drei Jahrzehnten die Familienstrukturen wandelten: Unter anderem wurde das Scheidungsrecht
50 reformiert und die Geburtenkontrolle einfacher. Technik machte die Arbeit im Haushalt immer leichter. Die Berufstätigkeit von Frauen nahm zu.

Vielfalt an Lebensgemeinschaften

Anfang des 21. Jahrhunderts hat die bürgerliche Familie ihre dominante Stellung eingebüßt. Alleinerziehende, Stieffamilien, Patchworkfamilien, Wohngemeinschaften mit
55 Kindern, kinderlose Ehepaare, eingetragene Partnerschaften, nicht-eheliche und andere Lebensgemeinschaften werden immer selbstverständlicher. Doch die bürgerliche Familie lebt. Zwar ist nur noch jeder dritte Haushalt eine Kleinfamilie mit Vater, Mutter und mindestens einem Kind. Aber vier von fünf Kindern, so [die Soziologin] Nave-Herz, würden bis zum Alter von 16 Jahren in dieser klassischen Familienform aufwach-
60 sen. „Die traditionelle Eltern-Familie hat an subjektiver Wertschätzung keineswegs verloren", schließt sie. Dennoch klappt es oft nicht mit der Familiengründung: etwa wegen der schwierigen Vereinbarkeit von Beruf und Familie, der Trennung vom Partner, hoher Ansprüche an eine eheliche Beziehung oder dem Zwang, mobil zu sein.

© Uschi Hering - Fotolia.com

Keine Lebensform bevorzugen

65 Wie sieht die Zukunft der Familie aus? Gisela Notz meint, dass sich die Formen des familiären Zusammenlebens weiter ausdifferenzieren werden. Wichtig sei, dass keine Lebensform bevorzugt oder benachteiligt werde. Wie könnte man den Begriff Familie für die Zukunft fassen? Vielleicht wie das Zunkunftsforum Familie, eine neu gegründete bundesweite Organisation: „Familie ist überall dort, wo Menschen dauerhaft für-
70 einander Verantwortung übernehmen, Sorge tragen und Zuwendung schenken."

Aus: www.wdr.de/themen/panorama/gesellschaft/familie/familienbild_im_wandel/index.jhtml,
Stand: 12. 4. 2006, zuletzt aufgerufen am 1. 9. 2009

Material 2 – Statistik: Geburten in Deutschland, 2007

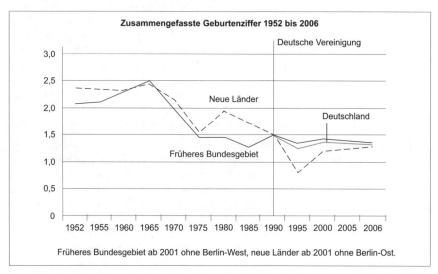

Aus: Olga Pötzsch, Geburten in Deutschland, hrsg. vom Statistischen Bundesamt, Wiesbaden 2007, S. 17, http://www.destatis.de/jetspeed/portal/cms/Sites/destatis/Internet/DE/Content/Publikationen/Fachveroeffentlichungen/Bevoelkerung/BroschuereGeburtenDeutschland,property=file.pdf

Material 3 – Götz Wiedenroth: „Kinderlosigkeit steigert das Sozialprestige"

© Götz Wiedenroth • www.wiedenroth-karikatur.de

Hinweise und Tipps

- *Eine genaue Auseinandersetzung und Beschäftigung mit dem Thema ist nötig, um ansprechend und möglichst differenziert Stellung nehmen zu können. Dies setzt eine intensive Studie der beigefügten Materialien voraus, deren **informativer Gehalt** in Ihre Arbeit einfließen sollte. Darüber hinaus wird von Ihnen eine sowohl inhaltlich als auch sprachlich **eigenständige Leistung** erwartet, die in sich geschlossen ist. Klären Sie dazu die **Schlüsselbegriffe** des Themas und legen Sie eine geordnete **Stoffsammlung** an, die Ihnen die einzubringenden Aspekte stets vor Augen hält.*
- *Einen grundlegenden und nicht zu vernachlässigenden Teil der Arbeit stellt die logisch angeordnete und in sich schlüssige **Gliederung** dar. Diese kann je nach Themenstellung entweder **linear** oder **antithetisch** aufgebaut sein, wobei die antithetische Erörterung Argumente, die für und gegen eine kontrovers diskutierte These sprechen, in direkten Kontrast setzt und gegeneinander abwägt. Die dem Lösungsvorschlag zugrunde liegende linear verlaufende Gliederung bietet sich vor allem dann an, wenn ein Thema von einem bestimmten Standpunkt aus – also nicht kontrovers – umfassend dargestellt werden soll.*
- *Überlegen Sie sich, ob Ihre Argumente zum Thema passen, Ihre These stützen und untermauern Sie sie mit passenden Beispielen.*
- *Hinsichtlich des **Sprachstils** sollten Sie darauf achten, **sachlich und objektiv** zu schreiben. Verknüpfen Sie Ihre Argumente mit passenden Konjunktionen und strukturieren Sie Ihren Aufsatz durch Absätze.*

Gliederung

1	Das traditionelle Familienbild
2	Erörterung der zukünftigen Entwicklung des Familienbildes in Deutschland und Darlegung möglicher staatlicher Unterstützungsmaßnahmen für Familien
2.1	Entwicklung alternativer Lebensformen
2.1.1	Unterschiedliche Familienformen infolge des gesellschaftlichen Wandels
2.1.2	Veränderungen aufgrund des gestiegenen Anspruchs an den Partner
2.2	Zunahme der kinderlosen Haushalte in Deutschland
2.2.1	Schwierige wirtschaftliche Situation der Familien
2.2.2	Erwerbstätigkeit der Frau als einflussnehmender Faktor bei der Familienplanung
2.3	Darlegung der Notwendigkeit staatlicher Maßnahmen
2.3.1	Unterstützung durch staatliche Hilfen
2.3.1.1	Finanzielle Mittel
2.3.1.2	Verbesserung des Betreuungsangebots
2.3.2	Förderung des öffentlichen Ansehens der Familie
3	Zeitgemäße Definition von „Familie"

Lösungsvorschlag

Die Vorstellung einer **traditionellen Idealfamilie**, wie sie auch heute noch in 1
den meisten Köpfen verankert ist, entstammt dem 19. Jahrhundert und bein-
haltet das Bild einer Lebensgemeinschaft, in der der Mann einer klassischen
Rollenverteilung gemäß das Geld verdient und die Frau sich um den Haushalt
und die Kinder kümmert. Obwohl diese bürgerliche Vorstellung aufgrund
finanzieller Notlagen oder Kriegserfahrungen bei Weitem nicht immer dem
tatsächlichen Leben der Menschen entsprach, wurde sie immer wieder ideologisiert oder, wie in den 1950er-Jahren, seitens einer konservativen Familienpolitik als die einzig vernünftige dargestellt. Doch im Laufe der Zeit bildeten sich aus vielfältigen Gründen alternative Lebensformen heraus, die die
klassische Familienstruktur nach und nach zu verdrängen scheinen und heute
eher als die Regel denn als die Ausnahme angesehen werden.

Angesichts der wachsenden Scheidungsrate und der zunehmenden Kinder- 2
losigkeit fragt man sich, ob das traditionelle Familienbild in Deutschland
noch eine Zukunft hat und inwiefern ein Eingreifen des Staates durch geeignete Unterstützungsmaßnahmen nötig ist. Die aktuellen Entwicklungen zeigen, dass man sich hierzulande womöglich an andere Formen als die der lange
propagierten Idealfamilie gewöhnen muss.

Bereits Anfang der 70er-Jahre wurde die bürgerliche Kleinfamilie aufgrund 2.1
eines tiefgreifenden **Wertewandels** von vielen Menschen nicht mehr als der
lang vorgelebte Idealzustand hingenommen. Es entwickelten sich Kommunen
und Wohngemeinschaften, die es ihren Mitgliedern ermöglichen sollten, ihr
Leben freier und selbstbestimmter zu gestalten. Dies ist neben weiterer gesellschaftlichen Veränderungen ein Grund für die **Entwicklung vielfältiger alter-
nativer Lebensformen**, wie zum Beispiel Patchworkfamilien, Stieffamilien,
alleinerziehende Elternteile oder eingetragene Partnerschaften, die parallel zu
der selbstverständlich nach wie vor existierenden Kleinfamilie, zusammengesetzt aus Vater, Mutter und ein bis zwei Kindern, bestehen.
Diese Vielfalt an unterschiedlichen Lebensmodellen ist sicherlich dadurch 2.1.1
bedingt, dass sich die Gesellschaft im Laufe der Zeit stark gewandelt hat.
Eine grundlegende Rolle spielt dabei die **Stellung der Frau** in der Gesellschaft. Im Zuge der Emanzipation werden Töchter nicht mehr wie in früheren
Zeiten aus der Obhut des Vaters in die des Ehegatten übergeben, sondern
entscheiden sich ebenso wie Männer für eine ihnen gemäße Lebensform, sei
es als Single oder innerhalb einer wie auch immer gearteten Partnerschaft. So
ist der Trauschein heute schon längst keine Voraussetzung mehr dafür, als Paar
eine gemeinsame Wohnung zu beziehen oder Kinder zu bekommen. Weiterhin sehen sich alleinerziehende Eltern nicht mehr der öffentlichen Kritik
ausgesetzt, was gewiss auch daran liegt, dass man in Zeiten, in denen die
Scheidungsrate bei knapp 50 Prozent liegt, längst an das Bild alleinerziehen-
der Eltern gewöhnt ist. Selbiges gilt für Familien, in die die Partner Kinder

aus vorherigen Beziehungen mitbringen – sogenannte Stief- oder Patchwork-familien. Des Weiteren sind gleichgeschlechtliche Partnerschaften heutzutage gesellschaftlich akzeptiert und viele deutsche Bundesländer bieten homo-sexuellen Paaren die Möglichkeit, ihrer Beziehung über eine eingetragene Lebenspartnerschaft einen rechtlichen Rahmen zu geben.

Einen weiteren Aspekt, der wesentlich dazu beiträgt, dass sich einige der dar- 2.1.2 gestellten unterschiedlichen Lebensformen in unserer Gesellschaft zuneh-mend manifestieren und das Bild der Idealfamilie verdrängen, stellt die gestie-gene **Erwartung an die partnerschaftliche Beziehung** dar. Frauen geben sich nicht mehr damit zufrieden, auf die Versorgung des Haushalts und der Kinder reduziert zu werden, und Männer wehren sich dagegen, lediglich als der Ernährer aufzutreten. Der Partner muss heutzutage einer Vielzahl von Anforde-rungen gerecht werden. So soll er zum Beispiel gleichzeitig ein guter Zuhörer, verständnisvoller Vertrauter, zärtlicher Liebhaber, gleichgesinnter Freund und pflichtbewusstes Elternteil sein. Dieses von den Medien propagierte Bild wird der Realität oft nicht gerecht, weshalb viele Beziehungen scheitern. Mittler-weile enden fast 50 von 100 Ehen in der **Scheidung**, deren Umsetzung sich heutzutage relativ leicht gestaltet. Zum einen ist sie gesellschaftlich völlig akzeptiert und schon fast Normalität, zum anderen sichert sie per gesetzlicher Regelung beide Seiten finanziell ab. Da es vielen Menschen in diesem Zusammenhang ähnlich ergeht, sind die Chancen, einen neuen Partner zu finden – auch dank Partnerschaftsplattformen im Internet – unabhängig vom Alter recht hoch. So relativiert sich auch die eventuell bisher abschreckende Vorstellung von der auf eine Trennung folgenden Einsamkeit.

Neben den zahlreichen Familien mit Kindern gibt es immer mehr Menschen, 2.2 die sich gegen Nachwuchs entscheiden. Während es im Jahr 1952 noch durch-schnittlich zwei, in den neuen Bundesländern sogar knapp 2,5 Geburten pro Frau gab, waren es in Gesamtdeutschland 2006 nur mehr durchschnittlich 1,3. Auffallend ist der in den alten und neuen Bundesländern von 1952 bis 1972 ungefähr parallel sinkende Verlauf der **Geburtenrate**, bevor diese in der ehe-maligen DDR wieder anstieg. In Folge der wirtschaftlichen und sozialen Um-brüche, die mit der deutschen Wiedervereinigung einhergingen, brach das Ge-burtenniveau der Frauen in den neuen Bundesländern stark ein: Von 1990 bis 1994 sank die Geburtenziffer von 1,5 auf 0,8, bevor sie sich dann nach und nach wieder auf ein Niveau von 1,3 einpendelte, was dem gesamtdeutschen Stand entsprach. Auch diese Entwicklung, deren Gründe im Folgenden dar-gestellt werden, ist ein Indiz dafür, dass die traditionelle Form der Familie in Deutschland unter den gegebenen Umständen einen Wandel erfährt.

Viele Partner sehen sich gerade zu Zeiten der Wirtschaftskrise dazu gezwun- 2.2.1 gen, dass sie beide arbeiten, und sie können die **finanziellen Einbußen**, die mit der Bereitschaft einhergehen, ein oder mehrere Kinder großzuziehen, nicht oder nur schwer tragen. Oft müssen sich die Partner sogar räumlich trennen und leben in einer Fernbeziehung, da die **Berufswelt** Mobilität verlangt und zwei Menschen schon lange nicht mehr davon ausgehen können, dass sie beide am selben Ort einen Beruf ausüben. Auch das Risiko der Arbeitslosigkeit ist in Zeiten der Kurzarbeit nicht zu missachten und es kann gravierende Folgen haben, wenn man nicht durch ein zweites Einkommen abgesichert ist, welches im Falle der Kinderbetreuung durch ein Elternteil allerdings wegfallen würde. Zudem ist es für viele Paare, die an ein doppeltes Einkommen gewöhnt sind, eine grundsätzliche Entscheidung, ob sie bisher erschwingliche Luxusgüter gegen den Kinderwagen, der darüber hinaus wenig soziales Prestige mit sich bringt, eintauschen wollen.

Einer der wichtigsten Gründe dafür, dass Frauen keine oder weniger Kinder bekommen, liegt wohl aber in der **zunehmenden Anzahl der erwerbstätigen Frauen.** Seit sie das Privileg einer fundierten Ausbildung in Anspruch nehmen können, stehen viele im Berufsleben und sehen nicht genügend Möglichkeiten, Karriere und Kind miteinander zu verbinden, ohne dass das eine oder andere vernachlässigt wird. In vielen Berufen ist die Möglichkeit, in Teilzeit zu arbeiten, nicht gegeben, doch Plätze in Kindertagesstätten sind oft rar gesät und zuverlässige Tagesmütter verlangen häufig fast ebenso viel, wie der in eben jener Zeit erarbeitete Lohn einbringt. Darüber hinaus sind die Wiedereinstiegsmöglichkeiten für Frauen in gehobenen Positionen nach einer Babypause oft erschwert und es fehlt das Verständnis für die Sorgen einer Mutter, die den Arbeitsplatz eventuell einmal etwas früher verlassen muss, da das Kind zum Beispiel erkrankt ist. So stehen viele Frauen vor der grundsätzlichen Entscheidung für Kind oder Karriere. Ganz offensichtlich verlieren die Argumente, die einst für Nachwuchs sprachen, immer mehr an Gewicht zu Gunsten der persönlichen Erfüllung und finanziellen Unabhängigkeit der Frau, die im Berufsleben „ihren Mann steht". 2.2.2

Auch über die nicht in ausreichender Anzahl zur Verfügung stehenden Kindertagesstätten hinaus fühlen sich viele Eltern oder Paare mit Kinderwunsch **vom Staat nicht ausreichend unterstützt.** Der Staat hat es versäumt, seine Familienpolitik rechtzeitig auf gesellschaftliche Veränderungen und den geographischen Wandel auszurichten, was dazu geführt hat, dass sich viele Paare in der Familienplanung alleine gelassen fühlen. Nach und nach findet in der Politik allerdings ein Prozess des Umdenkens statt und es wird erkannt, dass man einiges tun muss, um die Position und das Ansehen der Familie wieder zu stärken. 2.3

So könnte man den Familien helfen, indem man sie **finanziell entlastet.** Mit der Einführung des **Elterngeldes** zu Beginn des Jahres 2007, welches das bisherige Erziehungsgeld ersetzt, geht man bereits in die richtige Richtung. Die Höhe des Elterngeldes richtet sich nach dem Einkommen des Elternteils, welches den Antrag darauf stellt, und dient als vorübergehender, maximal allerdings 14-monatiger Entgeltersatz. Das Modell sieht eine freie Aufteilung 2.3.1 2.3.1.1

32

unter den Partnern vor – eine Regelung, die der modernen Auffassung gleichberechtigter Partner- und Elternschaft entgegenkommt. Neben dieser finanziellen Zuwendung seitens des Staats und dem mittlerweile gestiegenen Kindergeld können Eltern außerdem weitere Fördermöglichkeiten beantragen, doch sind diese oft recht unübersichtlich und erschließen sich vielen Familien nicht. Hier wäre eine höhere Transparenz und Vereinfachung der bürokratischen Wege wünschenswert, damit jeder auch wirklich wüsste, auf welche Gelder er einen Anspruch hat.

Doch sollte es der Staat nicht bei der Entlastung der Eltern in den Anfangsmonaten einer Familiengründung belassen. Viele Paare schrecken auch vor den hohen Ausbildungskosten zurück, die im Leben eines Kindes anfallen. Die Zusicherung eines kostenfreien Kindergartenplatzes und einer kostenfreien Ausbildung wären sicherlich maßgebliche Faktoren, die von vielen Paaren bei einer Familienplanung berücksichtigt würden. Dazu zählt auch die staatliche Finanzierung sowohl schulischer Mittel, wie zum Beispiel Bücher, als auch des Studiums, welches mittlerweile in den meisten Bundesländern Deutschlands mit nicht unerheblichen Gebühren verbunden ist. Gerade in einem Land mit immer weniger Kindern sollte die Förderung potenzieller zukünftiger Leistungsträger eine wesentliche Aufgabe sein, welche dem Staat letzten Endes wieder zugute kommt.

Doch die finanzielle Unterstützung der Familien kann nur dann wirklich Erfolge zeigen, wenn es auf der anderen Seite genügend **Betreuungseinrichtungen** gibt, die die Eltern nutzen können. Obwohl das bereits 2005 in Kraft getretene Tagesbetreuungsausbaugesetz einen bedarfsgerechten Aufbau von Betreuungsangeboten für unter Dreijährige anstrebt, gestaltet sich die Umsetzung in die Praxis offensichtlich schwierig. Viele Mütter und Väter sehen sich mit jahrelangen Wartelisten der Kinderkrippen, Horte oder Kindergärten konfrontiert und müssen bei der Betreuung ihres Nachwuchses vermehrt auf private Hilfe zurückgreifen. Diese ist allerdings zum einen meist wesentlich teurer und erfüllt zum anderen nicht immer die gewünschte erzieherische Kompetenz, die in staatlichen Einrichtungen gewährleistet ist. Die Schaffung flächendeckender Ganztagsbetreuungsplätze, wie sie in einer wirtschaftlichen Situation, in der oft beide Partner für den Lebensunterhalt aufkommen müssen, immer dringlicher werden, sollte daher erklärtes Ziel einer vorausschauenden Familienpolitik sein und wesentlich schneller vorangetrieben werden.

Darüber hinaus ist es dringend notwendig, das **soziale Prestige der Familie** in der Gesellschaft zu steigern. Viele deutsche Familien beklagen die oft kinderunfreundliche Umgebung, sei es beim Einkaufen oder Restaurantbesuch. Grundsätzlich fühlen sich viele Menschen hierzulande durch die Anwesenheit von Kindern eher gestört und zeigen sich wenig tolerant. Deutschland könnte sich in dieser Hinsicht an anderen europäischen Ländern, wie z. B. Italien, ein Vorbild nehmen, in denen Kinder einen deutlich höheren Stellenwert haben und überall gern gesehen sind.

Denkbar wäre in diesem Zusammenhang eine groß angelegte öffentliche Kampagne, wie sie der deutsche Staat zur Förderung einer positiveren Einstellung gegenüber Sport mit ‚Deutschland bewegt sich' durchgeführt hat. Auch die Kampagne für mehr Kinderfreundlichkeit ‚Du bist Deutschland' stieß bei den Bürgern auf große Resonanz. Gelder, die man in diesem Sinne einsetzen würde, dürften sicherlich dazu beitragen, die Stellung der Familien mit Kindern in unserer Gesellschaft zu stärken, und könnten langfristig dazu führen, dass sich Partner wieder vermehrt darauf einließen, Kinder zu bekommen. Es wäre sogar denkbar, dass sich solchermaßen verbesserte Bedingungen positiv und stabilisierend auf die Beziehung der Eltern auswirken.

Auch wenn das Ideal der traditionellen Kleinfamilie, wie es sich seit dem **3** 19. Jahrhundert entwickelt hat, zusammenfassend gesehen den geänderten gesellschaftlichen Umständen sicherlich nicht mehr ganz gerecht wird, hat es seine subjektive Wertschätzung in den Köpfen der Menschen nach wie vor nicht verloren. Aufgrund der dargestellten Lebenswirklichkeit, in der sich die Menschen heutzutage befinden, ist diese Form des Zusammenlebens allerdings immer schwerer umsetzbar und viele Beziehungen scheitern daran, die einst als einzig wahre propagierte Familienform aufrechterhalten zu wollen. Staatliche Verantwortung und verbesserte Rahmenbedingungen können die Situation der Familien in Deutschland zwar deutlich aufwerten, doch muss man sich von der althergebrachten Vorstellung der bürgerlichen Familie vielleicht lösen und die Menschen von dem Druck befreien, den der Versuch erzeugt, eine heute kaum mehr realistisch umsetzbare Tradition zu erfüllen. Eine **neue, offenere Definition von Familie**, die das ‚Zukunftsforum Familie' vorschlägt und die allen heutzutage gängigen alternativen Lebensformen gleichermaßen gerecht wird, erscheint wesentlich zeitgemäßer und reeller als die Bemühung, nach überholten Vorstellungen zu leben. Dem Forum zufolge ist Familie eben überall dort, „wo Menschen dauerhaft füreinander Verantwortung übernehmen, Sorge tragen und Zuwendung schenken" (vgl. Material 1, Z. 69 ff.).

	Abitur Deutsch (Bayern G8) – Übungsaufgabe 4:
	Verfassen eines Kommentars auf der Grundlage eines Sachtextes

Aufgaben:
1. Verfassen Sie eine strukturierte Inhaltsangabe zu dem Beitrag von Nikolas Westerhoff (Material 1).
2. Schreiben Sie, ausgehend von Ihren Ergebnissen und unter Einbeziehung der weiteren Materialien, einen inhaltlich und sprachlich eigenständigen Kommentar zum Thema *Wesen und Auswirkungen von Vorurteilen*. Wählen Sie dazu eine passende Überschrift. Ihr Kommentar sollte ca. 800 Wörter umfassen.

Material 1

Nikolas Westerhoff: Die Macht des Klischees

Blondinen sind nicht alle dumm, es macht nur Spaß, die Witze zu erzählen, mag sich manch einer denken. Aber oft genug erzählt, brennen sich solche Vorurteile dann doch tief ins Gehirn ein. Sie bestimmen unser Denken, auch wenn sie dabei äußerst diskret vorgehen. Ihr Auftrag ist es, die Welt in simple Kategorien zu unterteilen – in Gut und
5 Böse, schön und hässlich, anziehend und abstoßend. Vorurteile machen das Unüberschaubare überschaubar. „Menschen sind kognitive Geizhälse", sagt der Psychologe Christian Fichter von der Universität Zürich. Vorurteile ersparten ihnen Denkarbeit. Sie erlaubten es, sich schnell ein Bild zu machen. Das habe sich im Laufe der Evolution durchaus als Vorteil erwiesen.
10 Die Nachteile aber lassen nicht lange auf sich warten: Vorurteile führen allzu oft in die Irre. Fichter hat ein und denselben Artikel über Mobilfunkanbieter in zwei verschiedenen Zeitungen platziert: in dem Boulevardblatt *Blick* und in der Qualitätszeitung *Neue Zürcher Zeitung* (NZZ). Der NZZ-Beitrag sei wesentlich besser als derselbe Artikel in *Blick,* meinten Testleser einhellig. „Das Image zählt eben mehr als der In-
15 halt", sagt Fichter. Und geübte Zeitungsleser ließen sich ebenso von ihren Vorurteilen leiten wie Lesemuffel.
Nicht nur Produkte haben ein Image, sondern auch Menschen. Amerikanische Unternehmer sind an einem Bewerber erheblich stärker interessiert, wenn er einen Durchschnittsnamen wie Greg hat, fand die Ökonomin Marianne Bertrand von der University
20 of Chicago heraus, indem sie Bewerbungsmappen an verschiedene Arbeitgeber versendete, in denen sie lediglich den Namen des Bewerbers austauschte. Wählte sie ausländisch anmutende Namen wie Lakisha oder Jamal, hagelte es Absagen.
Der bloße Name genügt, und schon glauben wir zu wissen, was für ein Mensch sich dahinter verbirgt. Das gilt auch für Namen, die alle demselben kulturellen Hintergrund
25 entspringen. Wie attraktiv sind Anna, Johanna und Horst?, fragte der Sozialpsychologe Udo Rudolph von der Technischen Universität Chemnitz. Anna kam dabei meist gut weg, Horst galt dagegen meist als unattraktiver Gesell. Hintergrund ist offenbar eine automatisch ablaufende Vorurteilskaskade: Zunächst beurteilten die Befragten, ob die

35

Namen in ihren Ohren altmodisch, zeitlos oder modern klangen. Daraus leiteten sie dann das vermeintliche Alter der Personen ab und zogen daraus wiederum Rückschlüsse auf deren Attraktivität. Hier haben die Befragten also gleich drei Vorurteile aneinandergereiht.

Aber woher kommen die vermeintlichen Weisheiten, die wir dabei benutzen? Wem von klein auf immer wieder gesagt wird, er solle nicht wie ein Bauer essen, der assoziiert „Bauer" irgendwann mit „grob" und „unzivilisiert". Solche gedanklichen Automatismen lassen sich später nur schwer durchbrechen, wie die Psychologin Patricia Devine von der University of Wisconsin in zahlreichen Experimenten nachwies.

Allerdings seien die gedanklichen Verknüpfungen, so ärgerlich sie auch sein mögen, gar nicht das eigentliche Problem, so Devine. Niemand müsse sich für sie rechtfertigen. Entscheidend sei jedoch, ob Menschen sich dieser Assoziationen bewusst seien und sich ihrer schämten. Ohne ein Gefühl von Schuld oder Scham ließen sich Vorurteile nicht aufbrechen.

Doch auch mit Schuld und Scham gelingt es nicht immer, Vorurteile wieder loszuwerden. In seinem Buch „Kleine Einführung in das Schubladendenken" berichtet der Sozialpsychologe Jens Förster von einem Kollegen, der offen zugibt, sich vor Sex zwischen Männern zu ekeln. Zwar schäme er sich dafür, doch befreien könne er sich von dem Gefühl des Ekels nicht. Dieses Beispiel illustriert, dass Vorurteile mehr sind als irrige Ansichten oder falsche Meinungen. Anders als stereotype Einstellungen („Afrikaner können schneller laufen als Europäer") weisen Vorurteile eine starke emotionale Tönung auf. Sie lassen uns nicht kalt, sondern lösen in uns Ekel, Angst oder Verachtung aus. Und just diese Gefühle sind es, die das Vorurteil als etwas Legitimes erscheinen lassen, schließlich gelten Emotionen gemeinhin als echt und authentisch. Wer käme schon auf die Idee, seine Gefühle zu hinterfragen oder sie als falsch und rückständig zu geißeln?

Ohne kollektiv gelerntes Wissen gäbe es keine emotionsgeladenen Vorurteile. So weiß jedes Kind, dass Schwaben für geizig gehalten werden. Doch woher dieses Klischee stammt, können die wenigsten sagen. Französische Vokabeln lernt man willentlich; Vorurteile hingegen unwillentlich, quasi en passant.

„Ein […] Haarsträuben, eine spontane Gänsehaut kann man nicht so leicht bekämpfen, sie sind einfach da", meint Förster. „Sagen Sie mal jemandem mit Spinnenangst, dass Spinnen sehr nützliche Tiere sind. Selbst wenn er das einsieht, wird er nicht freudestrahlend den Rücken einer dicken, haarigen Spinne massieren." Vorurteile sind ein Mix aus Gefühlen und Überzeugungen. Das macht sie so zäh und langlebig. „Es ist schwieriger, Vorurteile zu zertrümmern als Atome", befand schon Albert Einstein.

Eine Zeitlang hatten Psychologen die Hoffnung, Vorurteile zerstören zu können, indem sie Menschen mit der bunten Vielfalt der Wirklichkeit konfrontieren. Hält ein Mann Frauen für mathematisch unbegabt, dann müsse man ihm einfach eine Frau vorstellen, die gut rechnen kann, so die Logik. Doch leider funktioniere das nicht, sagt die Sozialpsychologin Maya Machunsky von der Universität Jena. Informationen, die mit den eigenen Vorurteilen nicht übereinstimmen, spaltet ein solcher Mann einfach ab. Eine mathematisch begabte Frau sieht er als untypisch für die Kategorie Frau an. Stattdessen erfindet er eine neue Schublade, etwa die der „Mannsweiber". Diesen mittlerweile gut erforschten Mechanismus nennen Psychologen Substereotypisierung.

Wie subtil und stark Vorurteile wirken, hat der Psychologe John Bargh von der Yale University nachgewiesen. Er ließ seine Probanden klischeehafte Aussagen über alte Menschen lesen, etwa den Satz „Alte Menschen haben graue Haare". Das bloße Lesen solcher Altersstereotypien veränderte die Probanden: Sie bewegten sich nach dem Experiment langsamer in Richtung Aufzug.

Wer glaubt, von solchen Mechanismen frei zu sein, der muss nur einmal einen Impliziten Assoziationstest (IAT) absolvieren, wie ihn die Psychologen Anthony Greenwald und Mahzarin Banaji vor zehn Jahren entwickelt haben. Ganz gleich, ob es um negative Einstellungen gegenüber homosexuellen, alten oder schwarzen Menschen geht – der Test offenbart seinen Machern zufolge alle unausgesprochenen und tabuisierten Vorbehalte in Sekundenschnelle. Die Logik dahinter ist: Je mehr Zeit ein Mensch benötigt, positive Begriffe wie Glück oder Sonne mit dem Gesicht eines Schwarzen, Schwulen oder Greises zu kombinieren, desto negativer bewertet er die entsprechende Eigenschaft.

Das Gehirn aktiviert die Klischeevorstellungen ohne unser Zutun. Und oft genug auch gegen unseren Willen. In solchen Reaktionstests zeigte sich immer wieder: Auch manch alter Mensch hat Vorbehalte gegen Alte. Auch einigen Schwarzen fällt es schwer, positive Begriffe mit dem Gesicht eines Schwarzen zu kombinieren. Implizit gemessene und offen geäußerte Vorurteile können Hand in Hand gehen, sie müssen es aber nicht. Das zeigt auch eindrucksvoll ein Experiment der Sozialpsychologen Joshua Correll von der University of Chicago und Bernadette Park von der Colorado University.

Auf einem Bildschirm sind in stetem Wechsel schwarze und weiße Männer zu sehen. Manche von ihnen halten eine Waffe in der Hand, andere ein Handy. „Erschieße die gefährlichen Männer mit der Pistole und lass die unbewaffneten am Leben." So lautet der Auftrag in diesem Computerspiel. Die Probanden müssen in Sekundenschnelle entscheiden: Ist der gerade eingeblendete Mann bewaffnet oder nicht? Von dieser Einschätzung hängt es ab, ob sie sich fürs Schießen oder fürs Nicht-Schießen entscheiden.

Die Versuchspersonen erschossen häufiger unbewaffnete schwarze als unbewaffnete weiße Männer. Offenbar assoziierten sie die Hautfarbe eines dunkelhäutigen Menschen automatisch mit Gefahr und Kriminalität. Dieser Effekt trat bei allen Versuchspersonen gleichermaßen auf. Auch Vertreter ethnischer Minderheiten erschossen eher unbewaffnete Schwarze als unbewaffnete Weiße. Da es sich um blitzschnelle Entscheidungen handelt, sind die Probanden ihren vorurteilsbehafteten Denkprozessen mehr oder weniger schutzlos ausgeliefert. Sie handeln also rassistisch, ohne sich darüber im Klaren zu sein und ohne es richtig zu finden.

Vorurteile wirken sich sogar auf das Selbstverständnis aus. „Rechnet ein Mensch damit, dass andere ihm Vorurteile entgegenbringen, dann fühlt er sich bedroht", sagt der Sozialpsychologe Johannes Keller von der Universität Mannheim. Dieses Gefühl blockiere ihn. Zahlreiche Studien des Psychologen Claude Steele von der Stanford University sind hierfür ein Beleg: So schnitten Studentinnen in einem Mathematiktest schlechter ab, wenn ihnen zuvor gesagt wurde, dass Frauen mathematisch weniger begabt seien als Männer. Die bloße Erwähnung dieses Vorurteils verschlechterte ihre Leistungen erheblich – gleichgültig, ob die Frauen das Vorurteil selbst absurd fanden

37

oder nicht. Und es genügte sogar, wenn sie auf der ersten Seite nur ihr Geschlecht ankreuzen mussten.

120 Vorurteile sind demnach alles andere als witzig. Sie sind nicht einmal harmlos. Ihnen ist eine Erwartung eingeschrieben, der sich Menschen – wider Willen – unterwerfen.

Aus: Süddeutsche Zeitung Nr. 81, 7. April 2009, S. 16

Material 2

Max Frisch: Andorra

In dem Drama „Andorra" von Max Frisch wird gezeigt, wie die Vorurteile, welche die Andorraner gegenüber dem jungen Andri, dem außerehelichen Sohn des Lehrers Can, aufbauen, Schritt für Schritt eine Mechanik entwickeln, der sich niemand mehr entziehen kann. Am wenigsten gelingt dies Andri, der das Bild, das man sich von ihm gemacht hat, schließlich selbst übernimmt.

ANDRI Seit ich höre, hat man mir gesagt, ich sei anders, und ich habe geachtet drauf, ob es so ist, wie sie sagen. Und es ist so, Hochwürden: Ich bin anders. Man hat mir gesagt, wie meinesgleichen sich bewege, nämlich so und so, und ich bin vor den Spiegel getreten fast jeden Abend. Sie haben recht: Ich bewege mich so und so.
5 Ich kann nicht anders. Und ich habe geachtet auch darauf, ob's wahr ist, daß ich alleweil denke ans Geld, wenn die Andorraner mich beobachten und denken, jetzt denke ich ans Geld, und sie haben abermals recht: Ich denke alleweil ans Geld. Es ist so. Und ich habe kein Gemüt, ich hab's versucht, aber vergeblich: Ich habe kein Gemüt, sondern Angst. Und man hat mir gesagt, meinesgleichen ist feig. Auch da-
10 rauf habe ich geachtet. Viele sind feig, aber ich weiß es, wenn ich feig bin. Ich wollte es nicht wahrhaben, was sie mir sagten, aber es ist so. Sie haben mich mit Stiefeln getreten, und es ist so, wie sie sagen: Ich fühle nicht wie sie. Und ich habe keine Heimat. Hochwürden haben gesagt, man muß das annehmen, und ich hab's angenommen. Jetzt ist es an Euch, Hochwürden, Euren Jud anzunehmen.

Aus: Max Frisch, Andorra, Suhrkamp Taschenbuch 277, Frankfurt/M.: Suhrkamp 1981, S. 86

Material 3

Vorurteil, kritiklos, ohne persönl. Urteilsbildung oder Erfahrung übernommene Meinung, die einer sachl. Argumentation nicht standhalten kann. V. dienen der psych. Entlastung des Urteilenden in Angstsituationen mangels Orientierung und dem Abbau von Unsicherheit in sozialen Handlungsfeldern. Gruppen-V., mit denen eigenes Unvermögen dadurch kompensiert
5 wird, dass dieses u. a. auf fremde Völker oder nat. Minderheiten und/oder deren Wertsysteme übertragen wird, werden oft durch Manipulation vermittelt oder bestärkt.

Aus: Annette Zwahr: Vorurteil, in: Brockhaus Universallexikon A – Z in 26 Bänden, Bd. 25, Leipzig: F. A. Brockhaus GmbH 2003, S. 8130

Hinweise und Tipps

*– Die Aufgabenstellung erfordert eine zweigliedrige Bearbeitung; die **strukturierte Inhaltsangabe** hat nur den Text von Nikolas Westerhoff zum Gegenstand und sollte mit einer zum Thema hinführenden Einleitung versehen sein.*

*– Für den **Kommentar** als einem eigenständigen Textblock muss eine geeignete Überschrift gefunden werden. Die Ausführung, die auch essayistische Elemente (z. B. betonte Subjektivität einer Auffassung, assoziative Gedankenführung, provokative Ausdrücke oder Aussagen) enthalten kann, soll eine eigenständige Auseinandersetzung mit dem Thema und den zur Verfügung gestellten Materialien sein, d. h. vorgefundene Argumentationen sollten nicht einfach übernommen, sondern veranschaulicht und problematisiert werden. Ein abrundender Schluss ist nicht verpflichtend.*

Gliederung

1	Abgrenzung der Begriffe „Klischee" und „Vorurteil"
2	Strukturierte Inhaltsangabe des Artikels „Die Macht des Klischees" von Nikolas Westerhoff
2.1	Die Simplizität von Vorurteilen und ihre zentrale Funktion (Z. 1–9)
2.2	Ein gravierender Nachteil von Vorurteilen (Z. 10–16)
2.3	Das Image von Menschen (Z. 17–32)
2.4	Gedankliche Automatismen als Basis für Vorurteile (Z. 33–42)
2.5	Die emotionale Tönung von Vorurteilen (Z. 43–54)
2.6	Vorurteile basierend auf Überzeugungen und Gefühlen (Z. 55–64)
2.7	Substereotypisierung (Z. 65–73)
2.8	Die Stärke von Vorurteilen (Z. 74–87)
2.9	Vorurteile als unbewusste und unbeabsichtigte Vorstellungen (Z. 88–109)
2.10	Vorurteil und Selbstbeurteilung (Z. 110–122)
3	Kommentar: „Nichts gegen ein gesundes Vorurteil?"
3.1	Zum Begriff „Vorurteil"
3.2	Vorverurteilung des Menschen
3.3	Die „tödliche Mechanik" des Vorurteils
3.4	Konsequenz für das eigene Verhalten

Lösungsvorschlag

Wenn die Überschrift eines Zeitungsartikels den Begriff „Klischee" enthält, 1
erwartet der Leser die Auseinandersetzung mit einer Form der Bewertung und
Beurteilung, welche in einschlägigen Lexika als „billige Nachahmung" bezeichnet wird, also gleichsam als nachgeplappertes Urteil gelten kann, das in
seinen Umrissen vollständig feststeht und so übernommen wird. Dies entspricht
auch dem Ursprung des Begriffs, der als Druckstock in der Drucktechnik ja
auch etwas eng Umrissenes, starr Fixiertes bedeutet. Wer Westerhoffs Artikel
jedoch liest, merkt schnell, dass er den Begriff „Klischee" kaum verwendet,
sondern fast nur noch von „Vorurteilen" spricht. Klischees sind in gewisser
Weise Vorurteile, also vorgeformte Meinungen, aber Vorurteile sind mehr als
Klischees: Sie sind in der Regel komplexer, nicht selten auch schwerer durch-
schaubar, in ihren Wirkungen tiefer greifend und damit auch mühsamer auszu-
löschen. Die Ausführungen von Westerhoff geben eine Vorstellung davon,
wie schwer es ist, Vorurteile zu erklären, mit ihnen umzugehen und sie eben
nicht nur als „Klischees" zur Kenntnis zu nehmen.

In dem am 7. April 2009 in der Süddeutschen Zeitung erschienenen Artikel 2
„Die Macht des Klischees" von Nikolas Westerhoff geht es um die Auswirkungen von Vorurteilen und die Forschungen auf diesem Gebiet.

Auch nur witzig gemeinte Vorurteile, z. B. jenes über die Blondinen, entfalten 2.1
ihre Wirkung nicht nur an der Oberfläche, sondern hinterlassen ihre Spuren
auch in den Tiefen der Psyche. Sie liefern den Menschen einfache Strukturen
von der sie umgebenden Welt und erleichtern ihnen damit das Denken. Dies
wurde von dem Psychologen Christian Fichter festgestellt.

Der Psychologe weist aber auch darauf hin, dass Vorurteile sehr oft in die Irre 2.2
führen, d. h. Denkprozesse nachhaltig beeinträchtigen und manipulieren. Dies
veranschaulicht er am Beispiel eines Artikels, der in zwei Zeitungen unterschiedlicher Qualität völlig identisch veröffentlicht wurde. Die Probanden hiel-
ten den Artikel in der qualitativ hochwertigeren Zeitung aufgrund ihrer Vor-
eingenommenheit für besser.

Den bisher geäußerten Feststellungen über Vorurteile im Zusammenhang mit 2.3
Produkten schließt Westerhoff Gedanken über das Image von Personen an,
wobei der Begriff „Image" – übernommen von Fichter – letzten Endes nichts
anderes ausdrückt als das Ergebnis von Vorurteilen. Der Verfasser führt an –
wobei er seine Thesen im Wesentlichen auf Untersuchungen von Sozialpsychologen stützt –, dass etwa der Name eines Menschen bereits genügt, um ihm
bestimmte Eigenschaften zuzuschreiben, daraus Rückschlüsse auf sein Alter
und seine Attraktivität zu ziehen und um danach schließlich z. B. seine Stellen-
bewerbung anzunehmen oder abzulehnen.

Ein wesentlicher Grund dafür, dass ein Mensch Vorurteile entwickelt, sind 2.4 sogenannte gedankliche Automatismen, die sich aufgrund von ständigen, seit der Kindheit wiederholten und damit für ihn als unumstößlich geltenden „Weisheiten" in das Denken eines Menschen eingelagert haben. Die Psychologin Patricia Devine hält dies aber für weniger gravierend als das Fehlen von Schuld oder Scham im Hinblick auf eine vorschnell hergestellte Assoziation. Ohne solche Reuegefühle seien Vorurteile nicht zu überwinden.

Dass Schuld und Scham nicht immer ausreichen, um Vorurteile zu tilgen, ver- 2.5 anschaulicht der Sozialpsychologe Jens Förster anhand eines Beispiels über Probleme eines Kollegen mit dem Sex zwischen Männern. Der Hauptgrund für die tiefe Verwurzelung von Vorurteilen sei in ihrer starken emotionalen Tönung zu sehen, d. h. sie lösen im Menschen Gefühle wie Angst, Ekel oder Verachtung aus und gelten daher – ebenso wie die beteiligten Gefühle – als authentisch und damit als legitim. Die Emotionen sind der Grund dafür, dass der Mensch seine Vorurteile für richtig hält, denn Gefühle – so scheint es ihm – können nicht trügen. Dieser Aspekt unterscheidet Vorurteile auch wesentlich von „irrige[n] Ansichten" oder „stereotype[n] Einstellungen" (Z. 48).

Das in einer Gesellschaft „kollektiv gelernte[ ] Wissen" (Z. 55) ist laut Wester- 2.6 hoff eine Bedingung für das Entstehen von Vorurteilen: Dieses Wissen entspricht in etwa den bereits angeführten „gedanklichen Automatismen" (Z. 35 f.) und bewirkt gemeinsam mit den beteiligten Gefühlen die Langlebigkeit von Vorurteilen. So ergeben das Wissen um die angebliche Gefährlichkeit von Spinnen und das zutiefst emotionale Grauen vor ihnen ein Vorurteil, das schwer zu bekämpfen ist.

Der von Psychologen unternommene Versuch, Vorurteile dadurch zu zerstö- 2.7 ren, dass man einem mit Vorurteilen behafteten Menschen Gegenbeispiele vor Augen führte, die dessen Vorurteile eigentlich widerlegten, erwies sich als vergeblich, da nach Aussagen der Sozialpsychologin Maya Machunsky Informationen, die nicht mit den eigenen Vorurteilen übereinstimmen, als atypisch zurückgewiesen werden. Für diese atypischen Fälle werden dann ganz einfach neue Sammelbegriffe festgelegt. Dieser Vorgang wird von den Psychologen als „Substereotypisierung" bezeichnet.

Wie stark die Auswirkungen von Vorurteilen sein können, ist durch mehrere 2.8 Experimente und einen speziellen Test erkannt worden: So hat das bloße Lesen von stereotypen Aussagen über alte Menschen die Leser dazu gebracht, im Anschluss an die Lektüre ihr eigenes Verhalten dem Verhalten der alten Menschen anzupassen. Beim sogenannten Impliziten Assoziationstest (IAT) werden positive Begriffe wie Glück oder Sonne mit den Gesichtern von Schwarzen oder Greisen kombiniert. Je länger der Proband braucht, um zwischen den Begriffen und Gesichtern Assoziationen zu knüpfen, desto negativer bewertet er die Gesichter.

41

Auch die Tatsache, dass Vorurteile ohne unser Zutun, also unfreiwillig, und 2.9
häufig gegen unseren Willen, also unabsichtlich, ihre Wirkung entfalten können, ist durch Reaktionstests bestätigt worden. So ist es gar nicht selten, dass
alte Menschen gegenüber anderen Senioren Vorbehalte haben, ohne sich dessen wirklich bewusst zu sein. Ein bemerkenswertes Experiment in den USA hat
ebenfalls gezeigt, dass Vorurteile oft unbewusst unser Denken und Handeln
bestimmen: Die Probanden sollten in einem Computerspiel sekundenschnell
entscheiden, ob ein eingeblendeter Mann bewaffnet ist oder nicht, und im ers-
teren Fall auf ihn schießen. Es wurden schwarze und weiße Männer einge-
blendet. Es zeigte sich, dass die Schwarzen häufiger „erschossen" wurden als
die Weißen, auch dann, wenn sie unbewaffnet waren. Mit den Schwarzen wurde in der Regel „Gefahr" assoziiert, die ethnische Zugehörigkeit der Probanden spielte dabei keine Rolle. Das Bedenkliche am Ergebnis dieses Experi-
ments ist vor allem, dass die Probanden sich gegen ihre Vorurteile überhaupt
nicht wehren konnten, sondern falsch, also rassistisch handelten, ohne es in
diesem Augenblick zu wollen.

Auf das Ausmaß der Wirkung von Vorurteilen hat der Sozialpsychologe 2.10
Johannes Keller aufmerksam gemacht: Seine Experimente zeigten, dass ein
Mensch, der sich Vorurteilen ausgesetzt sieht, ein Gefühl der Bedrohung empfindet. Dieses Gefühl führt dazu, dass er in der Folge nicht das leistet, was er
eigentlich könnte und wollte. Dabei muss das Vorurteil nicht einmal persönlich gegenüber dem betroffenen Menschen geäußert werden, es genügt bereits,
wenn es allgemein formuliert ist, also z. B. *Frauen sind mathematisch weniger
begabt*. Ja lediglich eine Andeutung genügt, um die Probanden in ihrem Können negativ zu beeinflussen. Westerhoff betont abschließend, dass Vorurteile
weder witzig noch harmlos seien, da Menschen ihnen oft gegen ihren Willen
ausgeliefert sind.

Nichts gegen ein gesundes Vorurteil? 3

„Vorurteil" ist einer derjenigen Begriffe, mit denen eigentlich niemand etwas 3.1
Positives assoziiert. Menschen, denen man gründliche Überlegungen im Hinblick auf Personen und Sachverhalte abspricht, gelten als „mit Vorurteilen be-
haftet", d. h. als äußerst oberflächlich oder auch als böswillig. Wer sich „von
Vorurteilen leiten lässt", ist nach allgemeiner Ansicht nicht fähig, selbstständig
und unabhängig zu urteilen. „Gegen Vorurteile kann man nichts ausrichten,
gegen sie ist kein Kraut gewachsen", selbst mit den besten Argumenten kann
man sie nicht aushebeln. Und: An jemanden, „der sich mit Vorurteilen pan-
zert", kommt man nicht heran, er kann auf sie vertrauen, denn sie sind zäh
und haben sich bewährt.

Das alles sind keine Lobeshymnen auf das Vorurteil, und Lobeshymnen hat es 3.2
ja auch nicht verdient, wie man weiß. Nicht umsonst hat der Journalist Nikolas
Westerhoff in seinem Beitrag *Die Macht des Klischees* eine ganze Galerie füh-
render Sozialpsychologen aufgeboten, um aufzuzeigen, dass Vorurteile ober-

flächlich und gleichzeitig subtil, unwillentlich und emotional, zäh und langlebig, rückwirkend und irritierend sind. Wie die Ausführungen Westerhoffs
zeigen, hat die Psychologie mittlerweile schon ziemlich genau erforscht, wie
Vorurteile entstehen und wie sie sich auswirken können, und dass es vor allem
bequem ist, sich ihrer zu bedienen, denn sie ersparen Denkarbeit, erlauben also,
„sich schnell ein Bild zu machen". Diese Formulierung Westerhoffs verweist
im Übrigen – vom Verfasser wohl gar nicht beabsichtigt – auf die besondere
Bedeutung des Vorurteils, die Max Frisch seinem modellhaften Stück *Andorra*
zugrunde legt: Danach ist ein Vorurteil über einen Menschen nichts anderes,
als sich ein „Bildnis von ihm zu machen", und dies wiederum heißt, sich eine
genaue Vorstellung davon zu machen, welche Eigenschaften, welchen Charakter der Mensch hat, welcher Schicht oder welchem Volk er angehört, was
er glaubt, denkt, fühlt. Diese umfassende Art und Weise der Urteilsbildung
über einen Menschen ist extrem bedenklich, denn sie erfolgt ohne konkretes
Wissen und wagt sich auch an das Innerste im Menschen. Sie erlaubt sich also,
auf dieser Basis andere Menschen einzuordnen, ihnen Kategorien zuzuweisen
und damit möglicherweise auch den eigenen Stellenwert so zu bestimmen, wie
es der selbst geschaffene Bezugsrahmen eben zulässt.

„Du sollst dir kein Bildnis machen ..." heißt es bereits im Alten Testament 3.3
(2. Mose 20, 4), und wer sich ein Bildnis von einem Menschen macht, ihn also
vollständig als gesamte Persönlichkeit in einen Käfig vorgefasster Meinungen
einsperrt, hindert den auf diese Weise abgestempelten Menschen daran, er
selbst zu sein. Dieser Effekt wird dadurch noch verstärkt, dass Vorurteile und
ihre Verkünder es auf die Dauer so weit bringen, dass der Betroffene selbst an
das (Vor)urteil glaubt, sich mit seinem Inhalt identifiziert – mag es noch so
falsch oder verlogen sein. Genau dies hat Max Frisch ja mit seinem Stück
Andorra gezeigt: Andri wird so lange mit den Vorurteilen der Andorraner hinsichtlich seines vermeintlichen Judentums verfolgt und gequält, bis er selbst
von diesem überzeugt ist und alle Versuche ablehnt, ihn am Ende doch über
die Wahrheit aufzuklären.
Eben an dieser Art der Vorurteilsbildung zeigt sich auch ein Phänomen, welches Hellmuth Karasek die „tödliche Mechanik des Vorurteils" genannt hat.
Diese „tödliche Mechanik" ist darin zu sehen, dass der Eingefangene oder Ab-
gestempelte kaum Chancen hat, sich dem Vorurteil zu entziehen, und schließlich selbst daran glaubt. Aber nicht nur er, sondern auch der Urteilende hält
seine Ansichten für legitim, weil er ja, worauf Westerhoff hinweist, seinen
eigenen Gefühlen nicht misstrauen will. Zieht man in Betracht, dass sich Vorurteile nicht nur gegen Einzelpersonen, sondern gegen ganze Völker oder Reli-
gionen, z. B. Juden oder Muslime, richten, dann erkennt man, dass Vorurteile
mehr sind als nur vorgefasste falsche Ansichten über Banalitäten.
Dies wird klar, wenn man den Beitrag von Nikolaus Westerhoff gelesen hat
und sich darüber hinaus Gedanken über die „tödliche Mechanik" des „Bild-
nisses" gemacht hat, unter dessen Räder der junge Andri in *Andorra* gerät.
Genauso klar wird aber, dass auch die Elite der Sozialpsychologie ziemlich

43

ratlos ist, wenn es um die Zerstörung und Auflösung von Vorurteilen geht. Sie erforscht zwar das Phänomen, ein ‚Mittel gegen das Vorurteil' hat sie bisher jedoch nicht gefunden.

Soll man sich also geschlagen geben, soll man einfach akzeptieren, dass es unzählige Vorurteile gibt, dass sie zählebig sind und unterschiedlichste Auswirkungen, auch auf den oder die Auslösenden, haben können? Daran, dass es sie gibt, wird man nur wenig ändern können. Das sollte aber nicht heißen, dass man auch akzeptiert, was sie beinhalten. Widerspruch und Widerstand gegenüber jedem Vorurteil, das man als solches erkannt hat, kann niemals verkehrt sein.

3.4

Ein anderer Weg erscheint dagegen weniger empfehlenswert, nämlich Vorurteile als Ausflucht zu verwenden, also auch dort Vorurteile zu unterstellen, wo sie gar nicht vorhanden sind, wo es sich etwa um gut recherchierte Fakten und nicht um unsachliche, oberflächliche Behauptungen handelt. Mit dieser Waffe, recht oft in der Politik eingesetzt, werden seriöse Positionen in Frage gestellt, Personen diskriminiert und Vorgänge manipuliert. Die Unterstellung, eine (politische) Position nur mit Vorurteilen zu belegen, ist bereits selbst wieder zum Vorurteil geworden, und wie viele Vorurteile ist es infam und äußerst praktisch. Man kann damit intrigieren, attackieren und von sich selbst ablenken.

Aus dieser Vielzahl negativer Auswirkungen von Vorurteilen erwächst die Einsicht, dass die Existenz „salomonischer", d. h. weiser Vorurteile wohl tatsächlich anzuzweifeln ist. Ein „gesundes Vorurteil" kann es demnach gar nicht geben.

Abitur Deutsch (Bayern G8) – Übungsaufgabe 5:
Verfassen eines Kommentars auf der Grundlage eines Sachtextes

---

Aufgaben:

1. Verfassen Sie eine strukturierte Inhaltsangabe zu dem Beitrag von Julia Bonstein (Material 1).
2. Schreiben Sie ausgehend von Ihren Ergebnissen und unter Einbeziehung der weiteren Materialien einen inhaltlich und sprachlich eigenständig formulierten Kommentar zur Situation des Kinos. Wählen Sie dazu eine passende Überschrift. Ihr Text sollte ca. 750 Wörter umfassen.

Material 1

Julia Bonstein: „Prosecco statt Popcorn"

Deutschlands Kinos kämpfen ums Überleben, die Besucherzahlen sinken dramatisch. Schuld sind unattraktive Filme und der Siegeszug der DVD. Viele ältere Zuschauer schreckt aber auch die seelenlose Atmosphäre der gigantischen Multiplex-Klötze. Nun wollen die Marktführer umsteuern.

Der Kinokönig sitzt in einem seiner 32 Popcorn-Paläste und sieht müde aus. Sein Blick senkt sich auf den Teppichboden im Foyer, Standardfarbe Grau. Neben roten Cinemaxx-Sternchen – „unsere Corporate Identity" – haben sich Ascheflecken und Abdrücke von Stuhlbeinen in den abgetretenen Belag gegraben. Von der Decke bau-
5 meln Plakate, die für einen DVD-Verleih im Internet werben, hinterm Tresen wischt ein Mitarbeiter die Popcorn-Maschine aus.

„Ja, ich weiß", sagt Hans-Joachim Flebbe, „wir müssen dem Kino die Seele zurückgeben." Dem Vorstandsvorsitzenden der Cinemaxx AG ist neuerdings nostalgisch zumute. Er träumt davon, dass Kino „etwas Menschliches ist und nicht McDonald's",
10 und erzählt von früher, von „Leuten, die mit dem Kopf ins Kino gingen". Damals verteilte der Student Flebbe in Hannover Handzettel mit Rezensionen seiner Lieblingsfilme, er zeigte im örtlichen Programmkino Ingmar-Bergman-Reihen, er schimpfte auf Sexfilmchen, billige Action-Ware und die lieblos geführten Schachtelkinos der Konkurrenz. „Damals ging es noch um Inhalte", sagt Flebbe.
15 Heute geht es um Zahlen. Im ersten Halbjahr stürzte das Betriebsergebnis von Flebbes Cinemaxx AG von minus 2,1 Millionen im Vorjahr auf minus 8 Millionen Euro ab. Das Jahr 2005 droht für die gesamte Kinobranche zum Alptraum zu werden. Von Januar bis Juni wurden in Deutschland nur 60,3 Millionen Kinokarten verkauft, 16,6 Prozent weniger als im Vorjahr. Die Einnahmen der Häuser sanken
20 ebenfalls um 16 Prozent auf 352,5 Millionen Euro. Im dritten Quartal brachen die Besucherzahlen sogar um 27 Prozent ein.

Die großen deutschen Kinoketten kämpfen ums Überleben. Flebbes Cinemaxx AG konnte die Krise bislang nur überstehen, weil im vergangenen Jahr der Münchner

45

Filmhändler Herbert Kloiber mit knapp 50 Prozent einstieg. Die Lübecker Marktführer Heiner und Marlis Kieft begaben sich mit ihrem Cinestar-Familienunternehmen
in die Hände eines australischen Geldgebers, und UCI, früher Tochter der Hollywood-
Studios, wurde im letzten Herbst von der britischen Beteiligungsfirma Terra Firma
Capital Partners geschluckt.

Von einer Kinokrise wollte in der Branche bislang dennoch niemand sprechen. „Wir
haben es mit einer Filmkrise zu tun", sagt Heiner Kieft, Geschäftsführer der Cinestar-
Kette. Er schimpft auf die amerikanischen Filmstudios in Hollywood, die derzeit angeblich am deutschen Publikumsgeschmack vorbeiproduzieren: „Der Einbruch in diesem Jahr ist auf das schlechte Filmangebot aus Hollywood zurückzuführen."

Auch sonst suchen die Kinobetreiber die Schuld für ihre Misere bei den Produzenten und Verleihern, die mit dem DVD-Geschäft inzwischen fast doppelt so viel um-
setzen, wie an den Kinokassen eingenommen wird, und deswegen die Filme nach
dem Kinostart immer eiliger auch als DVD auf den Markt werfen – mit der Konsequenz, dass immer mehr Filmfans die wenigen Wochen länger warten und sich den
neuesten Blockbuster aus Hollywood lieber gleich im heimischen Wohnzimmer
anschauen. Längst wird hinter den Kulissen heftig um Veröffentlichungsfenster und
Verleihkonditionen gestritten.

Aber die Multiplex-Betreiber klagen nicht nur über die Produzenten, sondern auch
über die Konsumzurückhaltung der Kinobesucher, über die Sparsamkeit der Werbe-
kunden und über das Wetter – bei so viel Sonnenschein sei eben kaum jemand zum
Gang in dunkle Kinosäle zu bewegen.

Nur von Selbstkritik war in der Branche bislang nicht viel zu hören.

Doch nun setzt das Nachdenken ein. „Wir haben 500 bis 600 Kinosäle zu viel in
Deutschland, das ist eine riesige Summe", sagt Cinestar-Chef Heiner Kieft. 15 Jahre
nach dem Bau der ersten deutschen Multiplex-Kinos wird den Baulöwen von einst die
gigantische Ödnis ihres futuristischen Lichtspiel-Imperiums bewusst. Der Blick der
Betreiber fällt auf ihre eigenen Kinos, auf wuchtige Klötze aus Glas und Beton, funktional banale Zweckbauten mit Abfertigungsfoyers, die herabbaumelnde meterlange
Plakate und Cola-Popcorn-Theken in Reklamefriedhöfe verwandelt haben.

„Am Anfang waren Hobby und Begeisterung, irgendwann wurde es dann kommer-
ziell", sagt Flebbe. Aus dem Filmenthusiasten wurde der Porsche-Fahrer, aus dem
Programmkinomacher der Geschäftsmann, der Ende der achtziger Jahre in den USA
eine neue jugendliche Freizeitgeneration heranwachsen sah, deren Spaßbedürfnisse er
mit Tonsystemen im THX-Standard, überdimensionierten Leinwänden und compu-
tergesteuerten Projektionsmaschinen befriedigen wollte.

1993 heizte der Film „Jurassic Park" die Saurierträume der Branche weiter an: Mit
einem Schlag nahm die Zahl der Kinogänger in Deutschland um 25 Millionen zu, die
Experten prognostizierten langfristig 200 Millionen Kinobesucher pro Jahr, und die
Multiplex-Monarchen stampften ein Jumbo-Kino nach dem anderen aus dem Boden.

Doch die Zahlen, auf denen der Bauboom gründete, erwiesen sich schnell als Illusion. Inzwischen sind die Betonkinos zu menschenleeren Millionengräbern verkom-
men. In den ersten sechs Monaten dieses Jahres waren Flebbes Hightech-Säle gerade
mal zu 13,6 Prozent ausgelastet. Maximal 130 Millionen Besucher werden es in
Deutschland insgesamt in diesem Jahr werden. Der September geriet mit einem

Rückgang von 42 Prozent zum Vorjahr gar zu einem der schlechtesten Kinomonate in der Geschichte der Multiplex-Kinos.

Sonnige Herbsttage und der DVD-Boom allein können dieses Desaster nicht erklären. Ein grundlegender Wandel der Kinokultur zeichnet sich ab. Special Effects, das Pfund, auf das US-Blockbuster und Multiplex-Betreiber seit Jahrzehnten setzen, locken immer weniger Besucher in die Kinos. Eine Studie der deutschen Filmförderungsanstalt zeigt: Ein Viertel jener Filmfans, die sich im Kino noch vor einem Jahr von computeranimierten Riesenwellen, Meteoriteneinschlägen und Explosionen begeistern ließen, hat die Leidenschaft für Spezialeffekte mittlerweile verloren.

Die Kinobranche wird nun ausgerechnet von jener Zuschauergruppe im Stich gelassen, die sie in den vergangenen 20 Jahren am heftigsten umworben hat: Junge Männer zwischen 13 und 25 Jahren sind heute mit Videospielen, Handys und Surfen im Internet viel zu beschäftigt, um sich groß angekündigte Action-Reißer wie „Die Insel" im Kino anzusehen. In den USA, wo Einbußen von zehn Prozent derzeit bereits für Katastrophenstimmung sorgen, verzeichnet die Branche in der Gruppe der Männer unter 25 Jahren die drastischsten Rückgänge. Die Botschaft ist auch in Deutschland angekommen: „Unsere Kernzielgruppe fällt nun aus", sagt Flebbe.

Hierzulande spielen derweil ruhig erzählte deutsche Produktionen wie „Gegen die Wand" und „Die weiße Massai" Rekordergebnisse ein. Im ersten Halbjahr 2005 war der Marktanteil des deutschen Films mit 19,7 Prozent so hoch wie noch nie seit Beginn der Datenerfassung 1995. Gleichzeitig stieg der Anteil der älteren Kinogänger ab 30 Jahren von 27 Prozent im Jahr 1991 auf 50 Prozent im vergangenen Jahr deutlich. Gewinner dieses Trends sind die Programmkinos. Der Anteil der über 60-Jährigen ist bei ihnen doppelt so hoch wie im Durchschnitt aller Kinobesucher. „Die Zuschauer werden älter und anspruchsvoller", sagt Cinemaxx-Betreiber Flebbe.

Und weil der 54-Jährige neulich selbst bei der Premiere des neuen „Star Wars"-Films eingeschlafen ist und genug Menschen kennt, bei denen Cola-Eimer im XXL-Format Übelkeitsattacken auslösen, träumt sich der Cineast von einst zurück in die samtige Wohlfühlatmosphäre der Art-House-Kinos. Längst hätte er sich von den unprofitabelsten Exemplaren seiner Konsumkinos getrennt – wären da nicht die Mietverträge, die er im Optimismusrausch der neunziger Jahre gleich für Laufzeiten von 20 Jahren abgeschlossen hat.

Und so sollen bei Cinemaxx nun die Innenarchitekten retten, was kaum noch zu retten scheint. „So richtig gediegen, auch altmodisch", wünscht sich Flebbe die neue Atmosphäre, „eben so, dass man gern hingeht". Rote, schwere Samtvorhänge und Kronleuchter in den Foyers sollen „Ambiente" zaubern, statt Popcorn soll demnächst Prosecco im Rampenlicht der Kinobars stehen. Verkaufsflächen sollen Parkettböden weichen und Sofas zum stilvollen Lümmeln in der Lounge einladen. Sogar dunkelbraune Regalwände mit Büchern und dicke Ledersessel kann sich der Multiplex-Chef vorstellen.

Auch bei der Konkurrenz beginnt das Umdenken. „Diese Concession-Tresen sind etwas für ein junges Publikum, das dieses Feeling aus der McDonald's-Ära mitbringt. Leute ab 30 wollen in intimer Atmosphäre auf die Vorstellung warten", hat Cinestar-Chef Kieft erkannt und will ebenfalls umdekorieren.

Kieft setzt auf Wohlfühlkino: Im Lübecker Multiplex-Kino hat er bei der letzten
Renovierung in den hinteren Reihen Kuschelbänke – sogenannte Love Seats – ein-
115 bauen lassen, an denen Snacks und Getränke serviert werden. Neben schmusewillli-
gen Pärchen nimmt Kieft auch Frauen mit ihren Freundinnen ins Visier. Zu Vorstellungen der Reihe „Cinelady" werden Besucherinnen mit einem Glas Prosecco und
Rosen begrüßt. Und weil selbst das nicht ausreichen könnte, um die Säle zu füllen, will
Kieft den einen oder anderen Saal gleich schließen und ihn zu einem Restaurant um-
120 bauen.

Kleiner, aber feiner sollen die Unterhaltungssupermärkte also werden, damit Art-
House demnächst auch im Mainstream-Bunker funktioniert: „Wir sind dankbar für
jeden erfolgreichen Film, der nicht aus Hollywood kommt", sagt Heiner Kieft.

Aus: DER SPIEGEL 47/2005 vom 21. 11. 2005, S. 204

Material 2

Filmförderungsanstalt: Der Kinobesucher 2008
Key Facts zum Kinobesucher 2008 – *soziodemografisch und kinospezifisch*

– Den größten Besucheranteil stellten auch 2008 die 20- bis 29-Jährigen mit 27 Prozent. Fast ein Viertel der Kinobesucher (23 Prozent) waren Jugendliche bis 19 Jahren.

– Im Zeitverlauf der letzten zehn Jahre ist die Zahl der 20- bis 29-Jährigen Kinobesucher jedoch enorm gesunken. Im Vergleich zu 1999 gingen 2008 42 Prozent
weniger Twens ins Kino.

– Die Altersgruppen ab 40 Jahren werden immer kinoaffiner. Im Vergleich zu 1999
lösten die 40- bis 49-Jährigen 39 Prozent, die 50- bis 59-Jährigen 48 Prozent und
die Generation 60+ sogar 164 Prozent mehr Tickets. 2008 stellten diese zusammen
jeden Dritten Kinobesucher (33 Prozent).

– Das Geschlechterverhältnis bleibt weiterhin ausgewogen mit leichter Tendenz für
die weiblichen Kinobesucher (54 Prozent). Damit gingen in 2008 wieder 8 Prozent
mehr Frauen ins Kino als in 2007.

– Im Zeitverlauf zeigt sich, dass der rückläufige Kinobesuch der Twens der letzten
Jahre in erster Linie auf die männlichen Kinobesucher zurückzuführen ist.

– Mit steigendem Alter wuchs auch in 2008 der Anteil der Besucher, die allein ins
Kino gehen.

– Je jünger das Publikum, umso mehr zog es sie in Kinos mit mehreren Sälen. In den
Kinos mit 7+ Sälen stellten die 10- bis 29-Jährigen in 2008 54 Prozent der Kinobesucher.

Aus: Der Kinobesucher 2008, hrsg. v. der Filmförderungsanstalt, S. 33,
http://www.ffa.de/downloads/publikationen/kinobesucher_2008.pdf

Material 3

Filmförderungsanstalt: Der Kinobesucher 2008
Allgemeine Entwicklung des Kinomarktes – *Kino vs. Home Video*
Basis: Umsatz in Mio. €

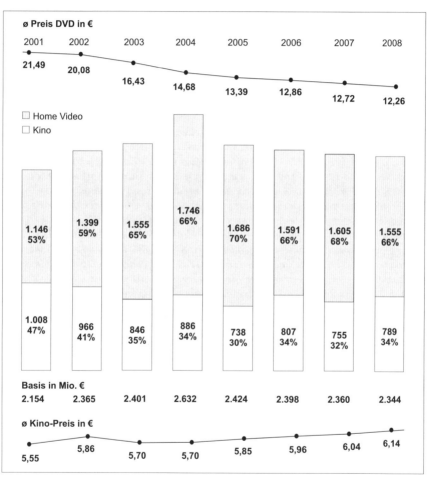

Aus: *Der Kinobesucher 2008*, hrsg. v. der Filmförderungsanstalt, S. 11,
http://www.ffa.de/downloads/publikationen/kinobesucher_2008.pdf

Hinweise und Tipps

- Die Aufgabe ist zwar äußerlich unterteilt und umfasst zwei große deutlich voneinander getrennte Blöcke, soll jedoch in der Ausformulierung eine **geschlossene Einheit** bilden.
- Der erste Block, die **strukturierte Inhaltszusammenfassung**, die der Vorbereitung des zweiten Teils dient, erfordert die genaue Wiedergabe des Gedankengangs des vorliegenden Artikels. Dabei sollten einzelne Aspekte strukturiert, in **eigenen Worten** zusammengefasst und in ihrer logischen Verknüpfung wiedergegeben werden. Die einzelnen Gesichtspunkte sind **formal durch Absätze** voneinander zu trennen.
- Bei dem zweiten Block handelt es sich um einen **eigenständig verfassten Kommentar**, in dem **subjektiv und meinungsbildend** zu einer aktuellen Problematik Stellung genommen wird, verschiedene Aspekte – manchmal auch pointiert – zueinander in Beziehung gesetzt werden und der Leser möglichst dazu gebracht wird, sich der aufgezeigten Meinung anzuschließen. **Sprachlich** bietet sich dafür im Besonderen die Verwendung wertender Nomen und Adjektive sowie der Einsatz rhetorischer Mittel, wie der rhetorischen Frage, an. Zu berücksichtigen ist die Wortbegrenzung von 600 bis 800 Wörtern, die während des Schreibprozesses beachtet werden sollte. Um das Wörterzählen zu erleichtern, hilft es, sich einen Überblick darüber zu verschaffen, wie viele Wörter man im Durchschnitt pro Zeile schreibt.
- **Inhaltlich** ist die Einbindung der gestellten Materialien, zumindest in Teilen, erfordert. So könnten Sie im vorliegenden Beispiel auf die Beziehung der einerseits sinkenden DVD-Preise und der andererseits steigenden Kinopreise eingehen. Ebenfalls berücksichtigen könnten Sie die dargestellte Alters- und Geschlechterverteilung der Kinobesucher. Die Auswahl bestimmter Aspekte bedingt allerdings stets eine zuvor geleistete gedankliche Auseinandersetzung mit der Aussage, die der jeweilige Kommentar verfolgen soll. Überlegen Sie sich also zunächst, welchen **Leitgedanken** Sie Ihrem Kommentar zugrunde legen, und unterfüttern Sie Ihre eigenen Gedanken dann mit entsprechenden Gesichtspunkten aus dem Zusatzmaterial.
- Ein **Schlussgedanke**, wie er einer klassischen Gliederung entspricht, ist hier nicht zwangsläufig gefordert, dient allerdings sehr wohl einer **Abrundung** der gesamten Arbeit. Dabei bietet es sich an, entweder den Einleitungsgedanken aufzugreifen oder einen sich dem Kommentar sinnvoll anschließenden Ausblick in die Zukunft zu geben.

Gliederung

1   Überlegungen zur Lage des Kinos

2   Verfassen einer strukturierten Inhaltsangabe und Erstellen eines Kommentars

2.1   Zusammenfassung des Artikels „Prosecco statt Popcorn" von Julia Bonstein

2.1.1   Umsatzrückgang in deutschen Kinos

2.1.2   Erklärungsversuche der Branche

2.1.3   Errichtung kommerzialisierter Hightechsäle

2.1.4   Verlust der Kernzielgruppe

2.1.5   Reaktion der Kinobetreiber

2.2   Kommentar „Made in Hollywood: von der Traumfabrik zur Albtraumfabrik"

2.2.1   Das Scheitern der Traumfabrik

2.2.2   Multimediales Überangebot

2.2.3   Die DVD als größte Konkurrenz

2.2.4   Schlechte Verkehrsanbindung

2.2.5   Fehlende Infrastruktur

2.2.6   Kino in Zeiten der Wirtschaftskrise

3   Verzicht der Schauspieler auf überhöhte Gagen

Lösungsvorschlag

Ungeachtet der immer weiter abnehmenden Zuschauerzahlen und der negativen Prognosen für das Kino feiern sich jedes Jahr in Cannes die Stars und Sternchen des Filmgeschäfts. Sie trotzen der Krise mit hoch erhobenen Köpfen und geben sich allem Anschein nach hoffnungsfroh und zuversichtlich. Doch die Statistiken, die auf drastische Umsatzeinbußen aufmerksam machen, lassen sich nicht einfach leugnen und so fragt man sich immer häufiger, wohin die Reise des Kinos wohl gehen mag. Auch in Deutschland werden zunehmend Stimmen laut, die Fragen nach der Zukunft des Kinos aufwerfen, sich kritisch über unsere Kinolandschaft äußern oder nach Lösungen suchen.

In dem am 21.11.2005 im „Spiegel" erschienenen Artikel „Prosecco statt Popcorn" von Julia Bonstein äußert sich die Autorin zur momentanen **Lage der deutschen Kinokultur** und zeigt Ansätze einer notwendigen **Reformierung** auf.

Um die Situation der deutschen Kinobetreiber zu verdeutlichen, zitiert die Autorin Hans-Joachim Flebbe, den Vorstandsvorsitzenden der Cinemaxx AG, welcher sich an frühere Zeiten erinnert, in denen das Kino noch eine Seele hatte und es bei Filmen noch um Inhalte ging. Aufgrund der abnehmenden Besucherzahlen sehen sich deutsche Kinobetreiber mittlerweile in einer Existenzkrise. So hat man in den ersten drei Quartalen des Jahres 2005 einen **Um-**

51

satzrückgang zwischen 16 und 27 Prozent verzeichnet, der nur durch ausländische Investoren aufgefangen werden konnte. (Z. 1–28)

Die Autorin legt dar, dass man in der Branche die Gründe für die drastischen 2.1.2
Einbußen zunächst wenig selbstkritisch beim amerikanischen Filmangebot oder aber auch bei der Konkurrenz durch die DVD sieht. Das Geschäft mit der **DVD** spielt mittlerweile fast doppelt so viel Umsatz ein wie das Kino und aufgrund der immer schnelleren Vermarktung der Filme auf DVD warten viele Menschen darauf, diese kaufen und zuhause anschauen zu können. Darüber hinaus wurden die Einbußen auf die finanzielle Zurückhaltung sowohl der Konsumenten als auch der Werbeträger und schließlich auf die Wetterlage zurückgeführt, bevor man sich nun endlich genauer mit der Problematik auseinandersetzt. (Z. 29–46)

Nachdem man dem amerikanischen Vorbild folgend die Programmkinos seit 2.1.3
dem Ende der achtziger Jahre in einem regelrechten Bauboom zu kommerzialisierten Hightechsälen umgewandelt hatte, hat man feststellen müssen, dass die hohen **Besucherzahlen**, wie sie Filmerfolge wie „Jurassic Park" versprachen, bereits nach kurzer Zeit ausgeblieben sind. Die in zu großer Anzahl erbauten Kinosäle, hier bezeichnet als „funktional banale Zweckbauten" (Z. 51 f.) aus Glas und Beton, stünden leer, sagt Cinestar-Chef Heiner Kieft. Ihm zufolge kann man heute davon ausgehen, dass es in Deutschland ungefähr 500 bis 600 Säle zu viel gibt. So berichtet auch Flebbe, dass seine Kinos im ersten Halbjahr des Jahres 2005 nur zu 13,6 Prozent ausgelastet gewesen seien. (Z. 47–70)

Weiterhin wird aufgezeigt, dass die von der Branche am meisten beworbene 2.1.4
Kernzielgruppe der 13- bis 25-jährigen Männer den Kinosälen zunehmend fernbleibt, da sie zum einen die anfängliche Begeisterung für Spezialeffekte verloren und sich ihr Interesse zum anderen auf diverse weitere multimediale Beschäftigungen verlagert hat. (Z. 71–85)

Dagegen verzeichnen laut Bonstein vor allem die Programmkinos heutzutage 2.1.5
wieder einen größeren Zuspruch bei einem älteren und anspruchsvolleren Publikum, das besonders an deutschen Produktionen interessiert ist. Wegen dieses sich abzeichnenden Trends sind die Kinobetreiber zum Umdenken gezwungen. Aufgrund der Bindung an langfristige Mietverträge bemühen sie sich nun, in ihren Kinokomplexen das Ambiente vergangener **Art-House-Kinos** aufleben zulassen. So versucht man, durch Umgestaltung der Foyers eine gediegene Atmosphäre zu erzeugen, möchte Themenabende zum Beispiel für Frauen anbieten und den ein oder anderen Saal in ein Restaurant verwandeln, was das Publikum schlussendlich wieder zum Kinobesuch anregen soll. (Z. 86–123)

Made in Hollywood: von der Traumfabrik zur Albtraumfabrik 2.2

Sie jammern und klagen, die Kinobetreiber. Sie trauern vergangenen Zeiten 2.2.1
hinterher, in denen das Kino noch eine Seele hatte und man sich unter Kup-
peldächern und auf knarzenden Stühlen in eine andere Welt träumte. Sie sind
aufgewacht aus einem Traum made in Hollywood, der ihnen Millionenum-
sätze vorgaukelte und dazu führte, dass sich eben jene kleinen Altstadtkinos
mit Ambiente nicht mehr gegen die Übermacht der Multiplexcenter großer
Kinoketten wehren konnten und in einem nach dem anderen der Vorhang für
immer fiel. Nun beschweren sie sich über die Massenproduktionen der US-
Traumfabrik, der sie doch bisher so brav hinterhergelaufen sind. Doch können
diese der einzige Grund sein, der die Krise des Kinos erklärt? Und wäre dem
Kino mit anspruchsvolleren Filmen Marke ‚ArtHouse' tatsächlich geholfen,
um aus dem Albtraum wieder einen Traum zu machen?

Es ist unbestritten, dass die Spezialeffekte der großen Hollywood-Blockbuster 2.2.2
nach und nach ihren Reiz verloren haben, gerade bei der einstigen Kernzielgruppe der Männer zwischen 13 und 25 Jahren. Die Jugend von heute wächst
in einer Zeit des **multimedialen Überangebots** auf und verbringt einen Großteil ihrer Freizeit vor dem Computer, an der Spielekonsole oder mit dem Handy. Diese Medien locken mittlerweile mit immer neuen Effekten und realistischen Animationen – da entringt man den Teens und Twens selbst für die bom-
bastischsten Produktionen oder gar für den neuesten Trend der 3-D-Filme nur
ein müdes Lächeln. Zumal man diese ja meist bereits vor dem offiziellen Kinostart auf die Festplatte rippen kann, oder, für die wenigen, die den illegalen
Weg scheuen, bereits kurz nach Filmstart in den Kinos kostengünstig auf DVD
erwerben kann. Willkommen im multimedialen Zeitalter!

Überhaupt scheint die **DVD** eine der größten Konkurrenten für die Kinos zu 2.2.3
sein. Laut der Statistik der Filmförderungsanstalt wird sie – im Gegensatz zu
den mittlerweile gesalzenen Kinopreisen – nicht nur immer günstiger, sondern
kommt bereits nach immer kürzerer Zeit auf den Markt, lockt mit immer mehr
Bonusmaterial und wird überdies in immer besser werdender Qualität, mittlerweile sogar in Blue Ray, angeboten. Daneben gehören Dolby-Surround-An-
lagen und extragroße Flatscreen-Fernseher inzwischen zur Standardeinrichtung
eines jeden gut ausgestatteten Wohnzimmers. Warum also den unbequemen
Weg Richtung Kino auf sich nehmen?

Durch die **Auslagerung der Kinokomplexe aus der Innenstadt** muss man 2.2.4
sich nun in Rand- oder Gewerbegebiete begeben. Dort wird zwar mit Parkplät-
zen in Hülle und Fülle geworben, doch greift dies nur für den motorisierten
Teil des Kinopublikums. Diejenigen, die nicht über den Luxus eines eigenen
Autos verfügen – oder schlichtweg noch zu jung sind, um einen Führerschein
zu besitzen –, müssen sich umständlich um Fahrgemeinschaften bemühen oder
auf das meist schlecht ausgebaute öffentliche Nahverkehrssystem zurückgreifen, welches einen darüber hinaus oft noch eine Weile wartend im Dunkeln

und im Regen stehen lässt. Wenn man bedenkt, dass ein nicht zu vernachlässigender Teil des Zielpublikums unter 18 Jahre alt ist, erscheint die Standortwahl vieler Kinopaläste eher fragwürdig.

Zudem fehlt in einer solchen Randlage die **Infrastruktur**, die sich gerade das 2.2.5
ältere und anspruchsvollere Publikum wünscht, das einen Kinobesuch gerne auch mal mit einem Restaurantbesuch oder einem anschließenden Getränk in einer gemütlichen Bar verbindet. Die Kinobetreiber sehen zwar die Notwendigkeit, ebensolche Möglichkeiten zu schaffen, doch ist es mehr als fraglich, ob man die Atmosphäre einer gewachsenen Kneipen- und Restaurantkultur, wie man sie in jeder Altstadt vorfindet, künstlich einem von Beton und Stahlrohr dominierten Kinokomplex einhauchen kann. Zu dumm, dass man sich Anfang der neunziger Jahre in einem Anfall von Euphorie auf langfristig bindende Mietverträge eingelassen hat. Nun stehen sie da, die Kinokönige, in ihren leeren Palästen!

Doch trotz all dieser schlechten Prognosen wird das Kino – in welcher Form 2.2.6
auch immer – sicherlich überleben. Menschen genießen das gemeinsame Erlebnis, das sie mit einer anonymen Masse verbindet, in der sie sich als Teil eines Ganzen empfinden können. Und selbst wenn es paradox klingt, so profitiert der eigentlich überteuerte Kinospaß doch gerade von der **Wirtschaftskrise**, denn die 90-minütige Auszeit ist nach wie vor ein ab und an erschwinglicher Luxus, den man sich nun ganz bewusst einmal gönnt. Aber die Zeiten, in denen man auch aufgrund mangelnder Alternativen mehrfach in ein und denselben Film gegangen ist, sind vorüber. Da hilft kein Jammern und kein Klagen! Und vielleicht sollten sich die Kinomogule schlichtweg an den Gedanken gewöhnen, dass der Traum à la Hollywood geplatzt ist und man mit kommerzialisiertem Kino niemals das Herz des wahren Cineasten von einst erreichen wird, der noch voller Vorfreude in seinem plüschigen Sessel darauf wartete, dass sich der Samtvorhang öffnet. (717 Wörter)

Abschließend sollte man jedoch auch Überlegungen anstellen, inwiefern die 3
Kinoriesen wirklich alleine schuld an der Misere sind oder ob nicht auch Hollywood einen entscheidenden Beitrag dazu leistet. Denn könnten aus den USA günstigere, aber dennoch qualitativ wertvolle Produktionen gekauft werden, müssten die Leihgebühren für Filme vielleicht nicht in gigantische Höhen klettern und die einzelne Kinokarte wäre wieder erschwinglich. Doch wäre es dafür von Nöten, dass auch die sich mit Vorliebe selbst feiernden Stars und Sternchen des Filmgeschäfts bereit wären, auf **astronomische Gagen** zu verzichten, und somit zwar einige Millionen weniger verdienen würden, aber dafür eventuell auch in der Zukunft einen Job hätten.

Abitur Deutsch (Bayern G8) – Musterabitur 1:
Verfassen einer Rede auf der Grundlage eines Sachtextes

Aufgaben:
1. Bundespräsident Horst Köhler hat mit einer Rede bei einer Schillerfeier in Berlin Position zum sogenannten Regietheater bezogen. Arbeiten Sie aus dem Text die Argumentationsstruktur heraus.
2. An Ihrer Schule wird am Ende des Schuljahres ein Treffen bayerischer Schultheatergruppen stattfinden. Verfassen Sie für die Eröffnungsveranstaltung eine inhaltlich und sprachlich eigenständige Rede, die die zentralen Aspekte der Rede Köhlers berücksichtigt. Entwickeln Sie dabei eine These zur Bedeutung des Schultheaters heute und ziehen Sie für Ihr Redemanuskript Ihre literaturgeschichtlichen Kenntnisse und Erfahrungen heran. Vorgegeben ist ein Umfang von etwa 900 Wörtern.

Vorbemerkung
Das Publikum der Eröffnungsveranstaltung setzt sich zusammen aus Schülern der Oberstufe und ihren Lehrern sowie weiteren interessierten Teilnehmern. Auf dem Programm der Schultheatertage stehen u. a.: Schiller: *Kabale und Liebe; Gretchen-Mädchen* (Eigenproduktion nach Motiven von J. W. v. Goethe); Frank Wedekind: *Frühlings Erwachen*; Georg Büchner: *Leonce und Lena*.

Grußwort von Bundespräsident Horst Köhler im Berliner Ensemble am 17. 04. 2005 anlässlich der Matinee zum 200. Todestag Schillers

[…] Bleiben wir bei Schiller: Wie viel ist immer noch zu lernen von seinen Gedanken zur ästhetischen Erziehung? Wie viel ist immer wieder neu zu begreifen von seinen Überlegungen zum Zusammenhang von Menschsein und Spielen? Wie viel ist immer noch in die Tat umzusetzen von seinen Gedanken zu so kostbaren Begriffen wie „An-
5 mut" und „Würde"? Wären Didaktiker, Pädagogen oder Kultusminister schlecht beraten, in dieser Hinsicht noch einmal bei Schiller in die Schule zu gehen?

Oder nehmen wir – etwas ganz anderes – die selbstverständliche Internationalität des Autors Friedrich Schiller. Die Stoffe zu seinen Stücken nahm er aus der gesamten europäischen Geschichte und Geographie. Über den „Räubern" steht der Satz: „Ort der
10 Handlung ist Deutschland." Aber Orte der Handlung in anderen Stücken sind auch Spanien, Frankreich, Italien, England, Schottland, die Schweiz. Ein wahrhaftiger Europäer. Damit verglichen erscheint so manches Werk der Gegenwart provinziell. Es kann für die künstlerische Arbeit durchaus förderlich sein, über die Grenzen der eigenen Gegenwart und des eigenen Kiezes hinauszuschauen.
15 Schiller besticht auch durch seine politische Leidenschaft und sein politisches Interesse. Was sind das für Stoffe! Es geht im Leben eben doch um mehr als nur den eigenen Bauchnabel und die eigene Befindlichkeit. Eine „moralische Anstalt" kann das Theater im Sinne Schillers nur sein, wenn es auch die politischen Bedingungen, unter denen die Individuen leben, im Blick behält.

55

20 Wie soll man das Erbe für die Zukunft fruchtbar machen? Nun, auf alle Fälle zunächst einmal dadurch, dass man es neu bekannt macht. Die Zeiten der Klassiker-Überfütterung an den Schulen sind endgültig vorbei. Gott sei Dank. Vielleicht ist den Klassikern am meisten dadurch geschadet worden, dass man sie dazu missbraucht hat, unschuldige Schüler damit zu quälen, die sogenannte „richtige Interpretation" zu lie-
25 fern. Und es gibt ja auch gute und wichtige Gegenwartskunst und -literatur.

Aber so ganz ohne Kenntnis der Klassiker sollte man doch nicht sein Abitur machen. Nur muss der Unterricht so frisch sein, dass es Freude macht, sich damit zu beschäftigen, ohne falsche Ehrfurcht und Dünkel und ohne Instrumentalisierung!

Hans Magnus Enzensberger hat neulich ein Buch geschrieben, das heißt: „Lyrik
30 nervt. Erste Hilfe für gestresste Leser". Er zeigt, wie viel Spaß es machen kann, sich zum Beispiel auch für klassisches Versmaß zu interessieren, wenn der pädagogische Zeigefinger eingerollt bleibt. Genauso müsste man auch an das Drama, an das Theaterstück herangehen können. So dass Schüler am Ende nicht sagen „Theater nervt!", sondern: „Theater macht Spaß. Schiller ist interessant. Die Klassiker, oder wenigstens
35 das eine oder andere Stück, das hat mit uns zu tun. Da sind Fragen und Probleme formuliert, da sind Lösungen vorgeschlagen, die gehen uns an …"

Und welch eine Chance besteht heute für das Theater selbst! In dieser Situation, wo die Kenntnis der großen Stücke, auch eben Schillers, immer geringer wird, wo die Menschen, gerade die jungen Leute, wissbegierig und neugierig sind, diese Stücke
40 erst einmal kennenzulernen, können die Theater ihre Anstrengungen ganz darauf konzentrieren, diese Stücke in ihrer Schönheit und Kraft, in ihrer Komplexität und ihrem Anspruch zu präsentieren.

Es hat gewiss eine Zeitlang einmal die Notwendigkeit gegeben, die Klassiker zu entstauben und zu problematisieren. Aber das heute immer noch fortzusetzen, erscheint
45 mir wie der Ausweis einer neuen arroganten Spießigkeit. Ein ganzer Tell, ein ganzer Don Carlos! Das ist doch was! Natürlich stellt uns die hohe Sprache, auch das Pathos Schillers heute vor Schwierigkeiten. Aber soll man ihn deswegen auf kleines Maß reduzieren?

Ich stelle mir vor, dass in der Berliner Nationalgalerie die Bilder von Caspar David
50 Friedrich mit schwarzer Pappe beklebt würden, nur hier und da ließe man zwanzig bis dreißig Quadratzentimeter sichtbar bleiben. Wer würde das akzeptieren? Oder dass man bei einer Aufführung von Beethovens 6. Sinfonie nur den ersten Satz nach der Partitur spielte, den zweiten als Blockflötenquartett und den Rest ganz ausfallen ließe oder rückwärts spielte. Wer möchte sich das gefallen lassen?
55 Nur unsere klassischen Dramen konnten sich Jahrzehnte nicht dagegen wehren, in Stücke zerlegt und nach Gutdünken wieder zusammengesetzt zu werden. Ich habe meine Zweifel, ob auf solche Weise Kultur an die kommenden Generationen produktiv weitervermittelt werden kann.

Wir sind heute in einer grundlegend anderen Situation als in den sechziger Jahren.
60 Es gibt nicht nur einen Bruch in der Kontinuität der kulturellen Überlieferung. Es gibt auch einen tiefgreifenden Wandel in der demographischen Zusammensetzung unserer Bevölkerung.

Wie bekommt ein Stadttheater der Zukunft ein Publikum – in einer Stadt, in der die Hälfte der jungen Leute, die ja auch älter werden, einen Migrationshintergrund hat?

56

65 Was heißt im Zuge dieser neuen Entwicklungen Weitergabe unseres kulturellen Erbes? Wie fruchtbar können Klassiker sein für gesellschaftliche Integration? Für Identitätsfindung in einer kulturell gemischten Gesellschaft? Wie müssen sie gespielt werden, damit sie in ihren Problemkonstellationen als aktuell angesehen werden? Ich hoffe, dass die Diskutanten darauf gleich ein wenig eingehen werden. Diese Fra-
70 gen sind entscheidend für die Existenz dessen, was man Kulturnation nennt. Gerade in Zeiten des Umbruchs, der auch für die individuellen Biographien zutiefst spürbar ist und immer mehr spürbar sein wird, brauchen wir eine kulturelle Selbstverständigung. Schiller und vielleicht vor allem seine Stücke bieten dafür viele Voraussetzungen. Die grundlegenden Konflikte zwischen Individuum und politischer Verstrickung, zwi-
75 schen Pflicht und Neigung, Unterdrückung und Freiheitsverlangen, Selbstverwirklichung und Verantwortung, Ideal und Wirklichkeit – diese Konflikte haben wir auch heute immer neu auszufechten. Die Lösungen werden wir selber finden müssen – aber es ist doch vielleicht hilfreich, wenn in den alten Stücken die Probleme und Konflikte, um die es geht, paradigmatisch dargestellt werden.
80 Ein letzter Gedanke: Es hat Zeiten gegeben, da jeder, der in Deutschland die Schule verließ, eine ganze Menge Zeilen von Schiller auswendig konnte. Die eine oder andere Ballade zu lernen und für das Leben zu behalten – ich glaube, das richtet auch heute keinen größeren seelischen Schaden an. Schillers Sprache ist so faszinierend, dass man selber Lust bekommt an poetischer und gleichzeitig exakter, an differenzierender und
85 – wie man so sagt – „gehobener" Sprache.
In einer Zeit, in der wir immer mehr von Bildern bestimmt und auch manipuliert werden, in der wir von Bildern dominiert werden, in der unsere politischen Entscheidungen, unsere Einstellungen und Überzeugungen, ja unser privater Seelenhaushalt von Bildern erzeugt werden, müssen wir aufpassen, unsere Sprach- und Ausdrucksfä-
90 higkeit nicht zu verlieren.
Differenzierungsvermögen und Sprachfähigkeit können wir an unseren großen Sprachkünstlern erleben. Wir brauchen es. Unsere Kritikfähigkeit, unsere Vernunft, unsere Möglichkeit zu fruchtbarem Streiten und zur präzisen Ausfechtung von Konflikten – all das hängt an unserer Fähigkeit, genau, differenziert und überzeugend zu
95 sprechen. Vor allem aber das selbständige Denken, ohne das es keine eigenständige Persönlichkeit und keine Kreativität gibt, braucht Sprachfähigkeit.
Ich komme kurz zum Anfang zurück. Selbstbewusstsein zeigt sich auch daran, dass man mit gelassenem, bescheidenem Stolz das Erbe annimmt, das einem geschenkt worden ist. Nicht um sich mit dem zufrieden zu geben, was andere geleistet haben, sondern
100 um daraus Kraft zu schöpfen – und um daraus Funken zu schlagen für die Zukunft.
Schillers Leben und seine Werke sind ohne Zweifel ein Geschenk an die Kulturnation Deutschland. Was wir heute daraus machen, davon hängt sehr viel ab. Nicht zuletzt, ob wir auch in Zukunft ein Land sein werden, in dem kreative Köpfe und gescheite Leute zu Hause sind, so dass wir immer noch mit Recht sagen können: Das
105 ist bei uns die Regel, das fällt nicht weiter auf.

Aus: http://www.bundespraesident.de/Anlage/original_625082/Schillermatinee-17.04.2005.pdf, aufgerufen am 23.09.2009

Hinweise und Tipps

– Wie in dem Einführungskapitel dieses Buchs bereits betont, verlangen gerade die neuen Anforderungen an den Prüfling eine genaue Analyse der Aufgabenformulierungen. **Teilaufgabe 1** nimmt hier die Funktion einer **Vorarbeit** ein: Aus der vorgelegten Rede des Bundespräsidenten sollen alle relevanten Informationen herausgearbeitet werden, vor allem geht es darum, die **Argumentationsstruktur** der Rede wiederzugeben, also darzulegen, mit welchen Argumenten der Redner seine Zuhörer überzeugen möchte und wie diese Argumente aufgebaut sind. Es ist dabei **nicht** notwendig, die sprachlich-stilistische Ebene des Textes zu analysieren. Sehr wohl überlegenswert ist dagegen, ob es nicht sinnvoll sein kann, die Situation und den (vermuteten) Adressatenkreis der Köhler-Rede mitzudenken, denn hier ergeben sich schon erste Ansatzpunkte für eine eigenständige Bearbeitung von Teilaufgabe 2.

– Trotz der deutlichen **Zweiteilung** der Gesamtaufgabe wird für den Abituraufsatz auch weiterhin eine **geschlossene Darstellung** gefordert werden. D. h. in diesem Fall, dass eine allgemeine hinführende **Einleitung** zum Thema „(Schul-)Theater in der heutigen Zeit" zu schreiben ist.

– **Teilaufgabe 2** führt zum eigentlichen Kern, nämlich dem Verfassen einer eigenständigen Rede. Diese Aufgabe ist **situationsorientiert**, **adressatenbezogen** und zielt auf eine **rhetorisch gewandte Darstellung** des besagten Themas. Als Redenschreiber müssen Sie sich in Ihren Ausführungen auf die These Köhlers, der ein ganz klar definiertes Bild vom klassischen Theater hat, beziehen und dem Leser (eigentlich: dem Zuhörer) Ihre Kenntnisse der Literatur- bzw. der Dramen- und Theatergeschichte vermitteln. Weiterhin fordert die Aufgabe dazu auf, eigene Erfahrungen mit dem Theater zu verarbeiten. Geachtet werden sollte auch noch darauf, dass die Aufgabenstellung auf jeden Fall einen Bezug zum **Schultheater** verlangt.

– Für die Ausarbeitung gibt die Aufgabenstellung einige zusätzliche Hinweise, die Sie geschickt in den eigenen Aufsatz einarbeiten können: Sie wissen, wen Sie ansprechen sollen. Sie können einige Vermutungen zum Programm der Schultheatertage anstellen. Und Sie müssen sich in Ihren Ausführungen auf ca. 900 Wörter begrenzen. Das ist nicht unbedingt wenig, wird es aber kaum erlauben, einen umfassenden Überblick über die Dramengeschichte der letzten 2 000 Jahre zu geben. Es empfiehlt sich im Vorfeld, die ungefähre Wörterzahl pro handgeschriebener Seite individuell zu ermitteln.

– Wer diese Aufgabe auswählt, sollte wissen, dass eine **Rede** einige wenige **festgelegte Merkmale** aufweist, die eingehalten werden sollten. Dazu zählt vor allem die allgemein übliche Anrede, z. B.: „Sehr geehrter Herr Oberstudiendirektor (der Hausherr wird in der Regel als Erstes genannt), liebe Lehrer und Eltern, liebe Mitschüler und Theaterbegeisterte aus ganz Bayern ...". Es wäre aber sicher auch nicht falsch, wenn die Rede schlicht mit einem „Sehr geehrte Damen und Herren!" beginnen würde. Ebenso ist eine frei wählbare Schlussformel („In diesem Sinn wünsche ich den Schultheatertagen interessante, diskussionswürdige und sehenswerte Aufführungen.") Kennzeichen eines rhetorischen Auftritts. Hinzu kommen immer wieder direkte Ansprachen an das Publikum, die allerdings sparsam einge-

setzt werden sollten („Sie, liebe Lehrer, haben uns das alles in mühsamer Klein-
arbeit vermittelt ...“; „Ihnen, liebe Eltern, ist das alles bereits bekannt ...“). Ge-
genüber rein schriftlich argumentierenden Texten zeichnet sich mündlich Gespro-
chenes auch dadurch aus, dass die Satzkonstruktionen eher kurz und überschaubar
sind und bewusst Wiederholungen und Zusammenfassungen eingebaut werden, weil
nur so gewährleistet werden kann, dass die Zuhörer dem Gedankengang folgen
können. Darüber sollten Sie nicht vergessen, dass in Redetexten die Gesetze des
Argumentierens gelten. Überzeugend ist eine Rede dann, wenn sie Aussagen begrün-
det und mit Beispielen untermauert.
– Ansonsten ist eine Rede in ihrer Ausgestaltung frei. Es ist durch die Aufgabenstel-
lung auch nicht vorgeschrieben, welche inhaltlichen Aspekte als Schwerpunkte
herausgearbeitet werden sollen.

Gliederung

1	Vom Dramentext zur Inszenierung
2	Analyse der Argumentationsstruktur der Rede des Bundespräsidenten
2.1	Schillers Bedeutung heute
2.2	Aufforderung zur Pflege der Klassiker in der Schule und im Theater
2.3	Identitätsstiftende Bedeutung des klassischen Theaters
2.4	Vorbildfunktion der Sprache Schillers
3	Rede zur Eröffnung der Schultheatertage
3.1	Anrede und Hinführung zum Thema „Schultheater“
3.2	Professionelles Theater und Schultheater
3.3	Hinweise zur Theatergeschichte
3.4	Die Thesen von Bundespräsident Köhler
3.5	Schlussformel: Eröffnung der Theatertage

Lösungsvorschlag

Theater, das weiß zumindest der Besucher eines Schauspiels, ist immer mehr 1
als die bloße Wiedergabe von Rollentexten, die ein Autor aufgeschrieben hat
und die unter Umständen auch veröffentlicht werden. Erst wenn ein Regisseur
mit seinen Schauspielern den Text auf die Bühne bringt, entsteht ein Theaterstück. Viel mehr noch als bei der Aufführung eines Musikstückes muss bei der
Inszenierung aber vieles hinzugefügt werden, was so nicht im Text steht, ange-
fangen von den Requisiten bis hin zur Sprechhaltung der einzelnen Figuren.
Deshalb kommt es auch immer wieder zu Auseinandersetzungen darüber, was
eine „richtige“ Inszenierung ist. Die Frage, welche Streichungen notwendig
sind, welche Aufführungspraxis angemessen ist, beschäftigt dabei das profes-
sionelle Theater wie das Laientheater gleichermaßen. Und es gibt viele Stim-

men in der Öffentlichkeit, die sich zu diesem Thema auslassen. So hat sich vor Kurzem der Romancier Daniel Kehlmann anlässlich seines Auftritts bei den Salzburger Festspielen 2009 bitter darüber beklagt, dass gegenwärtig nur eine destruktive Inszenierung, also eine Inszenierung, die sich möglichst weit vom Ursprungstext wegbewegt, Chancen auf Verwirklichung habe, klassisches, wortgetreues Theater aber abgelehnt werde. Kehlmann glaubt, dass das sogenannte Regietheater die klassische Inszenierung verdrängt habe. Diese Rede wurde im Feuilleton intensiv rezipiert und hat die unterschiedlichsten Reaktionen hervorgerufen. Schon einige Jahre zuvor hat der deutsche Bundespräsident Horst Köhler einen ähnlichen Ansatz vertreten. In einer Rede anlässlich des 200. Todestags von Friedrich Schiller kritisierte auch er das Regietheater und plädierte für die vollständige, texttreue Aufführung klassischer Werke.
Jeder, der Theater macht, muss sich also mit dieser Frage beschäftigen. Im Folgenden sollen zunächst die Thesen Köhlers aufgezeigt werden. Anschließend wird dann eine Rede zur Eröffnung der Schultheatertage eine eigene Position zum angesprochenen Problem entwickeln und dabei vor allem die Rolle des Schultheaters akzentuieren.

Zunächst muss darauf hingewiesen werden, dass der Textauszug nur einen **2** Teil der Rede wiedergibt. Die einleitenden Worte „Bleiben wir bei Schiller" (Z. 1) legen nahe, dass der Redner vorher einen anderen Gedankengang verfolgt hat und jetzt wieder zu seinem Thema kommen möchte.

Köhler beginnt im vorgelegten Auszug der Rede anlässlich des 200. Todes- **2.1** tages von Friedrich Schiller mit einer Reihe von Fragen, die auf die **Bedeutung des Dichters** für die heutige Zeit abzielen (Z. 1–6). Schiller wird in diesem Absatz als philosophischer Denker eingeführt, von dessen Überlegungen zur *conditio humana,* also zur grundsätzlichen Beschaffenheit des Menschen, die Gesellschaft auch heute noch profitieren könne. Köhler reißt allerdings nur einige Stichworte (ästhetische Erziehung, Anmut und Würde, Spieltheorie) an, ohne diese inhaltlich zu füllen. Seine Fragen sind insofern rhetorisch, als sie die Antwort implizieren: Eine Auseinandersetzung mit dem Menschenbild des Klassikers hält der Bundespräsident für sinnvoll. Begründungen für diese Annahme fehlen ganz. Sie werden eventuell vom Redner als bekannt vorausgesetzt.
Im nächsten Argument wird der Bundespräsident etwas konkreter, wenn er Schiller als **europäischen Denker** vorstellt (Z. 7–14). Aus der Stoffwahl für dessen Dramen leitet Köhler ab, dass sich Schiller mit der europäischen Geschichte beschäftigt habe und deshalb ein Vorbild sein könne für die aktuelle Literatur, die sich, so der Bundespräsident, oftmals im allzu Provinziellen verliere. Für letztere These finden sich allerdings keine konkreten Beispiele.
Neben der europäischen Ausrichtung weist der Redner dann noch auf den **politischen Denker** Schiller hin, der die Entwicklung der Individuen immer mit Blick auf das politische Umfeld darlege und damit, so Köhler, Theater als „moralische Anstalt" qualifiziere (Z. 15–19). Auch in diesem kurzen Absatz wird deutlich, dass es Köhler nicht um eine wissenschaftliche Abhandlung geht,

sondern eher darum, Stichworte zu sammeln, die die Bedeutung des Klassikers insgesamt unterstreichen sollen. Der Hinweis auf das Theater als moralische Anstalt zitiert den bekannten Aufsatz Schillers *Was kann eine gute stehende Schaubühne eigentlich wirken?* (1784), der die Überlegungen des frühen Schiller zum Theater zusammenfasst.

Nachdem der Bundespräsident Schiller als großen, vor allem politisch denken- 2.2 den Autor charakterisiert hat, stellt er nun die Frage, wie mit dem Klassiker heute umgegangen werden solle. Seine Hauptthese lautet dabei, dass Schiller vor allem jungen Menschen wieder nahegebracht werden müsse (Z. 20–36). Die **Schule** spiele dabei die entscheidende Rolle. Köhler fordert dazu auf, unvoreingenommen und mit Elan Schillers Texte (und wohl auch andere ‚Klassiker‘) in der Schule zu unterrichten. Er grenzt in diesem Zusammenhang einen älteren Literaturunterricht, der unter Umständen falsch mit den Texten verfahren sei, von einem modernen Literaturunterricht ab. Obwohl die Argumentation an dieser Stelle ausführlicher wird, beziehen sich die Ausführungen kaum auf Konkretes. Als Vergleich zieht Köhler ein Buch von H. M. Enzensberger heran, das ihm als Paradebeispiel für eine Spaß machende Beschäftigung mit Literatur dient. Er fordert zudem, die Aktualität und Relevanz der Texte für das eigene Leben müsse den Schülern bewusst werden.

Neben der Schule ist es natürlich das **Theater** selbst, das einen Beitrag zur Vermittlung klassischer Stücke leisten sollte. Weil, so behauptet Köhler ohne jeden weiteren Beleg, ein allgemeines Interesse besonders der Jugendlichen an diesen Texten bestehe, müssen sie auf den Bühnen gespielt werden (Z. 37–42). Inszenierungen, die nur Bruchstücke der Texte wiedergeben, lehnt er ab und ermuntert die Verantwortlichen dazu, auf Veränderungen des Originals zu verzichten (Z. 43–48 und Z. 55–58). Als Begründung verweist der Redner auf den Umgang mit bildender Kunst und mit klassischer Musik, die ja meist auch weitgehend werkgetreu dargeboten werden (Z. 49–54).

Der Bundespräsident sieht in diesem Zusammenhang noch eine weiterrei- 2.3 chende Aufgabe des Theaters: Durch die Präsentation der traditionellen Texte und Geschichten werde die **Integrationskraft einer Gesellschaft** gestärkt (Z. 59–72). In einer Zeit, in der demographische Probleme genauso desintegrierend wirken wie die kulturell gemischte Zusammensetzung der Gesellschaft, könne das Theater einen wichtigen Beitrag liefern zur Stärkung des kulturellen Fundaments. In Schillers Stücken sieht der Redner Themen angelegt, die für die Selbstverständigung einer modernen Gesellschaft von zentraler Bedeutung sind. Dabei gehe es vor allem um das Verhältnis zwischen Individuum und Gesellschaft (Z. 73–79).

Abschließend beschäftigt sich der Bundespräsident mit der **Bedeutung von** 2.4 **Schillers Sprache**, die in ihrer Vorbildfunktion gesehen wird (Z. 80–96). Er bezeichnet sie als gleichermaßen „poetisch[ ]" und „differenzier[t]" (Z. 84). Sie sei deshalb geeignet, gerade in einer von Bildermedien bestimmten Zeit einen Beitrag zum genauen Denken und Diskutieren zu leisten.

Zusammenfassend stellt Köhler noch einmal fest, dass sich die Auseinandersetzung mit Schiller lohne und eine wichtige Voraussetzung dafür sei, die Anforderungen der Zukunft anzunehmen und schließlich zu meistern (Z. 97–105). Abschließend kann konstatiert werden, dass der Redetext, vielleicht typisch für die Situation einer Feierstunde, bei der ein politisch hochrangiger Vertreter über ein ihm eigentlich fremdes Sachgebiet einleitende Worte spricht, einige Thesen ohne argumentativ überzeugende Ausarbeitung anbietet. Trotzdem ist der Text geeignet, eine Diskussion über die **Frage nach dem ‚richtigen' Theater** anzuregen. Die Hauptthese Köhlers ist eine Aufforderung: Spielt die Klassiker auf den Bühnen, möglichst ohne jeden Eingriff in den Text, weil unsere Gesellschaft auf diese Art von Traditionspflege angewiesen ist. In der nachfolgenden Rede zur Eröffnung der Schultheatertage wird deshalb auch auf den Zusammenhang zwischen Klassikvermittlung und Schule eingegangen.

„Es muss nicht immer Schiller sein!"   **3**

Sehr geehrter Herr Oberstudiendirektor, liebe Gäste, liebe Mitschüler,   3.1
zur Eröffnung der diesjährigen Theatertage darf ich Sie und euch alle herzlich begrüßen. Die Aufgabe, heute ein Grußwort zu sprechen, habe ich gerne, aber auch mit Bangen übernommen, sitzen doch hier lauter Fachleute. Aber nachdem ich selbst einige Erfahrung im Schulspiel gesammelt habe, traue ich mir schon den ein oder anderen sinnvollen Hinweis zu.

In den nächsten Tagen werden auf unserer Schulbühne zahlreiche Theater-AGs 3.2
zeigen, was sie während der letzten Monate erarbeitet haben. In dieser Hinsicht unterscheiden sie sich nicht von den professionellen Theatern. Ich möchte aber gleich zu Beginn auf einen fundamentalen Unterschied aufmerksam machen: **Stadt- und Staatstheater** werden von großen Apparaten gelenkt. Von der Kostümbildnerin bis hin zum Regisseur wirken ausgebildete Profis bei der Inszenierung eines Stückes zusammen – nicht zu vergessen die ‚echten' Schauspieler. Diese Theater haben in meinen Augen die Aufgabe, die großen Stücke der Weltliteratur lebendig zu präsentieren und die aktuellen Möglichkeiten des gegenwärtigen Theaters zu erproben. Für das Publikum zählt bei der geleisteten Arbeit nur das Ergebnis, also die Aufführung, die beklatscht, gefeiert oder eben auch ausgebuht wird. Nicht so an der **Schule**: Bei uns geht es um ein kreatives Angebot, vergleichbar mit dem Chor oder der Fotogruppe. Engagierte Lehrer unternehmen mit ihren Schülern an vielen Nachmittagen und an den Wochenenden eine spannende Reise zu den Texten, die im Unterricht vielleicht eine Rolle spielen, dort aber doch eher trocken behandelt werden. Im Schultheater agieren aber keine Profis, sondern engagierte Laien, die sich mit den Stücken auseinandersetzen oder Selbstgeschriebenes aufführen. Das geht in erster Linie uns selber an. Wir wollen unserer Fantasie freien Lauf lassen. Wir wollen miteinander auch Spaß am Spiel haben. Denn das habe ich von Friedrich Schiller gelernt: Der Mensch ist nur dort Mensch, wo er spielt. Deswegen, meine Damen und Herren, ist die wöchentliche Arbeit in der Theater-

gruppe viel wichtiger als das Ergebnis. Jeder freut sich über eine gelungene Inszenierung, aber mit den Profis können und wollen wir uns gar nicht vergleichen.

Trotz des Unterschieds kann es aber durchaus sinnvoll sein, wenn wir uns mit 3.3 der **Theatergeschichte** beschäftigen. Lassen Sie mich deshalb einige wenige Aspekte dieser Tradition hier einfügen, damit wir prüfen können, ob das Schultheater daraus etwas lernen kann.

Mit dem 18. Jahrhundert beginnt in Deutschland die lange Tradition des politischen, besser: des gesellschaftlich engagierten Theaters. Die Bühne ist der Ort, an dem die bürgerliche Gesellschaft Ideen und Konzepte verhandelt, die erst viel später in konkrete Politik umgesetzt werden können. Den schillerschen Anspruch nach einer „moralischen Anstalt" kann das Schultheater wohl kaum erfüllen, das wäre ‚eine Nummer zu groß'. Dennoch kann eine moderne, schülergerechte Bearbeitung der *Räuber* z. B. zeigen, dass die Probleme, die dort dargestellt werden, auch uns interessieren. Wer von uns möchte nicht einmal das „tintenklecksende Säkulum" kritisieren!

Die von unserem Bundespräsidenten geliebten Dramen der Weimarer Klassik machen es uns da schon schwerer. Die Klassiker Schiller und Goethe zeigen in ihren Dramen historische Persönlichkeiten in Entscheidungssituationen, zum Beispiel Maria Stuart, die lieber auf's Schafott geht, als sich der Rivalin zu beugen. Schönheit entsteht dabei durch Wahrheit und Wahrhaftigkeit. Das sind starke Stücke, aber sind sie auch geeignet für das Schultheater? Sicher nicht in ihrer ganzen Länge und Breite. Bearbeitungen, die diese Entscheidungssituationen herausstellen, könnten reizvoll sein, aber für einen ganzen *Faust* reicht bei uns die Kraft wohl eher nicht.

Mehr übernehmen kann man vom Theater des 20. Jahrhunderts. Hier fällt mir vor allem der Name Brecht ein. Sein episches Theater bringt insofern eine Neuerung, als der Realismus der Bühnendarstellung immer wieder durchbrochen wird, um den Zuschauer aus der passiven Rolle herauszuführen. Das kann ein sinnvoller Ansatz für das Schultheater sein. Das Verfremden durch Lieder und Schrifttafeln kann auch Laien helfen, ihre Botschaft noch deutlicher zu formulieren.

Meine Damen und Herren, das Schultheater darf die großen Entwürfe der Theatergeschichte nicht links liegen lassen, aber es ist doch ein gehöriges Stück Arbeit, einen Klassiker auf die Bühne zu stemmen. Gerade deshalb bin ich schon sehr gespannt auf die Inszenierungen der nächsten Tage, die sich an die ganz großen ‚Brocken', an den *Faust* zum Beispiel, gewagt haben.

Spannender als die Frage, ob wir die Theatergeschichte kennen müssen, ist für 3.4 mich allerdings, was vom Theater heute eigentlich erwartet wird. Dies ist von erheblichem Interesse: Vor Kurzem hat sich sogar unser Staatsoberhaupt dazu geäußert. **Horst Köhler** hat anlässlich des 200. Todestags von Friedrich Schiller in Berlin eindeutig Stellung bezogen. Lassen Sie mich seine Thesen kurz zusammenfassen:

63

Köhler plädiert vehement für die Wiederbeschäftigung mit der Klassik, auch in der Schule. Für ihn ist das Theater ein Integrationsfaktor in der modernen, multikulturellen Gesellschaft. Am liebsten wäre es ihm, wenn dabei die Originaltexte möglichst unverändert gespielt werden. Der ganze Schiller muss es bei ihm schon sein.

Der Bundespräsident hat auch darauf hingewiesen, dass dieser „ganze Schiller" in der Schule gelesen werden sollte. Und das tun wir auch – im Deutschunterricht! Aber das Schultheater braucht alle Freiheiten, um sich überhaupt an einem Stoff abzuarbeiten – gerade für das Schultheater darf es keine Einengungen geben.

Ich habe neulich in einem kleinen Theater gleich hier um die Ecke eine sehr freie Bearbeitung von Schnitzlers *Reigen* gesehen und ich muss Ihnen sagen, dass mich die Aufführung noch lange beschäftigt hat. Das ist möglich, auch wenn der Regisseur nicht textgetreu bis zum letzten Komma ist. Ich gebe aber auch zu, dass mir die hiesige Inszenierung der *Iphigenie* sehr gefallen hat, obwohl oder weil hier sehr nahe am Original gearbeitet wurde.

Liebe Theaterfans: Es muss nicht immer der ganze Schiller sein. Wenn der Funke zwischen Bühne und Zuschauer überspringt, dann ist Theater gelungen. Ein Blick in das Programm zeigt, dass wir die unterschiedlichsten Interpretationen sehen werden. Freuen Sie sich mit mir auf jede einzelne Aufführung der Bayerischen Schultheatertage, die hiermit eröffnet sind. 3.5

Vielen Dank! (947 Wörter)

© *picture-alliance/dpa*

| Abitur Deutsch (Bayern G8) – Musterabitur 2: |
| Verfassen einer materialgestützten Erörterung |

Aufgabe:
Nehmen Sie Stellung zu der Notwendigkeit, den Möglichkeiten und den Grenzen der Sprachpflege in der heutigen Zeit. Beziehen Sie sich bei Ihren Ausführungen auch auf die beigefügten Bild- und Textmaterialien.

Material 1

Jens Jessen: Die verkaufte Sprache

Aus dem Kreis der Weltsprachen ist das Deutsche schon verschwunden. Nun wird es auch in seiner Heimat zum Sanierungsfall.

Es gibt einen Typus des übellaunigen, heimattümelnden Sprachschützers, dem man nicht im Dunkeln begegnen möchte. Aber es gibt auch Gründe, im hellen Mittagslicht der aufgeklärten Vernunft Sorge um den Bestand der deutschen Sprache zu empfinden. Warum ist auf Bahnhöfen kein Schalter für Auskünfte, sondern ein *Service Point?*
5 Was hat der englische Genitiv-Apostroph in *Susi's Häkelstudio* zu suchen? Welcher Teufel trieb eine deutsche Wissenschaftsministerin zu einer Kampagne mit dem Motto „*Brain up*", was weder auf Deutsch noch auf Englisch Sinn ergibt?
Die Überflutung mit englischen Wendungen ist nur ein, wahrscheinlich der kleinste Teil des Problems. Der größere Teil besteht in ihrer kenntnislosen Aneignung zu
10 dekorativen Zwecken. Viel spricht dafür, den Geist einer aufschneiderischen Werbung dabei am Werk zu sehen. Die deutsche Bahn will sich nicht nur technisch modernisieren; sie will auch modern wirken. Dass ihre sprachliche Modernisierung ein *fake* ist (um ein gutes englisches Wort zu verwenden), scheint ihr egal zu sein. Ähnliches gilt für ihre Neigung, jede Neuigkeit à tout prix *kommunizieren* zu müssen, anstatt sie
15 einfach mitzuteilen.
Der Ausdruck *à tout prix* ist übrigens aus einer älteren Epoche überkommen. Den Import von französischen Wendungen des 18. Jahrhunderts hat das Deutsche allerdings gut überstanden. Die meisten Ausdrücke sind wieder verschwunden; die übrigen haben sich bis zur Unkenntlichkeit in den Wurzelbestand des Deutschen eingemoost. Von der
20 erfolgreichen Anverwandlung zeugt sogar die Wortbildung: Die Endung *-ieren,* die ursprünglich dazu diente, französische Verben einzudeutschen *(parlieren),* wurde bald auch zu Neubildungen mit deutschen Wortstämmen benutzt *(spintisieren, verlustieren).*
Um sprachschützerische Einfalt von berechtigter Sorge zu trennen, muss man sich klarmachen, dass Deutsch seit Langem eine Hybridsprache ist, die nicht nur Fluten
25 fremder Wörter aufgenommen hat, sondern auch in ihrer Grammatik mehrfach überformt wurde. Den Anfang machten Mönche des Mittelalters, die zahllose Lehnbildungen nach lateinischem Vorbild prägten – berühmtes Beispiel ist die Neubildung *Gewissen* nach lateinisch *conscientia.* Den zweiten Schub besorgten Humanismus und

65

Reformation, als die Syntax dem Lateinischen anverwandelt wurde. Man vergleiche
die einfachen Satzmuster des Mittelhochdeutschen mit dem Frühneuhochdeutschen,
erst recht aber mit dem barocken Deutsch, in dem die Hypotaxen, die Partizipialkon-
struktionen und Verschachtelungen geradezu explodieren. Die Sprache eines Kleist
oder Hegel wäre ohne diese syntaktische Überfremdung nicht denkbar.

Daraus folgt freilich keine Entwarnung für die Gegenwart. Denn die früheren Übernahmen haben das Deutsche komplexer, reicher, intellektueller und expressiver, philosophischer und dichterischer, auch wissenschaftsfähiger gemacht. Unter dem Einfluss des globalisierten Englisch aber vollzieht sich eine geradezu atemberaubende
Simplifizierung. Die englischen oder pseudoenglischen Ausdrücke kommen nämlich
nicht einfach hinzu, sie ersetzen auch nicht nur deutsche Wörter, was schlimmsten-
falls überflüssig wäre. Sie verdrängen vielmehr die natürliche Wortbildung des Deutschen, die keinerlei Schwierigkeiten mit Neologismen hätte, weil sie mit ihrer Leichtigkeit der Wortzusammensetzung sonst nur im Altgriechischen einen Vergleich hat.

Es scheint aber, dass die Eigenarten des Deutschen inzwischen selbst zum Ärgernis
geworden sind, vielleicht schon als Standortrisiko gelten. Das Hauptärgernis lässt sich
freilich nur schlecht leugnen. Es gibt, mit Schweiz, Österreich und Südtirol, kaum
100 Millionen Sprecher des Deutschen. Das Englische, jedenfalls in seiner globali-
siert heruntergekommenen Spielart, wird dagegen auf der ganzen Welt verstanden.
Es hat daher seine Logik, wenn sich der Gebrauch des Deutschen aus der Wissenschaft
zurückzieht, die auf weltweiten Austausch angewiesen ist. Aber muss deshalb neu
gegründeten Universitäten in Deutschland gleich das Englische als Unterrichtssprache
aufgezwungen werden? Manches spricht dafür, dass hier nicht internationale Konkurrenz, sondern ein Zeitgeistopportunismus am Werk ist, der das Deutsche wie eine
überholte Technologie ablegen will. Denn es sind ja nicht Amerikaner, die uns ihre
Wörter aufzwingen. Es sind Deutsche, die in ihrer Bewunderung für alles Amerikanische mit der transatlantischen Praxis zugleich die Begriffe dafür mitbringen – wie
Geschenke, die glitzernd verpackt werden müssen, damit ihrem dürftigen Inhalt Respekt gezollt werde.

Es lohnt sich, bei der Psychologie des Sprachimporteurs zu verweilen. Es ist nicht
deutscher Selbsthass, der ihn antreibt, wie manche Sprachschützer meinen. Der
Sprachimporteur ist vor allem ein Marketingexperte in eigener Sache. Er will angeben
mit der frisch erworbenen Kenntnis, er kehrt ins verschnarchte Dorf seines Ursprungs
zurück und brilliert dort im Glanze seiner Glasperlen, die er den zurückgebliebenen
Landsleuten andrehen will. Die Undeutlichkeit und die Euphemismen des Business-
Englisch sind kein Mangel, sie sind die Voraussetzung des betrügerischen Tuns. So
werden dem *Trainee* (deutsch: Lehrling) die *Karriere-Optionen eröffnet* (deutsch:
Hoffnungen gemacht), zum *Asset Manager* (deutsch: Kaffeekocher) aufzusteigen.
Unvergessen ist der Bertelsmann-Chef Thomas Middelhoff, dessen Lieblingsmotto
„*Speed, speed, speed*" lautete und der selbst im internen Schriftverkehr seine leiten-
den Angestellten anwies, englisch zu schreiben.

Es ist nicht so, dass überpersönliche Mächte für den Unfug verantwortlich wären.
Es sind identifizierbare Sprecher, die der Sprache Gewalt antun, und nur selten unter-
läuft es ihnen. In den allermeisten Fällen ist, was uns ärgert, auch beabsichtigt. Der
Business-Schwafler will uns ein X für ein U vormachen. Der Vergleich mit den Glas-

perlen ist nicht zufällig gewählt. Der Sprachimporteur handelt mit Waren, die in ihrem
75 Herkunftsland bereits als wertlos gelten. Über die Ausdrucksweise der PowerPoint-
Präsentationen wird in den USA längst gespottet.

Der Geist eines ridikülen Marketings, der in der Managersprache steckt, will Exklu-
sivität, die elitäre Anmutung eines arkanen Wissensvorsprungs. Den Zweck der Aus-
schließung teilt sie mit der Jugendsprache, der es seit alters darum geht, sich von der
80 Erwachsenenwelt abzuschotten. Töricht wäre es, sich über Kürzel aufzuregen, die
von den Eltern nicht verstanden werden – denn das ist ihr Sinn. Es fragt sich allerdings,
was von Geschäftsleuten zu halten ist, die sich wie Kinder gebärden, die Erwachsene
verblüffen und ärgern wollen.

Es liegt bei uns, die Antwort zu formulieren. Es liegt in der Macht jeden einzelnen
85 Sprechers, die Zukunft des Deutschen zu gestalten. Das unterscheidet marodes Deutsch
etwa von einem maroden Kernkraftwerk, das nur Experten reparieren können. Das
Deutsche wird nicht sterben, es sei denn, die Deutschen wollen es. Es sei denn, sie
kapitulieren vor der Werbung, vor der Geschäftssprache, vor dem kollektiven Hass
auf alles Komplizierte, den die Medien nähren. Aber selbst wenn das Deutsche stürbe
90 – es würde als tote Sprache weiterleben, als eine Art Griechisch oder Latein der Neuzeit. Die Zahl kanonischer Autoren, von Philosophen wie Dichtern, wird den Gelehr-
ten das Deutsche immer attraktiv erhalten. Das ist vielleicht kein Trost – aber ein
Gedankenspiel, das uns Heutigen Respekt vor der achtlos malträtierten Umgangsspra-
che einflößen sollte.

Aus: DIE ZEIT, 26. 07. 2007 Nr. 31,
http://www.zeit.de/2007/31/Deutsch-Aufmacher, aufgerufen am 23. 09. 09

Material 2

Sprachpflege. Form der → Sprachlenkung: „beratende Bemühung" um die Verbesserung
des Sprachgebrauchs bzw. der sprachlichen Kompetenz (Greule & Ahlvers-Liebel [1986]).
Die moderate S. beruht auf wissenschaftlicher Sprachkritik, ihre Kriterien sind funktionale,
strukturelle, soziale, historische (z. B. in der Fremdwort-Diskussion), aber auch ästhetische,
5 kulturkritische (Korn, [1962]) oder politische (z. B. in der Planungsphase der Rechtschreibreform). Die S. ist in Frankreich institutionalisiert (Académie Française), in Deutschland gehören S. und Sprachberatung zum Tätigkeitsfeld des „Instituts für Deutsche Sprache" (Mannheim), der Redaktion des → Duden am „Bibliographischen Institut" und der „Gesellschaft für
Deutsche Sprache" (GfdS), dem Nachfolgeinstitut des puristisch und politisch ausgerichteten
10 „Allgemeinen Deutschen Sprachvereins". [...]

Aus: Hadumod Bußmann, Lexikon der Sprachwissenschaft, Stuttgart: Kröner, 4. Auflage 2008.

Material 3

Mit freundlicher Genehmigung der Berliner Stadtreinigung und der Heymann Schnell AG
http.//www.fontblog.de/picts/we_kehr-jpeg (zuletzt aufgerufen am 16.1.2008)

Hinweise und Tipps

- Das Verfassen einer materialgestützten Erörterung ist eine neue Aufgabenform des G8-Abiturs. Verlangt wird im Ergebnis allerdings nichts anderes als eine traditionelle **schriftliche Argumentation**. Dies erkennt man am **Operator** der Aufgabe ‚Stellung nehmen'. Sie sollen zu einem Thema eine eigene Position einnehmen und diese begründen. Nicht verlangt wird, dass Sie Ihren Standpunkt in Abgrenzung zu einem anderen Autor, z. B. gegenüber von Jens Jessen, entwickeln. Dies wäre die Anforderung an eine Erörterung im Anschluss an einen Text. **Materialgestützt** heißt lediglich, dass für die Erarbeitung Texte zur Verfügung gestellt werden, die die Auseinandersetzung mit dem Thema unterstützen sollen.
- Für die Erörterung des Themas ‚Sprachpflege' bietet die hier vorliegende Aufgabenstellung deutliche Hilfen, die eine **Gliederung** im Grunde vorgeben: Es sollen die Notwendigkeit, die Möglichkeiten und die Grenzen der Sprachpflege in der heutigen Zeit geprüft werden.
- Eine materialgestützte Erörterung geht anders als eine klassische (antithetische oder steigernde) Erörterung davon aus, dass der Verfasser zwar einige Informationen und eigene Anschauungen zum Thema mitbringt, dass aber fachliche Einzelheiten nicht immer im Detail vorhanden sind. ‚Sprache' als Lerngegenstand ist im Lehrplan in jeder Jahrgangsstufe vorgeschrieben. Das heißt allerdings nicht, dass es zwingend eine Unterrichtseinheit geben muss, die sich speziell mit dem Thema ‚Sprachpflege' beschäftigt. Das beigefügte **Material** soll deshalb als wirkliche Hilfe verstanden werden. Zum einen werden konkrete Informationen gegeben, die für die Bearbeitung der Aufgabe notwendig sind. So ist der Lexikoneintrag z. B. geeignet,

um eine sehr genaue Definition des Schlüsselbegriffs ,Sprachpflege' zu erarbeiten. Zum anderen kann das Material aber auch als Anregung gesehen werden, um eigene Ideen und Argumentationen zum Thema zu entwickeln. Gerade der Artikel des Zeit-redakteurs Jessen kann in seiner teilweise polemischen Art ein Anstoß für eigene Überlegungen sein. Seine Unterscheidung zwischen richtig und falsch verstandener Sprachpflege kann auch verhindern, das Thema nur oberflächlich zu behandeln. Anregend ist natürlich auch das Werbeplakat der Berliner Stadtreinigung (BSR), das aus dem oft gescholtenen Denglisch ein Sprachspiel macht. Die Kombination aus Text- und Bildaussage ist ein Beispiel für die Verknüpfung englischer und deut-scher Sprachelemente: ,Wir sorgen (= <u>care</u>) uns liebevoll um euch Berliner Bürger, indem wir eure Straßen <u>kehren</u> und den Müll wegräumen.' In diesem Zusammen-hang sei auf die Gesamtkampagne der BSR verwiesen, die viele Beispiele liefert und auf der homepage www.bsr.de eingesehen werden kann.

Für die Aufgabenstellung ist noch die Formulierung ,Beziehen Sie sich auch auf die Materialien' zu beachten, die besagt, dass man bei der Bearbeitung zum einen die Texte und das Plakat nicht ignorieren darf und zum anderen daraus aber auch **nicht einfach abschreiben** soll. Die bloße (wörtliche) Wiedergabe der Argumente aus dem Material zeigt, dass man das Thema nicht eigenständig durchdrungen hat.

– Neben den Punkten, die sich aus der Aufgabenstellung ergeben, ist im Folgenden noch zusammengestellt, welche Informationen die beiden Textmaterialien enthalten: **Bußmann, Lexikon der Sprachwissenschaft:** Definition von Sprachpflege als be-wusster Lenkung des Sprachgebrauchs; Felder der Sprachpflege (Grammatik, Rechtschreibung, Stil …); Institutionen der Sprachpflege. Ergänzen könnte man auch die privaten Bemühungen zur Sprachpflege, wie sie z. B. vom Verein der Deut-schen Sprache betrieben werden.

Jessen, Die verkaufte Sprache: Der Journalist zitiert viele konkrete Beispiele, die durchaus übernommen werden dürfen (unpassende Begriffe aus dem Englischen, aber auch passende Übernahmen ins Deutsche, z. B. aus dem Französischen und dem Lateinischen). Jessen lehnt den Transfer vor allem aus dem Englischen immer dann ab, wenn er unbegründet ist oder zu falschen Wortbildungen führt, wenn er also einem anderen Zweck dient als der Verbesserung und Erweiterung der Aus-drucksmöglichkeiten. Positiv sieht er die Notwendigkeit, im Wissenschaftsbetrieb auf die globale Sprache Englisch zurückzugreifen (eine übertriebene Hinwendung zum Englischen an deutschen Universitäten wird aber ebenso abgelehnt).

Jessen beschreibt die Entwicklung der deutschen Sprache als ständige Beeinflus-sung durch andere Sprachen (Deutsch ist eine „Hybridsprache"): Im Mittelalter hatte Latein einen großen Einfluss; im 18. Jahrhundert wurde viel aus dem Fran-zösischen importiert. Lange Zeit hat dies die deutsche Sprache auf allen Ebenen (Wortschatz, Grammatik) bereichert, erst mit der Modeerscheinung des sogenannten ,Denglisch' verliert der Sprachaustausch an Wert.

Der Autor versucht diese Entwicklung zu begründen: Seiner Meinung nach wird vor allem in ökonomischen Zusammenhängen gerne auf englische Ausdrücke zurück-gegriffen, weil die Sprachnutzer so ihre wirklichen Absichten verschleiern können. Über diesen Missbrauch erregt sich Jessen heftig. Er fordert die Leser schließlich dazu auf, sich den Tendenzen zur Verschleierung durch Sprache zu widersetzen.

Gliederung

1   Allgegenwärtigkeit des Sprachwandels

2   Notwendigkeit der Sprachpflege in der heutigen Zeit

2.1   Bedeutung von Sprache als Kommunikationsmittel

2.2   Verlust der allgemeinen Verständlichkeit und damit der Kommunikationsfunktion

2.2.1   durch falschen Gebrauch der eigenen Sprache

2.2.2   durch falschen oder übertriebenen Gebrauch von Anglizismen / Fremdwörtern

3   Das Problem der Sprachpflege in der heutigen Zeit

3.1   Möglichkeiten der Sprachlenkung

3.1.1   Staatliche Institutionen und Reglements

3.1.2   Spracherziehung in Kindergarten und Schule

3.2   Grenzen der Sprachlenkung

3.2.1   Einfluss der modernen Medien

3.2.2   Rolle der Globalisierung in Wissenschaft und Handel

3.2.3   Sprache als „lebendiges Objekt"

3.2.4   Künstlichkeit / mangelnde Präzision bei Übersetzungen

4   Relativierung des Sinns und der Möglichkeiten der Sprachpflege

Lösungsvorschlag

Wer über die Sprache nachdenkt, wird schnell merken, dass sich ihr Charakter 1
durch ständigen Wandel auszeichnet. Sprachliche Veränderungen gehen häufig
auf den Austausch mit fremden Sprachen zurück. Sprachwissenschaftlich unterscheiden wir bei diesem Vorgang zwischen **Lehnwort** und **Fremdwort**: Ers-
teres bezeichnet die Wörter, die aus fremden Sprachen kommen, aber stark an
die deutsche Sprache angepasst wurden. Als Beispiel kann hier das ‚Fenster'
genannt werden, das bekanntlich auf das lateinische ‚fenestra' zurückgeht, aber
von keinem Muttersprachler als nichtdeutsches Wort wahrgenommen wird.
Fremdwörter bleiben dagegen in Aussprache und Schreibweise fast unverändert und lassen so ihren Ursprung erkennen, wie z. B. ‚Fan' aus dem Englischen
oder ‚Restaurant' aus dem Französischen. Wörter, die aus dem Germanischen
(oder Indogermanischen) stammen, nennt man dagegen **Erbwörter**. Das Verhältnis zwischen den drei Wortgruppen ist nur sehr schwer zu bestimmen, da
es keine Wörterbücher gibt, die den gesamten Wortschatz erfassen können. Es
finden sich aber Hinweise darauf, dass der Fremdwortanteil im Deutschen bei
6 bis 10 Prozent liegt. **Sprachwandel** findet also grundsätzlich statt, denn es
gibt keine Sprache, die sich im Laufe ihrer Entwicklung nicht mit anderen
Sprachen austauscht. Das gilt selbstverständlich auch für das Englische, das

das deutsche Wort ‚Kindergarten' umstandslos übernommen hat. Neben einzelnen Begriffen wurden und werden auch grammatikalische Strukturen aus anderen Sprachen ins Deutsche übernommen.
Nicht nur Journalisten wie der ZEIT-Autor Jens Jessen stellen in jüngster Zeit allerdings bei den Übernahmen aus anderen Sprachen eine Tendenz zur Ungenauigkeit fest. Vor allem in der Werbung geht es ganz offensichtlich nicht um sprachliche Richtigkeit, sondern eher um einen wie auch immer gemeinten Effekt, der über verbale Zeichen Emotionalität hervorrufen soll. Interessant ist, dass auch die Kunden die sprachlichen Entgleisungen nicht entschlüsseln können. Bei einer Befragung wurde zum Beispiel das sprachliche Logo eines Fernsehsenders ‚powered by emotion' mit ‚Kraft durch Freude' übersetzt (vgl. hierzu Dagmar Deckstein: Werbung aus Kannitverstan, in: *Süddeutsche Zeitung*, 24. 5. 2004). Damit wird deutlich, dass die Frage nach der Pflege der deutschen Sprache aktuell ist. Notwendigkeit, Probleme und Grenzen der Sprachpflege sollen deshalb im Anschluss näher untersucht werden.

Sprache ist die **Grundbedingung der menschlichen Kommunikation,** auch wenn die nonverbalen Signale nicht vergessen werden sollten. Das soziale Leben könnte ohne Sprache gar nicht funktionieren. Darüber hinaus erlaubt uns die Sprache Welterkenntnis und Weltverständnis, die beide auf einem System von Symbolen basieren und deshalb über die bloße Anschauung hinausreichen. Der Philosoph Peter Bieri verbindet mit dem Sprachgebrauch auch die Fähigkeit zur Vernunft, denn nur mithilfe der Sprache kann der Mensch seine Handlungen und Haltungen begründen. Die philosophische Diskussion kann an dieser Stelle nicht vertieft werden, wichtig ist aber, darauf hinzuweisen, dass Sprache keine individuelle Angelegenheit ist, sondern von der Sprachgemeinschaft vorgegeben wird. Sprache ist per definitionem ein **soziales Phänomen.**
In ihrer Komplexität ist die Sprache immer in Gefahr, von den einzelnen Sprachteilnehmern falsch oder gar absichtlich manipulativ gebraucht zu werden. Auch das **Misslingen von Kommunikation** ist also durch die Sprache bedingt: Wörter können wahre Sachverhalte verschleiern, Begründungen können ungenügend oder irreführend sein, falsche sprachliche Bilder können die Dinge verklären. Sprache kann dann ihre Aufgabe, Verständigung herzustellen, unterlaufen und damit die Funktion als Kommunikationsmittel verfehlen.

Der **Verlust der Verständlichkeit** kann durch den falschen Gebrauch bzw. den Missbrauch der eigenen Sprache entstehen. Ein Beispiel dafür ist die fast schon vorhersehbare Interpretation von Wahlergebnissen, die so gedeutet werden können, dass die eigene Partei stets zum Sieger der Wahl erklärt wird. Ein weiteres Beispiel ist die euphemistische Umschreibung: Hier werden Ereignisse oder Absichten bewusst in einem falschen Licht dargestellt. Wer eine Mülldeponie zum Entsorgungspark umbenennt, hat eine beschwichtigende Botschaft an die Bevölkerung im Sinn.

Durch den – bewussten oder unbewussten – ‚schrägen' Einsatz von Fremdwör- 2.2.2
tern oder fremdsprachigen Wendungen kann der Verlust an Verständlichkeit
noch gesteigert werden. Vor allem der **übertriebene Gebrauch von Anglizismen**, also Wörtern und Wendungen aus dem Englischen, belegt diese Tendenz.
Wenn sogar ein deutsches Ministerium eine Kampagne mit dem kryptischen
Titel ‚brain up' bewirbt, stellt sich die Frage, ob der Werbefachmann bewusst
falsches Englisch verwenden wollte. Was er damit auf Deutsch sagen wollte,
bleibt aber so oder so sein Geheimnis. Beispiele zum übertriebenen Gebrauch
von Anglizismen finden sich noch viele: Überprüfen heißt grundsätzlich nur
noch ‚checken'; ein Sonderling ist ein ‚freak' und ein Verlierer natürlich ein
‚loser'. Während bei den erwähnten Begriffen noch davon ausgegangen werden kann, dass die Sprachteilnehmer sehr wohl wissen, was gemeint ist, wird es
bei den folgenden Beispielen schon schwieriger: Dass eine ‚corporate identity',
die ja allgegenwärtig ist und selbst Schulverwaltungen beschäftigt, etwas mit
der Selbstdarstellung und der Identität einer Organisation zu tun hat, ist zwar
in den allgemeinen Wortschatz eingedrungen, aber nicht jeder wird damit auch
konkrete Inhalte verbinden. Ob jeder weiß, was er in einem ‚manual' (Betriebs-
anleitung) suchen kann, ist zweifelhaft. Und dass mit ‚prob-value' die Wahrscheinlichkeit gemeint ist, wird die Mehrheit nicht parat haben. Das sind nur
wenige Beispiele für die Verwendung von Anglizismen, die die deutsche Sprache gerade im Moment stark beeinflussen. Diese problematischen Übernahmen schlagen sogar auf die Grammatik durch. Wendungen wie ‚einmal mehr'
(once more) oder ‚Sinn machen' (to make sense) haben einen festen Platz in der
deutschen Sprache gefunden und belegen, wie ungenau eine wörtliche Über-
setzung sein kann. ‚Einmal mehr' ist nämlich genau genommen ‚zweimal' und
nicht ‚noch einmal' und der gemachte Sinn ist nicht besonders sinnvoll, denn
es ist unklar, wie das Machen von Sinn überhaupt funktionieren soll.
Nach der These des Journalisten Jens Jessen kann durchaus unterstellt werden,
dass die Verwendung von Anglizismen vor allem in der **Wirtschaft** und in
der **Werbung** einen handfesten Grund hat. Die Ökonomen und die Werbestra-
tegen wollen damit verschleiern, dass sie eigentlich nichts zu sagen haben. Es
geht ihnen auch darum, die potenziellen Kunden zu übertölpeln. Wer Englisch spricht, so die Botschaft, ist modern und in der globalen Welt zu Hause.
Oft sollen mit den englischen Begriffen auch die positiven Seiten eines
Aspekts oder einer Sache hervorgehoben werden. In dieser Hinsicht kann der
‚Service Point' in den deutschen Bahnhöfen interpretiert werden. Mit dem
Begriff ‚Auskunftschalter' verbindet der Bahnreisende unter Umständen eine
Zeit, als man in langen Schlangen von unfreundlichen Beamten bedient
wurde. Der Service-Gedanke wird durch den neuen Begriff betont, der Kunde
ist jetzt in einer neuen Rolle. Das Problem bei dieser Umbenennung ist, dass
hinter dem neuen Begriff nicht unbedingt eine neue Wirklichkeit stecken muss.
Die **Verschleierungstaktik** ist in ökonomischen Zusammenhängen noch deutlicher auszumachen. In der Tat ist es ein kluger Schachzug, wenn der Lehrling als ‚Trainee' eingestellt wird, weil er sich auf diese Weise aufgewertet
fühlt. Auch ein Freiberufler, der als ‚Freelancer' unterwegs ist, fühlt sich in sei-

ner manchmal schwierigen Situation vielleicht besser. Die Problematik ist jedoch immer, dass ja nicht die Tatsachen verändert werden, sondern nur das Sprechen über die Tatsachen. Und dieses Sprechen läuft durchaus Gefahr, die Verständigung eher zu behindern, als sie zu erleichtern.

Wenn sich die Sprachpraxis auf Abwege begibt, dann liegt es auf der Hand, **3** dass gegengesteuert werden muss. Es stellt sich zunächst die Frage, wer die Sprachverwendung einer Sprachgemeinschaft überhaupt beeinflussen kann und welche Möglichkeiten sich dazu eröffnen. Nach der Definition des *Lexikons der Sprachwissenschaft* von Hadumod Bußmann geht es bei der **Sprachpflege** um eine **Normierung des Sprachgebrauchs**, also um den Versuch, feste Normen einzuführen, nach denen sich die Sprachteilnehmer zu richten haben. Zu diesen Normen gehören – neben Grammatik, Rechtschreibung und Aussprache – Regeln zur Wortbildung und zum Fremdwortgebrauch. Dass es aber in der konkreten Umsetzung von Vorgaben Schwierigkeiten geben kann, zeigt u. a. die deutsche Rechtschreibreform, die bis heute umstritten ist. Deshalb sollen in einem zweiten Schritt auch die Grenzen der Sprachpflege untersucht werden.

Zunächst aber zu den **Möglichkeiten** der Sprachpflege: Denkbar ist, dass **3.1** Sprachpflege zu den **Aufgaben des Staates** zählt. In bestimmten europäischen **3.1.1** Ländern wird dies auch so gehandhabt. So kümmert sich die Académie Française seit dem 17. Jahrhundert um die Vereinheitlichung und die Pflege der französischen Sprache im staatlichen Auftrag. Da in Deutschland die Kulturhoheit bei den einzelnen Bundesländern liegt, gibt es diese übergreifende Instanz hier nicht. Vielmehr haben sich gleich mehrere Institutionen herausgebildet, die sich um Sprachpflege bemühen. Dazu gehören z. B. das Institut für Deutsche Sprache in Mannheim, die Dudenredaktion des Bibliographischen Instituts (ebenfalls in Mannheim), das Goethe-Institut in München und die Akademie für Sprache und Dichtung in Darmstadt. An dieser Vielfalt merkt man vielleicht auch, dass in Deutschland erst mit der Reichsgründung 1871 eine **institutionelle Vereinheitlichung** der sprachlichen Gepflogenheiten in Angriff genommen werden konnte. Dreißig Jahre nach der Reichsgründung einigte man sich auf eine einheitliche Rechtschreibung. Seit dieser Zeit werden z. B. die ‚Amtlichen Regeln für die deutsche Rechtschreibung' kontinuierlich fortgeschrieben. Die Verbindlichkeit dieser neuen Regeln, die von staatlicher Seite auf den Weg gebracht worden sind, wird aber in Frage gestellt, wenn z. B. Autoren die Anwendung verweigern. Dass so in einem Schulbuch alte und neue Rechtschreibung nebeneinander stehen, ist ein Beleg dafür, mit welchen Schwierigkeiten bei der Sprachpflege zu rechnen ist.

Der Staat hat aber neben der Verwaltungsverordnung auch noch die Möglich- **3.1.2** keit, über die Erziehungsinstitutionen Kindergarten und Schule Einfluss auf die Sprachpraxis auszuüben. Die Muttersprache erlernt man gleichsam automatisch durch die sozialen Kontakte. Es ist deshalb von großer Bedeutung, dass die Erzieher und die Lehrer sich darum bemühen, ihren Sprachausdruck so zu gestalten, dass er vorbildhaft wirken kann. In den Lehrplänen aller Schularten und aller Bundesländer wird dieser Zusammenhang deutlich formuliert. Die Erziehung zur sprachlichen Korrektheit ist ein zentrales Ziel der Schule. In letzter Zeit ist viel über die **vorschulische Spracherziehung** geschrieben worden, hat man doch erkannt, dass die Sprachbeherrschung eine der wichtigsten Voraussetzung für Bildungserfolge ist. Eine Anleitung zum richtigen Sprechen kann schon im Kindergarten zielführend sein. Hier haben die Erzieher die Aufgabe, schon den ganz Kleinen neben der grammatikalischen Richtigkeit des Ausdrucks beizubringen, dass es auch andere Wörter wie ‚cool‘ und ‚easy‘ gibt. In diesem Zusammenhang kann übrigens auch darüber nachgedacht werden, ob die Pflege des Dialekts nicht dazu beitragen könnte, einen allzu leichtfertigen Gebrauch unsinniger Fremdwörter zu verhindern. Zur Spracherziehung gehört in Kindergarten und Schule, dass die negativen Entwicklungen bewusst vermieden werden. Jede Erziehungs- und Unterrichtsstunde wird so zur Sprachpflege-Stunde. Erwähnt werden sollte zudem, dass der Deutschunterricht einen hohen Stellenwert einnimmt und deshalb entsprechend unterstützt werden müsste. Dies betrifft nicht nur die ausreichende Anzahl an Wochenstunden, sondern auch die Ernsthaftigkeit, mit der die Schülerinnen und Schüler am Unterricht teilnehmen. Nur durch die gute Praxis des Sprechens und Schreibens kann gewährleistet werden, dass die Sprachsensibilität wächst und die deutsche Sprache insgesamt vor falschen Einflüssen bewahrt wird. Allein die Auseinandersetzung mit den einschlägigen Texten aus Wirtschaft und Werbung trägt dazu bei, dass ein Bewusstsein für richtiges und falsches Deutsch entwickelt wird. Jessen weist in der Tat richtig darauf hin, dass die Texte der deutschen Literaturgeschichte den Sprachschatz aufbewahren. Es ist deshalb unabdingbar, diese Texte im Unterricht zu lesen und so die Leistungsfähigkeit der deutschen Sprache zu demonstrieren. Auch wenn die Lektüre von Dramen des 18. und 19. Jahrhunderts hohe Anforderungen stellt, lohnt sie sich doch, weil man nicht nur seinen Wortschatz erweitert, sondern insgesamt ein Gespür für die eigene Sprache bekommt.

Bei der Diskussion darf allerdings nicht vergessen werden, dass die Sprachpflege auch an **Grenzen** stößt. Wer von den Möglichkeiten der Erziehungsinstitutionen spricht, sollte nicht verschweigen, dass die Sprachpraxis in einem erheblichen Umfang durch die **Medien** bestimmt wird. Gerade Jugendliche verbringen oft mehr Zeit vor ihrem PC und/oder dem Fernsehgerät als in der Schule. Ein Blick in die Programmzeitschriften macht schnell deutlich, dass gerade hier hemmungslos Anglizismen verwendet werden. In den Sendungen werden die ‚Top of the Pops‘ gezeigt, die ‚Top Twenty der deutschen Single Charts‘. Es gibt ein ‚World Newsquiz‘, ein ‚Exclusive Weekend‘ oder den ‚Money Trend‘, natürlich den deutschen ‚Comedy-Preis‘ und jeden Tag die ‚Highlights‘ in den ‚News‘. Wer sich davon erholen möchte, kann abschließend ein ‚Summer Movie‘ anschauen. Gegen diesen Trend in den Medien können staatliche Stellen nur schwer etwas unternehmen. Eine gesetzliche Regelung wäre hier kaum sinnvoll. Nur die

Medien selbst können gegensteuern. Dabei kann beobachtet werden, dass die öffentlich-rechtlichen Sender dem Bildungsauftrag durchaus nachkommen und sich zumindest bemühen, sprachliche Korrektheit ernst zu nehmen. Der Bayerische Rundfunk hat sogar einen Sprachpfleger eingestellt, der in regelmäßigen Abständen die Redakteure auf sprachliche Verfehlungen aufmerksam macht und gleichzeitig Verbesserungen vorschlägt.

Die Grenzen der Sprachlenkung ergeben sich aber, wie Jessen richtig anmerkt, 3.2.2 auch aus den Tendenzen zur **Globalisierung.** Jessen konstatiert das für den Bereich der Wissenschaften, aber natürlich ist auch die wirtschaftliche Entwicklung ohne die lange Geschichte der globalisierten Märkte nicht mehr vorstellbar. Die Folge des Zusammenwachsens merkt man auch im sprachlichen Umgang miteinander. Die Tatsache, dass sich **Englisch als Weltsprache** durchgesetzt hat, mag man bedauern, es wäre aber naiv zu glauben, dass dies jederzeit umgekehrt werden könnte.

Jede Epoche wird geprägt durch kulturgeschichtliche Fakten. Ohne die Welt- 3.2.3 sprache Latein, die fast alle europäischen Sprachen entscheidend mitgeformt hat (z. B. auch das Englische), hätte sich die europäische Universität und damit die europäische Wissensgesellschaft im Mittelalter nicht ausbilden können. Sie hat das Erbe der Antike in die Neuzeit transformiert. Der französische Absolutismus ist Ausgangspunkt für den großen Einfluss des Französischen in Deutschland. Dass heute das Englische als Sprache der globalisierten Wirtschaft so starken Widerhall findet, muss in diesen Zusammenhang eingeordnet werden und ist nicht per se schlecht. Freilich gibt es Situationen, wo die Sprachteilnehmer weit über das Ziel hinausschießen. Aber die **Lebendigkeit der Sprache** wird immer dafür sorgen, dass aus jeweils fremden Sprachen Übernahmen stattfinden.

Es gibt auch gute Gründe zur Annahme, dass nicht jeder Begriff und nicht jede 3.2.4 Wendung besser auf Deutsch gesagt werden kann. Ein gutes Beispiel dafür ist die digitale Welt, die sich innerhalb kürzester Zeit radikal entwickelt hat. Ob ,Internet', ,Browser' oder ,Desktop', die Begriffe aus diesem Bereich sind nun einmal international ausgerichtet. Es wäre wenig sinnvoll, wenn wir uns für den heimischen Gebrauch jeweils eigene Wörter einfallen ließen. Anzumerken bleibt, dass sich die Gemeinschaft der Computernutzer sehr wohl verständigen kann, sogar über alle Ländergrenzen hinweg, die Sprache also ihre Funktion als Kommunikationsmittel erfüllt.

Als Fazit kann man festhalten: Ohne Zweifel sind in der alltäglichen Sprach- 4 praxis Fehlentwicklungen festzustellen, die dringend korrigiert werden müssten. Die Aufgabe der Sprachpflege kann man dabei durchaus den staatlichen Stellen bzw. den bekannten Instituten überlassen, denn nichts wäre verheerender als die Forderung nach einer Reinheit der Sprache, wie sie manche privaten Organisationen stellen. Wenn der Verein Deutsche Sprache, der einen umfangreichen Auftritt im Internet hat, alle Fremdwörter aus dem Englischen

75

geradezu verteufelt, dann erreicht er damit wohl das Gegenteil. Die Verbindung von Sprachpflege und Rückwärtsgewandtheit stellt sich so nämlich rasch ein. Und wer will schon unmodern sein! Sicherlich kann man sich über manche Erscheinung lustig machen, wie das z. B. die *Wise Guys* in ihrem Lied „Denglisch" vorführen. Aber machen sich die Sänger nicht selber lächerlich, wenn sie fordern: „Ich will, dass beim Coffee-Shop ‚Kaffeehaus' oben draufsteht / oder dass beim Auto-Crash die ‚Lufttasche' aufgeht, / und schön wär's, wenn wir Bodybuilder ‚Muskel-Mäster' nennen / und wenn nur noch ‚Nordisch Geher' durch die Landschaft rennen …'"?

Statt dieser absoluten Haltung sollte eine gewisse **Gelassenheit** eingenommen werden. Der bewusste Umgang mit der eigenen Sprache muss geübt werden und man muss wohl auch lernen, dass dies nicht ohne Anstrengung geht. Wenn jeder nur einen kleinen Beitrag dazu liefert, muss uns um die deutsche Sprache nicht bange werden.

Deutsch (Bayern G8) – Abiturprüfung 2011:
Aufgabe 1: Erschließen eines poetischen Textes

Erschließen und interpretieren Sie das Gedicht *Erlebnis* von Hugo von Hofmannsthal!
Berücksichtigen Sie dabei insbesondere die Gestaltung von Grenzerfahrungen! Zeigen Sie ausgehend von Ihren Ergebnissen auf, in welcher Weise das Gedicht Themen und Motive der Romantik aufgreift!

Hugo von Hofmannsthal (1874–1929): **Erlebnis** (1892)

Mit silbergrauem Dufte war das Tal
Der Dämmerung erfüllt, wie wenn der Mond
Durch Wolken sickert. Doch es war nicht Nacht.
Mit silbergrauem Duft des dunklen Tales
5 Verschwammen meine dämmernden Gedanken,
Und still versank ich in dem webenden,
Durchsichtgen Meere und verließ das Leben.
Wie wunderbare Blumen waren da
Mit Kelchen dunkelglühend! Pflanzendickicht,
10 Durch das ein gelbrot Licht wie von Topasen
In warmen Strömen drang und glomm. Das Ganze
War angefüllt mit einem tiefen Schwellen
Schwermütiger Musik. Und dieses wußt ich,
Obgleich ichs nicht begreife, doch ich wußt es:
15 Das ist der Tod. Der ist Musik geworden,
Gewaltig sehnend, süß und dunkelglühend,
Verwandt der tiefsten Schwermut.
                         Aber seltsam!
Ein namenloses Heimweh weinte lautlos
20 In meiner Seele nach dem Leben, weinte,
Wie einer weint, wenn er auf großem Seeschiff
Mit gelben Riesensegeln gegen Abend
Auf dunkelblauem Wasser an der Stadt,
Der Vaterstadt, vorüberfährt. Da sieht er
25 Die Gassen, hört die Brunnen rauschen, riecht
Den Duft der Fliederbüsche, sieht sich selber,
Ein Kind, am Ufer stehn, mit Kindesaugen,
Die ängstlich sind und weinen wollen, sieht
Durchs offne Fenster Licht in seinem Zimmer –
30 Das große Seeschiff aber trägt ihn weiter
Auf dunkelblauem Wasser lautlos gleitend
Mit gelben fremdgeformten Riesensegeln.

Hinweise und Tipps

– Die Aufgabenstellung unterscheidet nicht nach a) und b), sondern fasst alle Teilaufgaben zusammen. Dennoch ist es sinnvoll, die Untersuchung nach dem traditionellen Muster aufzubauen. Zuerst muss das Gedicht Hofmannsthals **erschlossen** und **interpretiert** werden. Anschließend untersuchen Sie die beiden zusätzlich geforderten Aspekte (die Gestaltung der **Grenzerfahrung** und die **Motive der Romantik**).

– Unter der **Erschließung** eines Textes versteht man das Herausarbeiten der Gesamtaussage in inhaltlicher, formaler und sprachlich-stilistischer Hinsicht. Gerade bei kurzen Texten bietet es sich an, die Untersuchungsschwerpunkte nacheinander abzuhandeln, also erst **Aufbau und Inhalt** darzustellen und anschließend die Besonderheiten der **sprachlich-stilistischen Gestaltung** in den Blick zu nehmen. Lediglich die **formale Gestaltung** integrieren Sie vielleicht besser in andere Gliederungspunkte, um der Gefahr einer bloßen Aufzählung zu entgehen.

– Die **Interpretationsschwerpunkte** werden in der Aufgabenstellung vorgegeben: Das Gedicht soll vornehmlich als Darstellung einer Grenzerfahrung gelesen werden, wobei der Dichter offensichtlich Motive der Romantik aufgreift. Beide Aspekte können Sie in je einem Gliederungspunkt bearbeiten.

– **Einleitung** und **Schluss** könnten beispielsweise Besonderheiten der Literatur um 1900 behandeln. Eine literaturgeschichtliche Einordnung Hofmannsthals ist nicht nötig.

Gliederung

A   Literatur um 1900

B   Erschließung und Interpretation des Gedichts *Erlebnis* von Hugo von Hofmannsthal unter besonderer Berücksichtigung der Gestaltung von Grenzerfahrungen

   I.   Aufbau und formale Merkmale:
     Todeserlebnis und Sehnsucht nach dem Leben

   II.   Inhalt
     1.   Übergang in eine andere Welt
     2.   Reich des Todes
     3.   Abschiedsschmerz
     4.   Unaufhaltsamkeit des Lebenszyklus'

   III.   Sprachlich-stilistische Gestaltung
     1.   Tempus- und Perspektivenwechsel
     2.   Beschreibung des Unbeschreiblichen
     3.   Trauer über den eigenen Tod und Motiv der Lebensreise
     4.   Farbsymbolik und Wortfeld ‚Wasser'

   IV.   Grenzfahrungen: Leben – Tod; Traum – Wirklichkeit

V. Motive der Romantik
 1. Intuition statt Ratio
 2. Nacht, Melancholie und Traum
 3. Unschuld der Kindheit
 4. Blick durchs Fenster und Sehnsucht

C Hofmannsthals Abkehr vom Gedicht

Lösungsvorschlag

„Es zerfiel mir alles in Teile, die Teile wieder in Teile, und nichts mehr ließ **A** sich mit einem Begriff umspannen." Mit diesen Worten brachte Hugo von Hofmannsthal 1902 seine Skepsis zum Ausdruck, die Wirklichkeit sprachlich genau genug erfassen zu können. Diese sogenannte **„Sprachkrise"** ist ein weit verbreitetes Phänomen der Literatur um 1900, deren Kern man so beschreiben könnte: Die Welt ist in den Jahren zwischen 1880 und 1910 so komplex geworden, dass die Autoren zu zweifeln begannen, ob es ihnen möglich sei, ihrer Gegenwart künstlerisch adäquat zu begegnen. Die Industrialisierung, die sich daraus ergebende Urbanisierung und die Beschleunigungen, die von der Technik und den Medien vorangetrieben wurden, führten zu einer Orientierungskrise, die nicht nur die Künstler erfasste, sondern auch breite Schichten der Bevölkerung. Dazu kamen Verunsicherungen der traditionellen Weltbilder, ausgelöst unter anderem durch Nietzsches „Umwertung aller Werte", Freuds Psychoanalyse und Einsteins Relativitätstheorie. All diese Entwicklungen machten einen naiven Realismus unmöglich. Die objektive Wiedergabe der Wirklichkeit wurde ersetzt durch eine eher **subjektive Darstellung der Welt** und ihrer Erscheinungen. Ein Kennzeichen der Literatur um 1900 ist dabei, dass sich die Autoren mit ihren Kunstkonzepten in völlig **unterschiedliche Richtungen** entwickelten. So beschäftigte sich gerade Hugo von Hofmannsthal immer wieder mit dem Unbewussten, mit Träumen und inneren Vorstellungen und knüpfte damit an die literarische Epoche der Romantik an.

In dem Gedicht *Erlebnis* aus dem Jahr 1892 wird eine irreal anmutende **B** Grenzerfahrung literarisch behandelt: Das lyrische Ich steht auf der Schwelle zwischen Leben und Tod und erfährt die Verlockungen des Todes auf der einen und die Sehnsucht nach dem Leben auf der anderen Seite.

Schon auf den ersten Blick fällt die **Zweiteilung des Gedichts** auf. Optisch **I.** getrennt durch die Aufteilung eines Verses auf zwei Zeilen (V. 17 f.), beschreibt der erste Teil die Begegnung des lyrischen Ichs mit dem eigenen Tod. Mit dem Ausruf „Aber seltsam!" (V. 18) wird der zweite Teil eingeleitet, der diese Todeserfahrung mit der **Sehnsucht nach dem Leben** konfrontiert.

Die insgesamt 32 reimlosen Verszeilen sind durchgängig im fünfhebigen Jambus gehalten. Durch zahlreiche Enjambements entsteht allerdings ein Sprachduktus, der stark an Prosa erinnert. Dieser prosaische Redefluss unterstreicht den unaufhaltsamen Ablauf des geschilderten „Erlebnisses" (vgl. Titel).

Das Gedicht beginnt mit der Evozierung einer zwielichtigen Naturszene, die auch tageszeitlich nicht genau eingeordnet werden kann (V. 1–3). Das lyrische Ich befindet sich in einem Tal mit diffusem Licht, dessen Gerüche dazu führen, dass es in einen Zustand der Bewusstlosigkeit versinkt, **in eine andere Welt übergeht**, was mit einem Abschied vom Leben gleichgesetzt wird (V. 4–7).

II.
1.

Anschließend erlebt das lyrische Ich einen fremd anmutenden Garten. Leuchtende Pflanzen und warmes Licht, das an den Glanz von Edelsteinen erinnert, werden in diesem irrealen Raum von einer Musik begleitet, die den Sprecher zur intuitiven Erkenntnis führt, im **Reich des Todes** angekommen zu sein (V. 8–15). Die Gleichsetzung des Todes mit einer melancholischen, tief berührenden Musik legt dabei nahe, dass das lyrische Ich durchaus Positives mit dem Sterben verbindet (V. 16 f.).

2.

Mit dem Ausruf der Verwunderung (V. 18) wendet sich der Sprecher dann aber im zweiten Teil einer anderen Sichtweise zu: Die Sehnsucht nach dem Leben erfüllt ihn mit einer tiefen Trauer (V. 19 f.), die anhand eines langen Vergleichs anschließend genauer illustriert wird. Das Abschiednehmen vom Leben wird gleichgesetzt mit der Fahrt auf einem Schiff, das am Ende des Tages die Heimatstadt passiert. Der Blick auf die Details der Stadt (Geräusche und Gerüche) setzt einen **Abschiedsschmerz** frei, der aus der Erinnerung geboren ist. Auf Deck stehend sieht der nicht näher Benannte zudem sich selbst als ängstliches Kind und sein beleuchtetes Zimmer. So vergegenwärtigt er sich noch einmal sein eigenes Leben (V. 20–29).

3.

Nachdem die Heimatstadt und die Vergangenheit so positive Gefühle geweckt haben, wird die Fahrt des Schiffes aber **unaufhaltsam** fortgeführt (V. 30 ff.). Mit diesem Hinweis endet der Text, ohne das Paradoxon aufzulösen, dass der Vorgang des Sterbens ja nicht vom Sterbenden selbst beschrieben werden kann. Ob es sich um einen Traum handelt oder ob konkrete Erlebnisse beschrieben werden, bleibt so offen.

4.

Für die Darstellung dieser widersprüchlichen Erfahrungen (Begegnung mit dem eigenen Tod und sehnsuchtsvoller Blick zurück auf das Leben) hat Hofmannsthal eine komplexe Zeitstruktur geschaffen, die sich konkret im **Wechsel des Tempus** zeigt: Zunächst herrscht im Gedicht Präteritum vor (wie es auch in einer Erzählung verwendet wird), um die Erlebnisse des lyrischen Ichs in der zwielichtigen Naturszenerie zu beschreiben. Der Sprecher erinnert sich also an einen vergangenen Augenblick, der von Anfang an im Unbestimmten bleibt (vgl. die Unsicherheit in Bezug auf die Tageszeit, V. 1–3). Trotzdem „wußt[e]" (V. 14) er, dass er gerade seinen eigenen Tod erlebt, ob-

III.
1.

wohl er es nicht verstehen kann. Dieses Nicht-Begreifen wird im Präsens formuliert (vgl. V. 14) und markiert so den Wechsel in die Gegenwart. Auch der ausgedehnte Vergleich, der ab V. 21 entworfen wird, steht im Präsens.

Es wird im ersten Teil also eine Art Todeserlebnis erinnert, das sich im zweiten Teil zu einem aus der Gegenwart reflektierten, allgemeingültigen Bild des Lebensweges verdichtet.

Diese angedeutete Verallgemeinerung kann man auch an einem weiteren Aspekt nachvollziehen: Während im ersten Teil des Gedichts ein erzählendes und reflektierendes *Ich* auftritt, **wechselt** später **die Perspektive**. Das Personalpronomen wird ab V. 21 nur noch in der dritten Person verwendet: „Wie einer weint, wenn er [...] vorüberfährt." (V. 21 ff.) Das lyrische Ich spiegelt sich und seine Erinnerungen in den allegorischen Figuren eines Schiffsreisenden und dessen kindlichen Doppelgängers an Land.

Das lyrische Ich stellt die Welt, die jenseits des Lebens liegt, sehr genau dar. 2. Seine Beobachtungen werden, zum Teil asyndetisch, aneinandergereiht, so z. B., wenn die Musik mit dem Trikolon „Gewaltig sehnend, süß und dunkelglühend" (V. 16) beschrieben wird. **Man merkt, dass der Sprecher nach Worten und Begriffen sucht, die das Unbegreifliche des Todes erfassen könnten.**

Auffallend ist auch, dass die Sinne nicht nur angesprochen, sondern auch **synästhetisch** vermischt wahrgenommen werden. Das Tal duftet „silbergrau[...]" (V. 4), gelbrotes Licht dringt in „warmen Strömen" durch das Dickicht (V. 11) und die Musik ist „süß und dunkelglühend" (V. 16). Der irreale, traumhafte Charakter der Szenerie wird so in Worte gefasst. Auch die Lichtverhältnisse sind nur durch einen Vergleich zu bestimmen: Die „Dämmerung" ist so, „wie wenn der Mond / Durch Wolken sickert." (V. 2 f.), aber es wird dann deutlich betont, dass es „nicht Nacht" (V. 3) ist, also kein Mond am Himmel steht.

Zentrale Erkenntnisse werden dann aber auch in kurzen, prägnanten Aussagesätzen auf den Punkt gebracht: „Das ist der Tod." (V. 15), gibt der Sprecher zum Beispiel seine Einschätzung am Ende des ersten Teils wieder und lässt hier keinen Spielraum für Interpretationen. Unterstrichen wird diese Gewissheit noch durch die Wiederholung der Bestätigung „ich wußt es" (V. 14 und vorher V. 13). Indem das lyrische Ich aber gleichzeitig konstatiert, dass es diesen Zustand „nicht begreife" (V. 14), wird das nur intuitive Verstehen der Situation betont.

Der zweite Teil des Gedichts wird mit der dreifachen Wiederholung des ‚Weinens' eingeleitet (V. 19 ff.), welches die **Trauer über den eigenen Tod** und 3. die Sehnsucht nach dem Leben ausdrückt. In einem weit ausholenden Vergleich wird dann das **Motiv einer Schifffahrt** ausgestaltet, die in gewisser Weise **am eigenen Leben vorbeiführt**. Das Schiff scheint überdimensioniert, zweimal wird betont, dass es sich um ein „große[s] Seeschiff" (V. 21 und 30) handelt, das mit „Riesensegeln" (V. 22 und 32) ausgestattet ist. Am Ende werden diese Segel mit dem Neologismus „fremdgeformt[...]" (V. 32) attri-

2011-5

buiert. So wird deutlich gemacht, dass die (Lebens-)Reise nicht selbst gelenkt werden kann, sondern von einer fremden Macht angetrieben wird. Bei der Beschreibung der „Vaterstadt" (V. 23), an der das Schiff majestätisch vorbeigleitet, fallen wieder die unterschiedlichen Sinneseindrücke auf, die im Unterschied zur jenseitigen Welt im ersten Teil dieses Mal allerdings nicht vermischt werden. Asyndetisch gereiht sieht der Schiffsreisende „[d]ie Gassen, hört die Brunnen rauschen, riecht / [d]en Duft der Fliederbüsche, sieht sich selber" (V. 25 f.).

Betrachtet man die **Farbsymbolik** des Gedichtes, dann fällt auf, dass im ersten Teil eine Veränderung von einer düsteren und farblosen Welt – das „dunkle[…] Tal[…]" duftet „silbergrau[…]" (vgl. V. 4) und das Ich versinkt in einem „[d]urchsichtgen Meere" (V. 7) – zu einem „dunkelglühend[en]" (V. 9, 16) Urwald beschrieben wird. Dieser ist von einem „gelbrot[en] Licht" (V. 10) durchdrungen. Kennzeichnend für diese Welt ist demnach eine sinnliche Vermischung, zumal nicht nur die Blumen dunkel glühen, sondern auch die ‚Todes-Musik'. Dagegen herrschen im zweiten Teil eindeutige Farben vor, nämlich Gelb und Dunkelblau. Also findet sich auch hier durch diese symbolische Farbgebung die klare Unterscheidung von Lebens- und Todeswelt. 4.

Die Unterschiede dieser beiden Bereiche sind im Gedicht sehr fein artikuliert, dennoch sind die Welten auch verklammert. Sprachlich wird dies durch den vermehrten Rückgriff auf Worte aus dem **Bedeutungsbereich ‚Wasser'** unterstrichen: Im ersten Teil *verschwimmen* die Gedanken (vgl. V. 5), das Ich *versinkt* in einem *Meer* (vgl. V. 7) und das Licht dringt in „warmen *Strömen*" (V. 11) durchs Dickicht. Konkreter ist das Wortfeld im zweiten Teil aufgegriffen, wenn das Schiff auf „dunkelblauem *Wasser*" (V. 23) fährt und die Brunnen *rauschen* (vgl. V. 25). Ob abstrakte Gebilde oder konkrete Beschreibungen – das Element Wasser steht für das Fließende, die Bewegung des Lebens, die nicht aufgehalten werden kann.

Hofmannsthal gestaltet in seinem *Erlebnis* eine **Grenzerfahrung zwischen Leben und Tod**, wie dies für die Literatur um 1900 typisch ist: Das Erleben des eigenen Todes beginnt damit, dass sich das lyrische Ich in einem Dämmerzustand befindet. Dieser umfasst nicht nur seine verschwimmenden Gedanken; auch die äußere Umgebung wird als „Tal / [d]er Dämmerung" (V. 1 f.) beschrieben. Entscheidend ist nun, dass das Ich durch eine Art Schleier hindurchtritt und dadurch eine neue Bewusstseinsebene erreicht. Dieser ‚Schleier' ist im Text als „webende[s], / [d]urchsichtge[s] Meer[…]" bezeichnet, in dem der Sterbende „still versank" (V. 6 f.). IV.

Man kann diese Szenerie vielleicht mit Berichten von Nahtoderfahrungen vergleichen, die Menschen haben, wenn sie für kurze Zeit zwischen Leben und Tod stehen. Oft können sich die Betroffenen dabei auch angeblich selbst sehen, z. B. auf einem Operationstisch oder als Unfallopfer. Diese „Trennung eines Menschen in zwei Subjekte" findet sich bei Hofmannsthal ebenfalls, hier wird allerdings mit dem Bild der Schiffsreise eine Trennung in Gegenwart und erinnerte Vergangenheit vorgenommen. Auch davon berichten Menschen mit Nahtoderfahrungen: Das eigene Leben zieht wie in einem Film noch einmal vorüber. Hofmannsthal hat in seinem Gedicht ein „Erlebnis" aufgegriffen, das sich mit einer der Grundfragen der menschlichen Existenz auseinandersetzt. Es geht um einen Moment äußerster Wahrnehmung auf der Schwelle des Wahrnehmbaren zwischen Leben und Tod. Man könnte zwar den Traumcharakter des Textes betonen, doch muss festgehalten werden, dass die Darstellung wohl eher genau diese **Grenze zwischen Wirklichkeit und Unwirklichkeit** austesten will, als dass einfach nur konkrete realistische Situationen wiedergegeben werden.

Hofmannsthals Gedicht *Erlebnis* steht in einer Traditionslinie zur Romantik V. und enthält dementsprechend zahlreiche **romantische Motive**, welche jedoch variiert, erweitert und überschritten werden.

Dazu zählt zunächst einmal die Betrachtung des Sterbevorgangs: Hofmanns- 1. thal greift die Überzeugung vieler Romantiker auf, dass Erkennen nicht immer eine rationale Angelegenheit sein müsse. Das **intuitive und ganzheitliche Erfassen** sei für bestimmte Situationen angemessener als ein auf Logik gegründetes Verstehen. Der Sprecher im Gedicht betont, dass er sein Sterben nicht „begreife[n]" (V. 14) könne. Diese konstatierte Unklarheit verhindert jedoch nicht das gleich doppelt zum Ausdruck gebrachte Wissen (vgl. V. 13 f.), das sich auf die Todeserfahrung bezieht. Dass es sich dabei nicht um einen naturwissenschaftlichen Blick auf die Dinge handelt, belegt vor allem der erste Teil des Textes, der vieles in der Schwebe lässt: Es ist dunkel, aber nicht Nacht, trotz Gedankendämmerung wird ein sehr klares Bild der Umgebung gezeichnet. Die Vermischung der Sinneseindrücke ist genauso wie das Nebeneinander von Gegenwart und Erinnerung ein Beleg dafür, dass sich Hofmannsthal dem Sterben eher irrational nähert. Dazu gehört auch die Hinwendung zur Innenwelt, die z. B. schon Novalis um 1800 gefordert hatte, als er formulierte: „Nach innen geht der geheimnisvolle Weg. In uns oder nirgends ist die Ewigkeit mit ihren Welten, die Vergangenheit und Zukunft".

Hundert Jahre vor Freuds Psychoanalyse beginnt in der Romantik die Be- 2. schäftigung mit der Seele des Menschen. Nicht zufällig spielen deshalb **Träume** eine wichtige Rolle in der romantischen Literatur und nicht zufällig ist es die **Nacht**, die zu einem zentralen Motiv der Epoche wird. Auch wenn Hofmannsthal in seinem Gedicht explizit davon spricht, dass es „nicht Nacht" sei (V. 3), so spielt sich das geschilderte Erlebnis doch auch nicht in der Helle eines Tages ab, sondern in einem unbestimmten Reich der Dämmerung. Die Schilderung der gartenähnlichen Szenerie, die irreale und mystische Elemente enthält, erinnert genauso an romantische Literatur wie die **melancholische Grundstimmung**, die den gesamten Text durchzieht. Die „Vaterstadt" (V. 24) stattet Hofmannsthal mit allen romantischen Motiven aus, die aus der Kunstgeschichte greifbar sind. Dazu zählt das vorbeifahrende Schiff genauso wie die Gassen, die Brunnen und die Fliederbüsche (V. 25 f.).

Schließlich lassen sich einige Passagen dem menschlichen **Träumen** zuordnen: Das lyrische Ich versinkt schon zu Beginn des Textes in einen Dämmerzustand (vgl. V. 5 f.), der sehr deutlich an das Einschlafen erinnert. Die Schilderung der Landschaft ist auch wegen der oben beschriebenen Synästhesie einer Traumlogik angenähert, denn die Vermischung der Ebenen entspricht durchaus dem Träumen, das zwischen den einzelnen Sinnen genauso wenig unterscheidet wie zwischen Vergangenheit und Gegenwart.

Auch der Verweis auf das **Kind am Ufer** (V. 27) steht in der romantischen 3. Tradition, die mit der Darstellung von Kinderwelten die **Unschuld** feierte, wie beispielsweise zahlreiche Gemälde dieser Zeit nahelegen. Allerdings ist bei Hofmannsthal auch die Welt der Kinder von einem melancholischen Grundton durchzogen. Der Doppelgänger des lyrischen Ichs, der am Ufer steht, scheint genauso traurig zu sein wie sein Gegenüber. Das Kind mit seinen „Kindesaugen, / [d]ie ängstlich sind und weinen wollen" (V. 27 f.) wird als exakte Spiegelung des lyrischen Ichs beschrieben, denn auch von diesem wird gesagt, dass es „weinte" (V. 20 f.).

Ein zentrales Motiv der Romantik kehrt Hofmannsthal um: **den Blick aus** 4. **dem Fenster.** In dem Gemälde *Frau am Fenster* von Caspar David Friedrich wird diese romantische Haltung besonders deutlich: Der Betrachter schaut – gemeinsam mit der dargestellten Frauenfigur – durch ein weit geöffnetes Fenster nach draußen und kann einen Hafen erahnen. Darin drückt sich die romantische **Sehnsucht** nach der Reise in unbekannte, neu zu erschließende Gegenden aus.
In Hofmannsthals *Erlebnis* geht nun der Blick des Sprechers vom vorbeifahrenden Schiff „[d]urchs offne Fenster" (V. 29) in das Zimmer, das wohl sein eigenes Kinderzimmer war. Die Sehnsucht drängt also nicht in die Ferne, sondern zurück in die eigene Vergangenheit, die eigene Kindheit, die allerdings unaufhaltsam vorüberzieht, sich nicht festhalten lässt.
Das Heimweh, das in der Romantik oft Antrieb für die Figuren ist, aufzubrechen, ist im Gedicht der Jahrhundertwende deutlich unbegreiflicher. In *Erlebnis* ist es nicht nur „namenlos[…]" (V. 19), sondern auch ein eigenständiges, ein personifiziertes Subjekt, das lautlos „nach dem Leben […] weint[…]" (V. 20). Ein handelndes Ich ist hier nicht zu fassen, eher die Ergebenheit in das Schicksal, welches das Leben unausweichlich in seiner Gewalt hat.
Die romantischen Motive werden zwar kaum verändert übernommen, in der Moderne gelingt aber die positive Auflösung von Sehnsucht und Heimweh nicht mehr. Dafür fehlt z. B. jeder Hinweis auf die religiöse Dimension des Geschehens, wie er wohl in der Romantik aufgetreten wäre.

Hofmannsthal wollte in *Erlebnis* eine Grenzerfahrung darstellen, die Todes- c und Lebenssehnsucht gleichsam verbindet. Dabei griff er u. a. auf den Topos der Lebensreise oder auf Synästhesien zurück, um das eigentlich Unsagbare auszudrücken. Zehn Jahre später sollte er in seinem *Chandos-Brief* dann aber feststellen, dass ihm die Sprache nicht (mehr) ausreichte, um Aussagen über menschlich Existenzielles zu treffen – Worte zerfielen ihm im Munde „wie modrige Pilze", so der Dichter. Dementsprechend **distanzierte sich Hugo von Hofmannsthal von seinem lyrischen Frühwerk** und nahm schließlich vollständig Abstand von der Gattung. Ausgehend von der Erschließung des vorliegenden Gedichts kann man vermuten, dass er an Grenzen des Darstellbaren gestoßen war und deshalb seine künstlerischen Ansprüche in andere Bahnen lenken musste – es folgten seine bekannten **Dramen** wie das Mysterienspiel *Jedermann* (1911) oder das Lustspiel *Der Schwierige* (1921).

Deutsch (Bayern G8) – Abiturprüfung 2011:
Aufgabe 2: Erschließen eines poetischen Textes

a) Erschließen und interpretieren Sie den folgenden Dramenausschnitt! Arbeiten Sie dabei insbesondere die Gesprächsstrategien der beiden Figuren heraus!

b) Vergleichen Sie ausgehend von Ihren Ergebnissen, wie das Thema der Untreue zwischen Mann und Frau in einem anderen literarischen Werk dargestellt wird!

Vorbemerkung
Die Handlung des fünfaktigen Dramas spielt in Spanien um 1195. König Alfonso, der stets das Wohl seines Landes in den Vordergrund gestellt hat, verliebt sich ausgerechnet zu der Zeit, als sein Land von den Mauren bedrängt wird, in die schöne und selbstbewusste Jüdin Rahel und vergisst darüber seine staatsmännischen Pflichten. Rahel hat die Begegnung mit dem König gezielt gesucht, obwohl es ihr als Jüdin eigentlich verboten ist, sich diesem zu nähern. Zudem gibt es bereits antisemitische Ausschreitungen im Land, da die Juden als Spione der Mauren verdächtigt werden. Weder der spanische Hochadel noch die tugendhafte Königin Leonore heißen die Verbindung des Königs mit Rahel gut. In einer Reichstagssitzung wird deshalb in Abwesenheit des Königs beschlossen, dass die Jüdin sterben muss. Der König jedoch lässt die Sitzung auflösen und versucht, ein klärendes Gespräch mit der Königin zu führen.
Der folgende Auszug entstammt dem 4. Akt.

Franz Grillparzer (1791–1872)
Die Jüdin von Toledo (abgeschlossen 1851)

[...]
KÖNIGIN Verzeihn ist leicht, begreifen ist viel schwerer.
    Wie es nur möglich war. Ich fass' es nicht.
KÖNIG Wir haben bis vor kurz gelebt als Kinder.
    Als solche hat man einstens uns vermählt
5   Und wir, wir lebten fort als fromme Kinder;
    Doch Kinder wachsen, nehmen zu an Jahren
    Und jedes Stufenalter der Entwicklung
    Es kündet an sich durch ein Unbehagen
    Wohl öfters eine Krankheit, die uns mahnt
10   Wir sei'n Dieselben und zugleich auch Andre
    Und Andres zieme sich im Nämlichen.
    So ist's mit unserm Innern auch bestellt,
    Es dehnt sich aus, und einen weitern Umkreis
    Beschreibt es um den alten Mittelpunkt.

2011-10

15 Solch eine Krankheit haben wir bestanden;
Und sag' ich: wir, so mein' ich, daß du selbst
Nicht unzugänglich seist dem innern Wachstum.
Laß uns die Mahnung stumpf nicht überhören!
Wir wollen künftighin als Kön'ge leben,
20 Denn, Weib, wir sind's. Uns nicht der Welt verschließen
Noch allem was da groß in ihr und gut,
Und wie die Bienen, die mit ihrer Ladung
Des Abends heim in ihre Zellen kehren,
Bereichert durch des Tages Vollgewinn
25 Uns finden in dem Kreis der Häuslichkeit,
Nun doppelt süß durch zeitliches Entbehren.
KÖNIGIN Wenn du's begehrst, ich selbst vermiss' es nicht.
KÖNIG Du wirst's vermissen dann in der Erinnrung
Wenn du erst hast woran man Werte mißt.
30 Nun aber laß Vergangnes uns vergessen!
Ich liebe nicht, daß man auf neuer Bahn
Den Weg versperre sich durch dies und das,
Durch das Gerümpel eines frühern Zustands.
Ich spreche mich von meinen Sünden los,
35 Du selbst bedarfst es nicht in deiner Reinheit.
KÖNIGIN Nicht so! nicht so! O wüßtest du mein Gatte,
Was für Gedanken, schwarz und unheilvoll
Den Weg gefunden in mein banges Herz.
KÖNIG Wohl etwa Rachsucht gar? Nun um so besser.
40 Du fühlst dann, daß Verzeihen Menschenpflicht
Und Niemand sicher ist, auch nicht der Beste.
Wir wollen uns nicht rächen und nicht strafen,
Denn jene Andre, glaub, ist ohne Schuld
Wie's die Gemeinheit ist, die eitle Schwäche,
45 Die nur nicht widersteht und sich ergibt.
Ich selber trage, ich, die ganze Schuld.
KÖNIGIN O laß mich glauben was mich hält und tröstet.
Der Mauren Volk und all was ihnen ähnlich
Geheime Künste üben sie, verruchte,
50 Mit Bildern, Zeichen, Sprüchen, bösen Tränken
Die in der Brust des Menschen Herz verkehren
Und seinen Willen machen untertan.
KÖNIG Umgeben sind wir rings von Zaubereien,
Allein wir selber sind die Zauberer.
55 Was weit entfernt bringt ein Gedanke nah,
Was wir verschmäht, scheint andrer Zeit uns hold,
Und in der Welt voll offenbarer Wunder
Sind wir das größte aller Wunder selbst.
KÖNIGIN Sie hat dein Bild.

60 KÖNIG   Sie soll es wiedergeben
Und heften will ich's sichtlich an die Wand
Und drunter schreiben für die späten Enkel:
Ein König, der an sich nicht gar so schlimm,
Hat seines Amts und seiner Pflicht vergessen.
65 Gott sei gedankt, daß er sich wiederfand.
KÖNIGIN   Allein du selber trägst an deinem Hals –
KÖNIG   Ja so! ihr Bild? Ward dir das auch schon kund?
Er nimmt das Bild mit der Kette vom Halse und legt es auf den Tisch
rechts im Vorgrunde.
70 So leg' ich es denn hin und mög' es liegen
Ein Blitz, der nicht mehr schädlich nach dem Donner.
Das Mädchen aber selbst, sie sei entfernt!
Mag dann mit einem Mann sie ihres Volks –
Von vorn nach rückwärts auf und nieder gehend, in Absätzen stehen
75 *bleibend:*
Ob das zwar nicht. – Die Weiber dieses Stamms
Sind leidlich, gut sogar. – Allein die Männer
Mit schmutz'ger Hand und engem Wuchersinn,
Ein Solcher soll das Mädchen nicht berühren.
80 Am Ende hat sie Bessern angehört –
Allein was kümmert's uns? – Ob so, ob so,
Wie nah, wie fern! – Sie mögen selber sorgen.
KÖNIGIN   Doch wirst du stark auch bleiben, Don Alfonso?
KÖNIG   *stehen bleibend:*
85 Sieh nur, du hast das Mädchen nicht gekannt.
Nimm alle Fehler dieser weiten Erde,
Die Torheit und die Eitelkeit, die Schwäche,
Die List, den Trotz, Gefallsucht, ja die Habsucht,
Vereine sie, so hast du dieses Weib.
90 Und wenn, statt Zauber, rätselhaft du's nennst,
Daß jemals sie gefiel, so stimm' ich ein
Und schämte mich, wär's nicht natürlich wieder.
Er geht auf und nieder.
KÖNIGIN   O nicht natürlich, glaube mir mein Gatte.
95 KÖNIG   *stehen bleibend:*
Ein Zauber endlich ist. Er heißt Gewohnheit,
Der Anfangs nicht bestimmt, doch später festhält,
Von dem was störend, widrig im Beginn,
Abstreift den Eindruck, der uns Unwillkommen,
100 Das Fortgesetzte steigert zum Bedürfnis.
Ist's leiblich doch auch anders nicht bestellt.
Die Kette, die ich trug – und die nun liegt,
Auf immer abgetan – so Hals als Brust
Sie haben an den Eindruck sich gewöhnt

105 *Sich schüttelnd:*
Und fröstelnd geht's mir durch die leeren Räume.
Ich will mir eine andre Kette wählen,
Der Körper scherzt nicht, wenn er warnend mahnt.
Und damit nun genug!
110 Doch daß Ihr blutig
Euch rächen wolltet an der armen Törin,
Das war nicht gut.
Zum Tische tretend. Denn sieh nur diese Augen –
Nun ja, die Augen! – Körper, Hals und Wuchs
115 Das hat Gott wahrlich meisterhaft gefügt;
Sie selber machte später sich zum Zerrbild.
Laß Gottes Werk in ihr uns denn verehren
Und nicht zerstören was er weise schuf.
KÖNIGIN Berühr es nicht!
120 KÖNIG Schon wieder denn der Unsinn!
Und wenn ich's nehme wirklich in die Hand
Er hat das Bild auf die Hand gelegt.
Bin ich ein Andrer drum? Schling' ich die Kette
Aus Scherz, um dein zu spotten, um den Hals
125 *Er tut's.*
Das Bild, das dich erschreckt, im Busen bergend,
Bin minder ich Alfonso, der es einsieht
Daß er gefehlt und der den Fehl verdammt?
Drum sei's des Unsinns endlich doch genug.
130 *Er entfernt sich vom Tische.*
KÖNIGIN Allein –
KÖNIG *wild nach ihr hinblickend:*
Was ist?
KÖNIGIN O Gott im Himmel!
135 KÖNIG Erschrick nicht gutes Weib. Doch sei vernünftig
Und wiederhole mir nicht stets dasselbe,
Es mahnt zuletzt mich an den Unterschied.

Orthographie entsprechend der Werkausgabe von 1987

Hinweise und Tipps

- *Die Aufgabenstellung ist **zweigeteilt:** Zuerst soll der Dramenausschnitt erschlossen und interpretiert werden. Die Auseinandersetzung mit dem Motiv der Untreue schließt sich in einem eigenen Punkt an.*
- *Die Operatoren lauten „**erschließen**" und „**interpretieren**". Sie können also sowohl die **Analyseinstrumente,** die für eine Erschließung des Textes und für die Interpretation gewählt werden, als auch die Reihenfolge **selbst bestimmen.** Allerdings werden die bekannten Aspekte wie **Inhalt und Aufbau, dramaturgische** (Redeanteile, Regieanweisungen, Bewegungen im Raum, Requisiten) und **sprachlichstilistische Mittel** sowie die **Dialoganalyse** im Mittelpunkt der Untersuchung stehen müssen. Zu überlegen ist dabei, die sprachlich-stilistischen Beobachtungen in die Analyse der Gesprächsstrategien zu integrieren.*
- *Der **Hauptakzent** der Interpretation sollte auf diesen **Gesprächsstrategien** liegen. Hierbei geht es um die Art und Weise, wie die Dialogpartner ihre Ziele zu erreichen suchen.*
- *Die **Erweiterungsaufgabe** ist auf ein Werk bezogen. Dabei gibt es weder eine Gattungs- noch eine Epochenbegrenzung, d. h. dass neben dem Drama auch Gedichte (die sich allerdings nicht unbedingt anbieten) und epische Texte verwendet werden dürfen. Darüber hinaus ist es kein Problem, einen Text heranzuziehen, der etwa zur gleichen Zeit entstanden ist. Achten sollten Sie aber auf die Formulierung „dargestellt". Es geht demnach **nicht nur** um einen **inhaltlichen Vergleich,** sondern auch um die Frage, mit welchen literarischen **Gestaltungsmöglichkeiten** in dem Vergleichswerk gearbeitet wird. Bei der hier vorliegenden Themenstellung bietet sich z. B. Büchners „Woyzeck" an.*

Gliederung

A   Die Epoche des Biedermeier

B   Erschließung und Interpretation des Szenenausschnitts aus Grillparzers Drama *Die Jüdin von Toledo* und Vergleich mit Büchners *Woyzeck*

   I.   Inhalt und Aufbau: Gescheiterter Versöhnungsversuch

   II.   Dramaturgische Mittel

   III.   Gesprächsstrategien der beiden Figuren und sprachlich-stilistische Gestaltung

   IV.   Zusammenfassende Deutung

   V.   Büchners Woyzeck und Marie: fehlende Selbstbestimmung

C   Untreue als zeitloses Thema

Lösungsvorschlag

Die erste Hälfte des 19. Jahrhunderts ist die Zeit der **Restauration**. Nach dem A
Wiener Kongress geht es den europäischen Großmächten vor allem um die
Wiederherstellung der absolutistischen Herrschaft, auch wenn die Spuren, die
die Französische Revolution und die Aufklärung hinterlassen haben, nicht
ganz ausgelöscht werden können. Die liberalen und die nationalen Bewegungen werden aber zurückgedrängt, wenn nötig mit harten Maßnahmen.
Vor diesem Hintergrund entwickeln sich zwei gegensätzliche Richtungen in
Kunst und Literatur: Politisch engagierte Autoren kämpfen vehement für
bürgerliche Freiheitsrechte und für die Einigung Deutschlands. Dafür ris-
kieren sie, im Gefängnis zu landen. Georg Büchner, der sich einer Strafe
durch Flucht entzog, ist nur ein Beispiel für die Gruppierungen, die als
„**Vormärz**" oder als „Junges Deutschland" bezeichnet werden.
Auf der anderen Seite stehen die Vertreter des **Biedermeier**, die als Reaktion
auf Zensur und Unterdrückung den Rückzug ins Private antreten und – an
Klassik und Romantik anknüpfend – die psychologische Selbstbeobachtung
sowie die Auseinandersetzung mit **Idealen und Werten** in den Mittelpunkt
des künstlerischen Schaffens stellen. Der Österreicher Franz Grillparzer kann
dieser literarischen Strömung zugeordnet werden. Obwohl die „Jüdin von
Toledo" einen historisch-politischen Hintergrund aufweist, geht es in erster
Linie um die Frage, wie das Herrscherpaar mit der Untreue des Königs
umgeht und welche Auswirkungen diese Verfehlung auf die Beziehung der
beiden hat.

Der spanische König Alfonso, der um 1195 über Spanien herrscht, hat sich in B
die Jüdin Rahel verliebt und damit nach Ansicht des Reichstags die Sicherheit
des Landes gefährdet. Deshalb soll Rahel sterben. Dies will Alfonso unbedingt verhindern, denn offensichtlich liebt er diese Frau. Neben der Auflösung des Reichstags ist das vorliegende Gespräch mit seiner Gattin, der
Königin Leonore, ein weiterer Versuch, das Unheil abzuwenden. Dieses
Bemühen, das zunächst von einer klugen Strategie bestimmt ist, dann aber die
emotionale Betroffenheit des Königs offenlegt, führt allerdings hier nicht zum
Erfolg. König Alfonso kann seine Gattin nicht davon überzeugen, dass er sich
wirklich von der Jüdin distanzieren will, denn am Ende kann er weder vor ihr
noch vor sich selbst seine Gefühle für Rahel verbergen.

Der Szenenausschnitt lässt sich in vier **Abschnitte** gliedern: In den ersten bei- I.
den Teilen (Z. 1–46 und 47–73) präsentiert sich ein König, der seiner Dialog-
partnerin entgegenkommt und der seine Schuld eingesteht. Im dritten Teil
(Z. 74–109) tritt dann allerdings zutage, dass er emotional immer noch an
Rahel hängt. Schließlich geht er sogar soweit, die Distanzierung von der
Geliebten wieder zurückzunehmen und die Szene zu verlassen, ohne dass der
Konflikt gelöst worden ist (Z. 110–137).

Die Königin eröffnet den **ersten Teil des Gesprächs (Z. 1–46)** mit dem Hinweis, dass es ihr um das Verstehen geht. Sie möchte wissen, was Alfonso in die Arme dieser anderen Frau getrieben hat. In einer ersten langen Replik versucht der König daraufhin, die Situation zu entschärfen, indem er ein klares Schuldbekenntnis abliefert. Dieses Bekenntnis wird begleitet von einer ausführlichen, fast schon entwicklungspsychologischen Theorie: Weil er und Leonore bereits im Kindesalter die Ehe geschlossen hätten, könnten Krisen wie die gegenwärtige seiner Meinung nach gar nicht ausbleiben. Die unterschiedliche äußere und innere Entwicklung könne zu Störungen führen, die aber auch als Chance begriffen werden müssten, erwachsener daraus hervorzugehen. Alfonso möchte seinen Seitensprung als abgeschlossene Episode sehen und blickt in eine ruhige Zukunft, die von den Aufgaben des Herrscherpaares und einer häuslichen Gemeinsamkeit bestimmt sein soll. Gleichzeitig möchte er sowohl Rahel als auch sich selbst die Absolution erteilen. Die Königin, die seine Überlegungen kritisch kommentiert, lässt dann aber im Gegenzug durchblicken, dass sie durchaus Gedanken der Rache in sich trägt. Alfonso appelliert entschieden an die Humanität seiner Frau. Rahel spricht er von jeder Schuld frei, indem er den Fehltritt ganz allein als sein Versagen bezeichnet.

Im **zweiten Teil des Gesprächs (Z. 47–73)** sucht nun die Königin ihrerseits nach einer Erklärung für das Verhalten ihres Mannes. Für sie spielen mysteriöse Zauberkräfte der spanischen Feinde, der Mauren, eine große Rolle. Dies weist der König zurück, denn er ist der Überzeugung, dass solche Deutungen nur Projektionen sind und dass man die Gründe für das eigene Verhalten immer in sich selbst suchen müsse. Leonore geht auf diesen Gedanken gar nicht ein; sie wechselt unvermittelt das Thema und spricht die Porträts an, die ihr Gatte und seine Geliebte offenbar ausgetauscht haben. Auch hier merkt man, dass Alfonso zunächst um eine Entschärfung des Konflikts bemüht ist. Er verspricht, dass er sein Bild von Rahel zurückverlangen und als Mahnung für sein Fehlverhalten ausstellen werde. Gleichzeitig legt er das Medaillon mit dem Bildnis der Jüdin, das er um den Hals trägt, ohne Umstände ab und demonstriert damit nach außen hin das Ende der Affäre.

Dass diese zur Schau gestellte Haltung nicht unbedingt mit den inneren Gefühlen des Königs übereinstimmt, wird allerdings im **nächsten Abschnitt** deutlich, der seine anhaltende Verbundenheit mit Rahel zum Leitthema hat **(Z. 74–104)**. Der König zweifelt in dem Augenblick an der Trennung von Rahel, als er darüber nachdenkt, wie deren Zukunft aussehen könnte. Sie werde, sinniert Alfonso, nachdem sie sich von ihm trennen muss, einen Partner aus ihrem eigenen sozialen Umfeld zugesprochen bekommen. Da der König zumindest die Männer der Juden sehr kritisch sieht, mag er sich nicht so recht mit diesem Gedanken anfreunden. Die Königin ist sich vielleicht auch deshalb nicht sicher, ob die oben gemachten Erklärungen ihres Ehemanns Bestand haben werden. Das führt sie wieder zur Annahme, dass Zauberei im Spiel sein müsse. Alfonso weist dies zwar erneut zurück, es wird aber immer deutlicher, dass er doch noch in Rahel verliebt ist. Um sich nicht noch länger damit beschäftigen zu müssen, wechselt nun er an dieser Stelle abrupt das Thema.

Im abschließenden **vierten Teil des Gesprächs** endet die angedeutete Lösung des Konflikts ohne Ergebnis (**Z. 110 – 137**). Auf die Aufforderung des Königs, die Nebenbuhlerin unangetastet zu lassen, droht die Königin ihrem Mann nachdrücklich. Alfonso tadelt jetzt seine Frau und provoziert sie immens, indem er sich Rahels Medaillon wieder umhängt und seiner Frau klar vor Augen führt, dass sie nicht zu weit gehen dürfe.

Das Gespräch ist **asymmetrisch** angelegt: Die **Sprechanteile** liegen quantitativ – und in gewissem Sinne auch qualitativ – überwiegend beim König. In der Regel führt er das Wort, seine Gesprächspartnerin artikuliert ihre Einwände mit knappen Worten, die oft mehr andeuten als argumentativ ausformulieren. Zunächst meint man zwar, dass sie in der besseren Position und deshalb ihrem Ehemann überlegen sei – bei genauerer Betrachtung und mit Fortschreiten des Gesprächs wird jedoch erkennbar, dass sie ihm gegenüber letztlich wenig ausrichten kann.

Auch ist es ausschließlich der König, der in seinen Äußerungen eine zusammenhängende **Argumentationskette** aufbaut. Zunächst will er sich vor allem für sein Verhalten rechtfertigen und dabei sein Gegenüber besänftigen. Je weiter das Gespräch fortschreitet, umso überlegener erscheint er. Alfonso unterzieht in **monologhaften Sequenzen** sein eigenes Verhalten einer kritischen Reflexion, so zum Beispiel, als er vorschlägt, sein Medaillon von der Geliebten zurückzufordern, um es als Mahnung an die Nachkommen zu konservieren.

Das zentrale **Requisit** der Szene ist das Medaillon der „Jüdin von Toledo", das der König erst als Zeichen seiner Reue ablegt, dann aber wieder an sich nimmt und so symbolhaft die Beziehung zu Rahel – vor den Augen seiner Frau! – unter Beweis stellt. Er ist in der Tat hin- und hergerissen zwischen den beiden Frauen bzw. zwischen seiner Liebe zu Rahel und den Staatsaufgaben. Diese Gespaltenheit drückt sich durch seine **unruhige Bewegung** aus (vgl. Grillparzers **Regieanweisungen** ab Z. 74). Er geht auf und ab, bleibt aber auch wieder unvermittelt stehen und macht damit unbewusst seine Angespanntheit sichtbar. Die „wilden" **Blicke** des Königs (vgl. Z. 132) sind eine deutliche Warnung an Leonore, dass sie seine Entscheidung akzeptieren muss. Gleichzeitig führt Grillparzer mit dieser Regieanweisung auch den steigernden Aufbau der Szene vor Augen, der mit der versöhnlichen Erinnerung an die ersten Ehejahre beginnt und mit destruktiven Gefühlsausbrüchen endet.

Im vorliegenden Szenenausschnitt geht es zentral um den Versuch König Alfonsos, die Gefahr zu bannen, dass seine Geliebte Rahel, wie es der Reichstag eigentlich beschlossen hat, verurteilt und hingerichtet wird. Er möchte, soweit man das aus diesem kurzen Dialog schließen kann, seine Ehefrau davon überzeugen, dass die Beziehung zu Ende sei und die Jüdin keinerlei Schuld treffe. Deshalb könne es nur den Freispruch für sie geben. Es ist nun interessant zu beobachten, dass Alfonso nicht durchgehend an dieser Strategie festhält, sondern sehr wechselhaft argumentiert und schließlich das Gespräch sogar abbricht, weil er die Königin nicht überzeugen konnte. Aber nicht nur der König verfolgt eine Strategie, sondern auch die Königin, die vor allem darauf abzielt, die Beziehung zu retten.

Bei der folgenden Untersuchung der **Gesprächsstrategien** der beiden Figuren bietet es sich an, die **sprachlich-stilistische Gestaltung** der Szene zu integrieren, da ja gerade in der Sprache die Strategie besonders klar zum Ausdruck kommt.

Der **König** legt während des gesamten Gesprächs eine **ambivalente Haltung** an den Tag, die auch seine **rhetorische Taktik** bestimmt: Einerseits gesteht er unumwunden sein Fehlverhalten und versucht dafür ausführlich nach Erklärungen. Andererseits besteht er darauf, dass seine Untreue nicht als besonders schlimm gewertet werden dürfe. Am Ende des Gesprächs beschuldigt er sogar die Königin, falsch zu reagieren. Sein Sprachhandeln ab Z. 76 wird immer mehr zum Selbstgespräch. Schließlich beendet er sogar den Versuch, die Königin zu überzeugen, und geht zum Angriff über. Dieser Umschwung wird auch durch die optische Gestaltung des Textes – der Vers ist auf zwei Zeilen aufgeteilt – deutlich angezeigt (vgl. Z. 109 f.).

Am Anfang des Textausschnitts bietet der König zunächst noch umfangreiche und umständliche Erklärungen für seinen Fehltritt an, der als Folge der (zu) frühen Verheiratung gesehen wird. In **langen, verschachtelten Sätzen** (vgl. Z. 4 ff.) entwirft er ein Bild von Heranwachsenden, die zwar die gleichen bleiben, aber „Stufenalter der Entwicklung" (Z. 7) durchschreiten und sich dadurch auch immer wieder verändern. Durch den **Vergleich** des Paares mit „fromme[n] Kinder[n]" (Z. 5), die eine „Krankheit" (Z. 9, 15) hatten, erweckt Alfonso den Eindruck, dass seine Untreue nichts anderes gewesen sein kann als Ausdruck eines schmerzhaften, aber auch natürlichen Erwachsenwerdens. Nimmt man noch den Vergleich des künftigen Herrscherpaares mit fleißigen „Bienen" hinzu, die „[d]es Abends heim in ihre Zellen kehren" (Z. 22 f.), dann kann man sagen, dass der König hier eine **bildhafte Umschreibung** eines sehr abstrakten Geschehens anbietet und damit deutlich von seiner individuellen Schuld ablenkt. Auch geht Alfonso durch die Einbeziehung der Königin strategisch geschickt vor: Indem er für beide eine gemeinsame Zukunft im Dienst des Staats in Aussicht stellt, appelliert er an ihre Pflichtauffassung.

Gekrönt wird die Strategie der Ablenkung durch den Hang zu **Sentenzen und Floskeln**, die kaum eine Gegenargumentation zulassen. „[L]aß Vergangnes uns vergessen!" (Z. 30), ruft er (in Form einer Alliteration) aus und lehnt damit gleichzeitig das Ansinnen der Königin ab, die ja zu Beginn sagt, dass sie „begreifen" (Z. 1) wolle, was geschehen sei. Für den König erscheint das gar nicht möglich, denn das Vorgefallene ist für ihn nur „Gerümpel" (Z. 33). Dieses **Bild** assoziiert einen undurchdringlichen Zustand, der sowieso nicht verstanden werden kann und deshalb einfach weggeräumt werden muss. Besonders dreist erscheint dann die Absolution, die Alfonso sich selbst erteilt (vgl. Z. 34).

Trotz dieser oben dargestellten ‚Vernebelungsstrategie' durch Abstrahierung gesteht der König die gemachten Fehler unumwunden ein und spricht zunächst seine Gemahlin und auch seine Geliebte von jeder Mitschuld frei (z. B. Z. 35, 43). Die Selbstbeschuldigung wird in Z. 46 rhetorisch unterstrichen durch die **Wiederholung des Personalpronomens** „Ich" in Form einer **Parenthese**, die den Satzfluss deutlich unterbricht und die Verantwortung somit ganz eindeutig klärt.

Besonders auffällig ist die **Aufzählung** der negativen Eigenschaften Rahels, die an die *Sieben Todsünden* erinnern mögen (vgl. Z. 87 ff.) – schlechter kann man eine Person nicht machen, als Alfonso es in diesem Beispiel tut. Ihr werden „alle Fehler dieser weiten Erde" nachgesagt (Z. 86 ff.). Dass er auf diese „Schwäche" des Weibes (ebd.) hereingefallen ist, scheint ihn selbst zu verwundern. Allerdings deutet sich im Folgenden auch die andere Seite an. Kurz vorher werden die ersten Zweifel fassbar, die den König befallen, als er mit eindeutig antisemitischen Äußerungen das Volk der Juden charakterisiert. Für ihn sind jüdische Männer schmutzige und verbrecherische Geldverleiher (vgl. Z. 78), deshalb möchte er nicht, dass sie Rahel nahekommen. Zunächst wird dieser Zweifel aber noch durch eine **rhetorische Frage** beiseitegeschoben: „Allein was kümmert's uns?", überlegt Alfonso und antwortet gleich selbst darauf: „Ob so, ob so, […] Sie mögen selber sorgen." (Z. 81 f.)

Doch nach seiner **Auflistung** der negativen Charaktereigenschaften besinnt er sich und spürt immer intensiver, wie sehr er Rahel doch noch liebt. Zunächst bewertet er seine Beziehung zu ihr nur als „Gewohnheit" (Z. 96), dann aber zählt er ihre körperlichen Vorzüge auf, die pathetisch als göttliche Leistung beschrieben (vgl. Z. 113 ff.) und deshalb von beiden, also von Alfonso und sogar von Leonore (!), „verehr[t]" werden sollen (Z. 117). Nachdem die Königin auf diese Wendung des Gesprächs mit Bestürzung reagiert, ändert Alfonso seine Strategie endgültig. Nicht mehr Entgegenkommen und Schuldeingeständnis stehen im Vordergrund, sondern ein provozierender Angriff auf seine Frau. Mit einer Reihe von **Anschuldigungen** in **Frageform** (vgl. Z. 123 ff.) greift er das Verhalten der Königin scharf an und wirft ihr zweimal vor, dass sie „Unsinn" verbreite (Z. 120, 129). Mit der **Drohung**, dass sie nicht immer wieder das Gleiche sagen solle, lässt er sie schließlich stehen. Die **Inversion** in der letzten Zeile stellt heraus, was der König offensichtlich selbst gerade zu begreifen lernt: Es gibt einen „Unterschied" zwischen den beiden Frauen (der wohl eindeutig für Rahel sprechen dürfte).

Während der König also im Dialog seine anfängliche Strategie der Deeskalation verändert und seine Zurückhaltung aufgibt, kann die **Haltung der Königin** als **gleichbleibend** beschrieben werden. Sie versteht ihren Mann nicht und weist deshalb seine Argumente immer wieder zurück. Ihre Sprache ist von kurzen, teilweise elliptischen (vgl. Z. 66, 94) Sätzen geprägt, die von Bestimmtheit zeugen. Die wortreichen Erklärungen ihres Mannes kontert sie mit klaren Aussagen, die von **Ausrufen** begleitet werden (z. B. Z. 36). Sie entfaltet eine eigene Deutung für die Untreue Alfonsos – die angeblichen

Verführungskünste der Mauren werden **asyndetisch** gereiht: „Mit Bildern, Zeichen, Sprüchen, bösen Tränken" (Z. 50) sei der König demnach verzaubert und willenlos gemacht worden. Die **Inversionen** an dieser Textstelle belegen, dass sie buchstäblich mühevoll um Rechtfertigungen ringt. Sie möchte ganz offensichtlich den Betrug ihres Mannes so erklären, dass er für sie nachvollziehbar wird und damit ihre Ehe nicht weiter belastet. Erst als sie erkennen muss, dass Alfonso am Medaillon (und damit an Rahel) festhält, gerät sie aus der Fassung. Sie versucht händeringend das Gespräch aufrechtzuerhalten, aber der König unterbricht ihren Einwand schroff (vgl. Z. 133), sodass ihr am Ende nur der verzweifelte **Ausruf** „O Gott im Himmel!" (Z. 134) bleibt – das Eingeständnis, dass sie ihr Ziel nicht erreicht hat.
Betrachtet man den **Stil** des Szenenausschnitts insgesamt, fallen das **gehobene Sprachniveau** und der **Blankvers** ins Auge. Hier spiegelt sich das klassische Kunstverständnis des Biedermeier wider.

Die besondere Verantwortung des Königs gegenüber Staat und Gesellschaft IV. sowie gegenüber seiner Ehefrau wird im ersten Teil des Gesprächs mehrfach angesprochen. Bei genauerer Betrachtung werden aber auch die Brüche in dieser Beziehung sichtbar. Alfonso kann sich von seiner emotionalen Verbundenheit zur Jüdin von Toledo nicht lösen. Er hat sich vermutlich nur selbst etwas vorgemacht, als er vorgab, dass er die Affäre beenden wolle. Der Konflikt zwischen Staatsräson und Ehepflicht auf der einen und den individuellen Wünschen auf der anderen Seite kann nicht überwunden werden. Das klassische Menschenbild, das von einem harmonischen Individuum und dem hilfreichen vernünftigen Gespräch – wie z. B. in Goethes *Iphigenie auf Tauris* – ausgeht, ist demnach also gescheitert.

Grillparzer hat dieses Scheitern noch in einer traditionellen Dramenform dar- V. gestellt. Knapp zwanzig Jahre vor ihm findet sich in der deutschen Literatur eine **Geschichte der Untreue**, die nicht nur dem Inhalt nach mit der Klassik bricht, sondern auch formell: **Georg Büchners *Woyzeck*.**
Franz Woyzeck ist ein einfacher Soldat, der mit der schönen Marie zusammenlebt; die beiden haben ein gemeinsames Kind. Mit aller Kraft versucht er, seine kleine Familie über Wasser zu halten: Neben seinem Dienst als Soldat stellt sich Woyzeck z. B. für medizinische Experimente eines ehrgeizigen Militärarztes zur Verfügung. Von der Gesellschaft missachtet und verspottet, tritt er von Anfang an als eine äußerlich rastlose und innerlich zerrissene Figur auf. Es zeigen sich deutliche Spuren **körperlicher und psychischer Zerstörung**, die sich auch auf seine Beziehung zu Marie auswirken. Als er schließlich erfährt, dass seine Lebensgefährtin ein Verhältnis mit dem sozial höher gestellten Tambourmajor anfängt, gibt es für ihn **keinen vernünftigen Ausweg** mehr: Er ersticht Marie bei einem gemeinsamen Spaziergang. Die Tat wird bald entdeckt, allerdings bleibt das Ende des Dramas offen.

Betrachtet man nun die Untreue als Thema beider Dramen, fällt als Erstes auf, dass der soziale Hintergrund der Figuren gänzlich verschieden ist: In Grillparzers Werk spielt sich die Untreue in der obersten Schicht der Gesellschaft ab; und soweit man das aus dem Textauszug herauslesen kann, ist die Tatsache des Ehebruchs eigentlich auch kein unüberwindbares Problem des Königpaares. Leonore will nur verstehen, was passiert ist, und Alfonso ist zunächst dazu bereit, sich mit seiner Frau auszusöhnen. Man erahnt auch, dass die Beziehung zur Jüdin Rahel eher ein politisches als ein persönliches Problem darstellt.

Ganz anders ist es bei Büchners *Woyzeck*: Das Paar Franz und Marie gehört zur **Unterschicht**, Woyzeck wird von seinem sozialen Umfeld benutzt und ausgebeutet, sodass ein selbstbestimmtes Leben gar nicht möglich ist. Er ist macht- und rechtlos und deshalb nicht in der Lage, sich gegen die Unterdrückung zu wehren. Woyzeck denkt **nicht rational** über Maries Betrug nach. Andeutungen des Hauptmanns und des Doktors über deren Untreue und auch eigene Beobachtungen lassen ihn Verdacht schöpfen, aber es kommt nie zu einer Aussprache zwischen den beiden. Der Tambourmajor hat Marie Ohrringe geschenkt, die Woyzeck eines Tages bei ihr entdeckt. Woyzeck zweifelt zwar an der Aussage Maries, dass sie die Schmuckstücke gefunden habe, doch als Marie vorwurfsvoll fragt, ob sie denn vielleicht eine Hure sei, wird sofort das Thema gewechselt.

Diese charakteristische Verhaltensweise steht im deutlichen Gegensatz zu Alfonso und Leonore in Grillparzers Drama. Auch hier gibt es einen symbolischen Gegenstand, der den Ehebruch versinnbildlicht – das Medaillon. Freilich liegt hier der Fall für beide klar auf der Hand, umso wichtiger ist der Unterschied im Verhalten. Das Ehepaar tritt in einen Dialog ein, der darauf angelegt ist, die Situation zu klären und zu einem Ergebnis zu kommen. Auch bei Grillparzer ist die Geliebte gefährdet, aber es ist doch eindeutig eine Gefährdung durch die Machtinteressen des Reichstags, die der König durch seine Redestrategie entschärfen will. Die eingesetzte Rhetorik soll Rahel verteidigen, bei Büchner sind es die krankhaft verworrenen Gedankensprünge Woyzecks, die letztlich zu Maries Tod führen. Zwar kann der Kauf des Messers als Vorbereitung der Tat gedeutet werden, jedoch gibt es keine einzige Szene im Drama, in der Woyzeck seine Entscheidung in vernünftigen Worten abwägt. Seine Tat wirkt dann auch wie ein **Mordrausch**, in dem er jede Kontrolle verliert. Die Gesellschaft hat Woyzeck vorher schon zerstört und so zerstört er nun das Einzige, was ihm im Leben von Bedeutung gewesen ist.

All dies hat Büchner in einer dezidiert **antiklassischen Sprache** dargestellt. Die Figuren, vor allem Woyzeck, sprechen in ungebundener Sprache, in unfertigen Sätzen und teilweise im Dialekt. Damit macht Büchner auch formal deutlich, dass ihnen der vernünftige Diskurs, das Abwägen und rhetorisches Überlegen nicht zu Gebote stehen, sondern dass sie **Getriebene ihres Schicksals** sind. Dem *Wollen* bei Grillparzer steht bei Büchner ein *Müssen* gegenüber.

Es gibt vielleicht kaum ein Thema in der Literatur, das in solcher Regelmäßigkeit aufgegriffen wird wie das **Thema Untreue**. Allein das 19. Jahrhundert hält gleich mehrere Meisterwerke parat: *Madame Bovary* von Flaubert, *Anna Karenina* von Tolstoi und *Effi Briest* von Fontane stehen beispielhaft dafür. Immer geht es dabei um die Frage, wie die Figuren im Spannungsfeld zwischen Individuum und Gesellschaft mit dem Ehebruch umgehen.

Für die Frauen geht es übrigens selten gut aus. So stirbt z. B. Fontanes Effi, nachdem sie von ihrem Mann verstoßen und erst nach langer Zeit von ihren Eltern wieder aufgenommen wurde, sehr früh als Opfer des „tyrannisierenden Gesellschafts-Etwas", von dem ihr Mann im wichtigsten Dialog des Romans einmal spricht. Es geht also nicht nur um die Frage, wie Untreue individuell bewertet wird, sondern immer auch darum, wie es eine **Gesellschaft mit** ihren moralischen Werten und Normen hält und welche Dilemmata dabei zu behandeln sind.

> ## Deutsch (Bayern G8) – Abiturprüfung 2011:
> ## Aufgabe 3: Erschließen eines poetischen Textes

a) Erschließen und interpretieren Sie den abgedruckten Beginn von Michael Kumpfmüllers Roman *Hampels Fluchten!* Gehen Sie dabei auch auf die Gestaltung des Protagonisten ein!

b) Zeigen Sie ausgehend von Ihren Ergebnissen vergleichend auf, wie der Versuch eines Neuanfangs in einem anderen literarischen Werk gestaltet wird!

Vorbemerkung

Der Roman setzt 1962 mit dem Grenzübertritt des Protagonisten Heinrich Hampel in die DDR ein und beleuchtet von diesem Ereignis aus abwechselnd einerseits Hampels Vergangenheit bis 1962, andererseits seinen weiteren Lebenslauf in der DDR bis zu seinem dortigen Scheitern.

Michael Kumpfmüller (*1961)
Hampels Fluchten (2000)

1

An einem Dienstag im März ging Heinrich bei Herleshausen-Wartha über die Grenze. Das glaubt einem ja auf Anhieb keiner, dass ein Dreißigjähriger im Frühjahr neunzehnhundertzweiundsechzig mit nichts als einem Rucksack voll Wäsche und einer Flasche Whisky über die Grenze geht und an Frau und Kinder nicht denkt und
5 erklärt, er möchte ein Bürger werden der Deutschen Demokratischen Republik in ihrem dreizehnten Jahr, und warum das so ist, muss in allen Einzelheiten vorläufig niemand erfahren.

Er hatte keinen genauen Plan, als er damals Richtung Grenze fuhr, bis zum Bahnhof in Fulda mit dem neuen *Citroën,* dann weiter mit dem Zug über Bebra bis kurz
10 vor Herleshausen, an seinen Händen war noch der Geruch der Geliebten. An sie vor allem wird er gedacht haben, als er die letzten zwei, drei Kilometer abseits der Landstraße durch Felder, Wiesen, Waldstücke ging, aber vielleicht hatte er sie da ja schon vergessen und lauschte nur noch seinen Schritten auf dem feuchten, erdigen Boden, erschrak, wenn ein Passant seinen Weg kreuzte, begann ein bisschen zu schwitzen in
15 seinem Anzug mit Weste und Hut und den weißen Schuhen, mit denen er sicher eine seltsame Figur abgab in der ländlichen Gegend, und also grüßte er nicht, wenn er gegrüßt wurde, sah nur immer die paar Meter, die vor ihm lagen, machte endlich eine Pause unter dem Dach einer Bushaltestelle und wusste, hier an der Bushaltestelle am Ortseingang von Herleshausen musste sich die Sache entscheiden.
20 Anfangs war nur ein großes Durcheinander in seinem Kopf: die Gerüche der Geliebten (Marga war ihr Name), die Angst vor den Gläubigern, die Erleichterung, dass er ihnen entkommen war, der Gedanke an Rosa, die Betrogene, die zurückblieb mit den

beiden Kindern, das alles lärmte und flimmerte durch seinen Kopf. Mindestens eine
Stunde saß er damals an dieser Bushaltestelle und dachte an sein Leben, die Frauen,
25 die da waren und noch kommen würden, die Betten, die er mit ihnen geteilt hatte,
seinen Anfang und sein Ende als Geschäftsmann, seine Reisen, seine Besäufnisse,
die Jahre in der Sowjetunion,[1] die Krankheit des Vaters, den frühen Tod der Mutter
und noch einmal die Geliebten in alphabetischer Reihenfolge, die da hießen mit
Namen Anna, Bella, Dora, Gerda, Ljusja, Marga, Rosa und Wanda und die er unter-
30 schied nach ihren Gesängen, wenn sie bei ihm lagen, ihren Muttermalen an verschiedenen Stellen.

Eine Stunde saß er so und wartete, und als der Sturm in seinem Kopf vorüber war
und er sich leer und entschlossen fühlte, stand er auf und ging von der Bushaltestelle
über die Straße in einen Gasthof, wo er von einer jungen Kellnerin bedient wurde und
35 zum Abschied ein großes Frühstück bestellte, denn bei Marga am frühen Morgen
hatte er nichts gegessen.

Weil die Kellnerin nicht viel zu tun hatte, fragte sie ihn gleich, ob er aus der Gegend sei und ob er die neuen Grenzanlagen[2] schon gesehen habe, aber er war ja auf der
Durchreise, und die neuen Grenzanlagen kannte er nur aus dem Fernsehen. Schreck-
40 lich, sagte die Kellnerin, und dass sie persönlich dort drüben nicht leben möchte,
lieber würde sie sich aufhängen.

Und wenn er ihr nun sagt, dass er noch in den nächsten Stunden für immer nach
drüben geht, weil er sich dort nicht aufhängen muss, aber hier im Westen musste
er's?

45 Darüber soll er nun wirklich lieber keine Scherze machen auf Kosten der armen
Schweine, die im Osten sind und keine andere Wahl haben, sagte die Kellnerin, und
obwohl sie danach immer wieder verstohlen zu ihm herübersah und ein Auge auf ihn
hatte und wie er da in seinen weißen Schuhen und dem Anzug am Tisch saß, schien
sie ihm seine Bemerkung ernsthaft übelzunehmen. Mein Vater hat vor Jahren in
50 Thüringen ein Haus gebaut, da möchte ich gerne leben, sagte Heinrich, als sie nach
einer Weile die Rechnung brachte, und da stutzte sie einen Moment und sah ihn an,
als musste sie sich bei Heinrich entschuldigen, der aber stand auf und ging und war
schon fort in Richtung Grenze.

Als er am Abend zuvor zum zweiten Mal vor Margas Haustür stand, zögerte er. Er
55 war noch immer ein paar Minuten zu früh und sah das Licht in ihrem Fenster im
zweiten Stock, und als er versuchte, sich an sie zu erinnern, fiel ihm ein, wie schmal
sie gewesen war und wie vorsichtig. Wahrscheinlich schämte sie sich noch immer für
die Geschichte damals bei ihm im Laden, und also bat sie ihn am Telefon um zwei
Stunden, und erst nach Ablauf der zwei Stunden durfte er sie besuchen.

60 Obwohl er ein paar Minuten über die verabredete Zeit hatte warten wollen, war es
Punkt acht, als er aus einer Telefonzelle in ihrer Straße noch einmal anrief, und weil
ihre Stimme auf einmal ganz freundlich klang, lief oder vielmehr sprang er zu ihr die
Treppen hinauf in den zweiten Stock, erkannte sie und gab ihr die Hand wie einer
Fremden. Ja, sagte Heinrich und ließ sich von ihr durch eine sparsam möblierte
65 Wohnung führen, im Badezimmer und auf dem Couchtisch und in der Schlafkammer
sah er gleich die Spuren eines anderen Mannes, aber der war zum Glück nicht zu

Hause oder blieb nur manchmal für eine Nacht und einen Morgen, kannte ihre spitzen, knochigen Stellen, hatte gelernt, sich nicht daran zu stoßen.

Marga war nicht sehr verändert seit dem letzten Mal, dem ersten. Ihre Augen, auf die er sich wieder besann, als sie vor ihm stand, kamen ihm auch diesmal sehr schmal und ungewöhnlich klein vor, und die Haare trug sie jetzt kurz und ein dunkelblaues Kleid bis übers Knie, das durfte ihm womöglich gefallen. Wenn sie in den letzten zwei Stunden nicht allein gewesen ist, dachte Heinrich, so lässt sie es sich jedenfalls nicht anmerken oder hat die Spuren gut verwischt, aber die Pfeife und den Rasier-pinsel und den Schlafanzug lässt sie zu meiner Ermahnung offen liegen. Sie hatte etwas zum Abendessen vorbereitet und in der Küche für zwei Personen den Tisch gedeckt, und da saßen sie nun und redeten, vielleicht war's ja ein Bruder, der aus beruflichen Gründen von Zeit zu Zeit in die Stadt musste und bei der Schwester ein billiges Quartier fand, also das beschäftigte ihn, und ob sie nun alleine lebte oder mit einem anderen, nur das konnte er sie ja nicht einfach fragen.

Ich bin am Ende, sagte Heinrich, aber es gefällt mir, dass ich am Ende bin, und Marga nickte nur so mit dem Kopf dazu, sah seine schmutzigen Schuhe und den zer-knitterten Anzug, wollte das alles nicht hören, für gute Ratschläge war's ja wahr-scheinlich längst zu spät. Und Rosa? sagte Marga, und Heinrich sagte, dass er über Rosa jetzt nicht sprechen will, aber bleiben würde er gerne, und morgen früh geht er in den Osten und fängt ein neues Leben an. Gleich nach dem Abendessen muss er sie gefragt haben, ob sie etwas dagegen hat, wenn er seine letzte Nacht im Westen bei ihr verbringt, und am Ende ist es so gekommen, wie es immer gekommen ist, nur fra-gen oder bitten musste er früher nie. Marga wird es auf ihre Art genossen haben, dass er sie hat bitten müssen, und so hat sie nur wieder mit dem Kopf genickt, hat das Geschirr vom Abendessen weggespült, ist eine halbe Stunde im Badezimmer ver-schwunden, hat den Schlafanzug, die Pfeife, den Rasierpinsel und ein paar andere Kleinigkeiten ihres Geliebten oder auch Bruders weggeräumt und sich zu Heinrich an den ovalen Couchtisch gesetzt und gesagt, dass er nur nicht glauben soll, sie erinnert sich nicht, und dass sie sich je dafür geschämt hat, das soll er sich bitte aus dem Kopf schlagen. Soviel dazu.

Sie ließ ihn noch ein bisschen warten, bevor es soweit war, und dann war da gar nicht viel, das heißt, er hing sehr an ihr, aber in dieser Nacht brachte er einfach nichts zustande als Liebhaber, und als Marga ihn hat trösten wollen, hat er gesagt: In Ordnung, und dass es hoffentlich auch für sie in Ordnung ist, so anhänglich war der auf einmal und so selbstlos in der Kunst der Liebe, und wie eine Frau noch bei einem Versager auf ihre Kosten kommt, na ja, das wusste er.

Irgendwann in dieser Nacht muss Marga ihm gesagt haben, dass sie es begreift, warum er in den Osten geht, und dass es ihr doch ein Rätsel ist, sogar als Kommu-nistin. Da staunte Heinrich, dass Marga sich eine Kommunistin nannte und ein paar Leute kannte, mit denen sie über Perspektiven des Kommunismus in Westdeutsch-land redete, und dann trafen die sich immer abwechselnd in irgendeiner Wohnung und diskutierten bis spät in die Nacht über die Möglichkeit einer Parteigründung, und manchmal, wenn sie alle sehr müde waren und kein Bus mehr fuhr, blieben ein paar Genossen zum Übernachten und vergaßen ihre Schlafanzüge.

Schreibst du mir deine Adresse, wenn du drüben bist, fragte sie, als alles gesagt war, und er versprach es, weil er wusste, dass alles gesagt war, und ob sie mir auf meine Briefe antworten wird, kann ich nicht wissen. Dann schliefen sie noch eine Weile im Bett der westdeutschen Genossin, das eher schmal war für zwei Leute, aber schön warm und weich und gemütlich, und am nächsten Morgen küsste er sie zum Abschied auf den Mund und ging zum Bahnhof und löste eine Fahrkarte bis Herleshausen.

Die westdeutschen Grenzbeamten schüttelten nur den Kopf, als Heinrich kurz nach eins bei ihnen auftauchte und seinen Reisepass vorzeigte und sagte, er möchte in den Osten und hat nur einen Rucksack dabei, und weil er sich insgeheim fürchtete, man könnte ihn schon suchen auf Betreiben der bankrotten Firma und an Ort und Stelle verhaften lassen als einen Betrüger, der mit einer Viertelmillion Schulden in den Osten geht, machte er alles ganz langsam und bedächtig für die Beamten, sagte ein paar Sätze über das Haus des Vaters und seine ostdeutsche Herkunft, legte die Wäsche, die Strümpfe, Hemden, Hosen sorgfältig auf einen Stapel, öffnete die Schachtel mit den Briefen und Fotos, machte einen Scherz über die angebrochene Flasche Whisky, die er getrunken hätte, wenn Marga nicht zu Hause gewesen wäre, machte einen zweiten Scherz über seine unpassenden Schuhe, die weißen, übertrieb es nicht mit seinen Scherzen und wartete auf das Urteil der Beamten. Bis auf den Sportteil der *Süddeutschen Zeitung* vom Montag, hieß es, dürfe er alles behalten, nur damit es keinen unnötigen Ärger gibt, und außerdem hat er ja in Zukunft den Sportteil des *Neuen Deutschland*[3]. Ob er sich auch alles gut überlegt hat mit der Rückkehr in seine mitteldeutsche Heimat[4], der Herr Hampel? Ja, das habe er. Sicher? Aber sicher, ja. Und daher gab es für die Beamten nichts weiter zu sagen, der Herr Hampel sei ein freier Bürger in einem freien Land, und nur ein paar Schritte weiter beginnt das Territorium der Deutschen Demokratischen Republik, auf Wiedersehen.

Aus: Michael Kumpfmüller, Hampels Fluchten, Köln: Kiepenheuer & Witsch 2000.

Worterläuterungen:
1 Heinrich Hampel hatte dort mehrere Jahre als Kind mit seiner Familie gelebt.
2 Seit 1961 war die innerdeutsche Grenze seitens der DDR hermetisch abgeriegelt worden.
3 Die Zeitung *Neues Deutschland* war von 1946 bis 1989 das Zentralorgan der Sozialistischen Einheitspartei Deutschlands (SED).
4 „Mitteldeutschland" war ein im Westen für die DDR gebräuchlicher Begriff.

Hinweise und Tipps

- *Die Aufgabenstellung weist die übliche **Zweiteiligkeit** auf. Die Vorgehensweise bei der **Erschließung und Interpretation** ist nicht vorgegeben. Es empfiehlt sich jedoch, den Aufsatz mit der Beschreibung des **Inhalts und des Aufbaus** zu beginnen.*
- *Epische Besonderheiten werden durch die genaue Analyse der **erzählerischen Gestaltung** des Textes herausgearbeitet. Die **sprachliche Gestaltung** wird in der vorgelegten Lösung integrativ mit der Interpretation der Textstelle verbunden, man könnte sie aber auch in einem gesonderten Punkt abhandeln. Gleiches gilt für die in der Aufgabenstellung geforderte Analyse der **Gestaltung des Protagonisten**.*
- *In der zweiten Aufgabe sollen Sie **vergleichen**, wie der **Versuch eines Neuanfangs** in einem anderen literarischen Werk gestaltet ist. Es bieten sich hierfür zahlreiche Werke aus der deutsch- und fremdsprachigen Literatur an. Wichtig ist dabei, dass **geeignete Vergleichskriterien** gefunden werden. So könnten Sie z. B. die Form des Neuanfangs, die Ursachen des Wunsches nach einem Neuanfang, das Verhalten des sozialen Umfelds oder auch die Erfolgsaussichten vergleichen. Formale sowie literaturgeschichtliche Hintergründe können mitberücksichtigt werden, sind aber von der Aufgabenstellung her nicht gefordert.*

Gliederung

A   Goodbye *Deutschland* – Auswandern heute

B   Auswanderung als Weglaufen vor Problemen (Erschließung und Interpretation des Beginns von Michael Kumpfmüllers Roman *Hampels Fluchten*)

   I.   Mit Vor- und Rückblenden durchzogenes Erzählen des Grenzübertritts von Heinrich Hampel in die DDR (Inhalt und Aufbau)

   II. Erzählerische Gestaltung zwischen Nähe und Distanz

   III. Die Grenzüberschreitung als Flucht vor Problemen und Hoffnung auf einen Neuanfang (sprachliche Gestaltung und Interpretation)
      1. Annäherung an die innerdeutsche Grenze und Reflexion des Vorhabens durch den Protagonisten (Z. 1–53)
      2. Liebesnacht unmittelbar vor dem Aufbruch zur Grenze (Z. 54–116)
      3. Formalitäten an der innerdeutschen Grenze (Z. 117–135)

   IV. Heinrich Hampel als Antiheld

C   Das Motiv des Neuanfangs – Vergleich von Heinrich Hampel in *Hampels Fluchten* mit Karl Roßmann in Kafkas *Der Verschollene*

   I.   Gründe für die Reise nach Amerika

   II. Neuanfang unter der Freiheitsstatue

   III. Karl Roßmann vs. Heinrich Hampel

D   Deutsch-deutsche Geschichte in der Literatur

2011-27

Lösungsvorschlag

Ca. 650 000 Bundesbürger kehrten im Jahr 2010 Deutschland den Rücken, um   A
in einem anderen Land einen Neuanfang zu versuchen. Dass noch weit mehr
mit Gedanken dieser Art spielen oder zumindest großes Interesse am Schicksal der Auswanderer haben, beweisen zwei momentan recht erfolgreiche TV-
Serien: In der Dokusoap *Auf und davon* begleitet VOX junge Menschen in die
Ferne und präsentiert die aufregendsten Momente eines großen Abenteuers.
Die Dokumentationssendung *Goodbye Deutschland* zeigt Menschen, die versuchen, in fremden Ländern ein neues Leben anzufangen. Dabei werden die
Auswanderer bei ihren ersten Schritten im neuen Land von einem Fernseh-
team begleitet. Der Zuschauer erfreut sich an den mehr oder weniger geglück-
ten Versuchen eines Neuanfangs.

Auch in der Literatur spielt das **Motiv des Neuanfangs** eine große Rolle.   B
Michael Kumpfmüller erzählt in seinem Roman *Hampels Fluchten* aus dem
Jahr 2000 von einem 30-jährigen Westdeutschen, der 1962 **vor seinen priva-
ten und beruflichen Problemen flieht** und in der damaligen DDR einen
Neuanfang versucht. Historischer Hintergrund des Romans ist die **Teilung
Deutschlands**. Die Handlung beginnt mit dem Grenzübertritt der Hauptfigur
von West nach Ost.

Der Roman setzt mit einer Art **Exposition** im März 1962 ein, als sich der Pro-   I.
tagonist Heinrich Hampel in Richtung Grenze zwischen BRD und DDR auf-
macht, um Bürger der DDR zu werden. Der Erzähler ist sich der Besonderheit
dieser Entscheidung bewusst, denn er betont die für damalige Verhältnisse
durchaus ungewöhnliche Handlungsweise (Z. 1–7).
Zunächst wird der Weg Hampels zum Grenzort Herleshausen beschrieben.
Die Hauptfigur ist sehr aufgewühlt und setzt sich schließlich an einer Bushaltestelle nieder, um noch einmal über ihren geplanten Schritt und ihr bisheriges Leben zu reflektieren. Bereits hier wird angedeutet, dass der Mann
nicht aus freien Stücken ausreist, sondern von Gläubigern verfolgt wird und
offenbar auch sein Privatleben völlig ungeordnet ist (Z. 8–32).
Nach dieser **Rückbesinnung auf seine Vergangenheit** frühstückt er in einem
Gasthof und trifft dort auf eine Kellnerin, die im Grenzgebiet lebt. Sie bedauert die Bewohner Ostdeutschlands und kann deshalb gar nicht glauben, dass
Hampel freiwillig in die DDR ausreisen will. Auf seine Aussagen reagiert sie
nur mit Unverständnis. Hampel beharrt jedoch auf seinem Vorhaben und versucht sich dadurch zu rechtfertigen, dass er auf (angebliche) familiäre Wur-
zeln in Thüringen verweist (Z. 33–53).
In einem **Rückblick** wird dann von Hampels Liebesnacht mit seiner Geliebten
Marga unmittelbar vor dem Aufbruch zur Grenze erzählt (Z. 54–116). Der
Abschnitt beginnt mit der Beschreibung von Hampels ungeduldigem Warten
auf den verabredeten Zeitpunkt. Als er bei der Frau eintrifft, taxiert er Marga,
stellt nur geringfügige Veränderungen seit ihrer letzten Begegnung fest und

spekuliert über mögliche Männerbesuche bei ihr, während er die Wohnung besichtigt und sie anschließend zusammen zu Abend essen. Über die Hintergründe für Hampels Entscheidung zur Flucht wollen beide nicht genauer sprechen. Auf den Wunsch Hampels, die letzten Stunden im Westen gemeinsam mit Marga zu verbringen, lässt sich diese zögernd ein. Die Liebesnacht ist jedoch von nur mäßigem Erfolg gekrönt. Margas Einstellung zu Hampels Weggang ist ambivalent. Im Laufe der Nacht erfährt der Protagonist verwundert von Margas kommunistischen Ansichten und ihrem Freundeskreis. Eigentlich müsste seine Geliebte also die Entscheidung, in ein kommunistisch regiertes Land zu gehen, positiv bewerten, dennoch zweifelt sie an der Richtigkeit. Am nächsten Morgen verabschieden sich beide relativ unverbindlich voneinander. Hampel geht zum Bahnhof und löst eine Fahrkarte bis Herleshausen.

Der letzte Abschnitt beschreibt die **Formalitäten des Grenzübertritts** (Z. 117–135). Die bundesdeutschen Beamten reagieren (genauso wie die Kellnerin) mit größter Verwunderung auf Hampels Wunsch, in die DDR zu gehen. Hampel seinerseits antwortet taktisch und schiebt familiäre Gründe vor, um sein tatsächliches Übertrittsmotiv zu verschleiern und um Verdächtigungen seitens der bundesdeutschen Grenzbehörden zu vermeiden. Jetzt erfährt der Leser, dass Hampels Flucht offenbar mit dem Bankrott einer Firma zu tun hat und er die Verantwortung für erhebliche Schulden trägt. Um jedes Aufsehen zu vermeiden und seinen Grenzübertritt nicht zu gefährden, versucht er möglichst harmlos zu erscheinen. Die Beamten reagieren darauf mit Spott und dem Hinweis, er sei ein freier Mann. Sie erlauben ihm ohne größere Probleme, das Staatsgebiet der BRD zu verlassen.

Diese außergewöhnliche Geschichte wird aus der Perspektive eines **auktorialen Erzählers** wiedergegeben, der allerdings eine deutliche **Nähe zum Protagonisten** aufweist. Am Anfang des Romans blickt er auf den Grenzübertritt Heinrich Hampels zurück, denn es heißt explizit, dass sich die Ereignisse „damals" (Z. 8) abspielten. Auch wird darauf verwiesen, dass die genauere Begründung für diesen Schritt „vorläufig" (Z. 6) keine Rolle spiele. Es ist also zu vermuten, dass im Laufe des Romans weitere Erklärungen folgen werden. Entgegen dieser deutlichen **Außenperspektive** finden sich in diesem Textausschnitt immer wieder Passsagen, die von der **Innensicht des Protagonisten** geprägt sind. So erfährt der Leser vom großen „Durcheinander" (Z. 20), das im Kopf des Protagonisten herrscht, als er an der Haltestelle sitzend seine Situation reflektiert: „Gerüche [...], Angst [...], Erleichterung" (Z. 20 f.) prägen seine Gedanken und veranschaulichen, dass es sich wirklich um eine weitreichende und für ihn schwierige Entscheidung handelt, die unmittelbar bevorsteht. Der Leser empfindet dadurch sofort ein gewisses Verständnis für die Hauptfigur der Geschichte, ohne dass er allzu nah an ihn herantreten muss.

Neben diesem **Spiel mit Nähe und Distanz** ist der **Wechsel zwischen Erzählgegenwart und Rückblende** charakteristisch. Bringt man die Handlung in eine chronologische Reihenfolge, dann muss man zunächst bei der Andeutung beginnen, Hampel habe schon einmal in der Sowjetunion gelebt – vermutlich in seiner Kindheit (vgl. Z. 27). Als Nächstes finden sich Anspielungen auf zahlreiche Affären und den oben bereits erwähnten Bankrott einer Firma, für die Hampel wohl Verantwortung trägt. Zudem scheint mit der Ehe Hampels etwas nicht in Ordnung zu sein. Obwohl er mit Rosa verheiratet ist und zwei Kinder hat, gibt es zahlreiche Geliebte, zuletzt eine Marga, von der er sich verabschieden will, nachdem es zu einem nicht näher bestimmten Zwischenfall in seinem Geschäft gekommen ist (vgl. Z. 58). Dies deutet der Erzähler aber nur an, genauso wie auch über die Dauer der Beziehung nur Vermutungen angestellt werden können. So heißt es, dass „Marga [...] nicht sehr verändert [war] seit dem letzten Mal, dem ersten" (Z. 69). Diese Erzählweise des **Andeutens einer Vorgeschichte**, die das Nachfolgende kausal erklären kann, erhöht die Spannung. Der Romananfang erfüllt die Funktion einer Exposition, wird aber auch mit Unsicherheiten angereichert. Dies lässt auf einen Erzähler schließen, der **mit den Erwartungen des Lesers spielt**.

Bei der Betrachtung der erzählerischen Gestaltung fällt schließlich das **Ineinandergreifen unterschiedlicher Formen der Figurenrede** auf: Beim Gespräch Hampels mit der Kellnerin beispielsweise steht die indirekte Rede im Konjunktiv, wenn sie ihn fragt, „ob er aus der Gegend sei und ob er die neuen Grenzanlagen schon gesehen habe" (Z. 37 f.). Hampels Antwort im selben Satz wird aber umgangssprachlich als indirekte Rede im Indikativ wiedergegeben (vgl. Z. 38 f.) und bleibt auch ohne jegliche einleitende *Inquit*-Form. Die Reaktion der Kellnerin folgt dann in der direkten Rede, ohne dass dies durch Anführungszeichen angezeigt wird; nach der *Inquit*-Formel „sagte die Kellnerin" folgt dann wieder indirekte Rede („und dass sie persönlich dort drüben nicht leben möchte, lieber würde sie sich aufhängen", Z. 40 f.). Dieser z. T. **übergangslose Wechsel** der Figurenrede dient der szenischen Veranschaulichung. Die Rede der Figuren geht auch teilweise übergangslos in die Aussagen des Erzählers über und nur durch den Inhalt und die Figurenkonstellation wird ersichtlich, ob es sich um Aussagen der Figuren oder um Beschreibungen des Erzählers handelt.

III.

Die Grenzüberschreitung Heinrich Hampels wird mit der **Flucht vor großen Problemen** und der **Hoffnung auf einen Neuanfang** begründet. Der Text beginnt fast wie bei einem Bericht mit präzisen Angaben. Dabei werden spielerisch wichtige und unwichtige Informationen polysyndetisch verknüpft. Man erfährt, dass Hampel mit „einem Rucksack voll Wäsche und einer Flasche Whisky über die Grenze geht" (Z. 3 f.), und zwar im Frühjahr 1962. Der Erzähler kündigt im zweiten Satz das ‚unerhörte Ereignis' an (vgl. Z. 2 f.), verschiebt aber die Erklärung, warum Hampel Bürger der DDR werden will, explizit auf später (Z. 6 f.). Durch die Erwähnung der Jahreszahl wird dem Leser aber bereits die **Ungeheuerlichkeit** der geschilderten Ereignisse vor Augen geführt und Spannung aufgebaut. Denn unmittelbar nach dem Mauerbau im August 1961 und der damit verbundenen Schließung der Grenzen zwischen den beiden deutschen Staaten erscheint es den meisten sicherlich unverständlich, dass jemand versucht, in die DDR zu gehen – zumal doch die Flüchtlingsströme aus dem Osten in den Jahren zuvor dazu führten, dass die Grenzen geschlossen wurden.

Im ersten Drittel des Textes begleitet der Leser den Protagonisten gleichsam 1. zur Grenze und nimmt an dessen Reflexionen über diese weitreichende Entscheidung teil. Die Textpassage ist geprägt von längeren **Aufzählungen**. Hampel geht durch „Felder, Wiesen, Waldstücke" (Z. 12). Das „Durcheinander" im Kopf der Figur wird einzeln aufgezählt: „die Gerüche der Geliebten", „die Angst vor den Gläubigern", der Gedanke an die Familie (Z. 20 ff.). Auch Hampels Geliebte werden noch einmal „in alphabetischer Reihenfolge" (Z. 28) genannt. Sein ganzes bisheriges Leben zieht noch einmal an ihm vorüber, wodurch demonstriert wird, wie lebensverändernd sein Grenzübertritt sein wird. Die Vorgänge scheinen synchron abzulaufen.

Neben den Aufzählungen prägen komplexe **Hypotaxen** den Satzbau und enthüllen, wie vielschichtig das Geschehen ist. Man erfährt, dass Hampels Leben von Frauengeschichten, seinem Scheitern als Geschäftsmann, von einer Kindheit in der Sowjetunion und von dem frühen Verlust der Eltern geprägt ist. Damit wird die Fülle der Probleme betont, mit denen Hampel gegenwärtig nicht mehr fertig wird und vor denen er flieht.

Sein Frühstück nimmt der Protagonist dann in einem Gasthaus ein, wo er mit der Kellnerin ins Gespräch kommt. Deren Äußerung, dass sie sich eher umbringen würde, als in den Osten zu gehen (vgl. Z. 40 f.), verdeutlicht die Ungeheuerlichkeit von Hampels Vorhaben. Sie nimmt seine Aussage, „dass er noch in den nächsten Stunden für immer nach drüben geht" (Z. 42 f.), nicht ernst und meint, er mache sich über die „armen Schweine, die im Osten sind und keine andere Wahl haben" (Z. 45 f.), lustig. Für ihn gibt es aber im Westen keine Perspektive mehr. Als Heinrich merkt, dass er nicht verstanden wird, rudert er zurück und gibt vor, er wolle im Haus seines Vaters in Thüringen leben. Die **direkten Reden** werden nur durch das Verb *sagen* begleitet. Das deutet an, dass die Figuren nicht wirklich über das, was sie sagen, reflektieren, sondern nur ihre Gedanken aussprechen. Dies lässt auf eine gewisse Grundnaivität des Protagonisten schließen. Er ist sich scheinbar der ‚Unerhörtheit' seines Vorhabens in der damaligen Zeit des Kalten Krieges gar nicht bewusst.

Hampels Charakter offenbart sich auch im nächsten Sinnabschnitt, der die 2. letzte Nacht vor der Ausreise, die er bei seiner Geliebten Marga verbringt, im Rückblick erzählt. Er wartet ungeduldig, bis die zwei Stunden vergangen sind, die Marga ihm als Frist bis zu seinem Erscheinen gesetzt hat (vgl. Z. 58 f.). Die Beziehung der beiden Figuren zueinander scheint eher sexueller Natur zu sein. Der Leser erhält nur **Andeutungen** über eine vergangene „Geschichte damals bei ihm im Laden", die Marga eventuell peinlich sein könnte, so Heinrichs Vermutung (vgl. Z. 57 f.). Sie steht aber souverän zu ihren Handlungen, und „dass sie sich je dafür geschämt hat, das soll er sich bitte aus dem

Kopf schlagen" (Z. 95). Ein echtes Gespräch kommt zwischen den beiden Figuren nicht zustande. Sie weichen sich gegenseitig aus und verweigern eindeutige Informationen. Sprachlich zeigt sich das im häufigen Gebrauch von **Modaladverbien und modalen Verbgefügen:** Hampel „wollte das alles nicht hören" (Z. 83), „über Rosa [will er] jetzt nicht sprechen" (Z. 84 f.), „aber bleiben würde er gerne" (Z. 85).

Die ganze Szenerie wird **ironisch** gebrochen durch das Bekenntnis Margas zum Kommunismus (vgl. Z. 104 f.). Im Laufe des Gesprächs gibt sie zu, dass sie Hampels Entscheidung einerseits durchaus nachvollziehen könne, auf der anderen Seite aber auch wieder nicht. Hier wird angedeutet, dass Marga mit ihren Genossen tiefgehende politische Gespräche führt, auf der Suche nach dem für sie richtigen politischen System. Der Kontrast zum politisch nicht reflektierenden Hampel, der „im Bett der westdeutschen Genossin", das „schön warm und weich und gemütlich" (Z. 114 f.) ist, nur nach Nähe sucht und der aus rein pragmatischen Gründen die BRD verlässt, lässt den Leser womöglich schmunzeln.

Der ironische Unterton wird im letzten Abschnitt, in dem der eigentliche 3. Grenzübertritt erzählt wird, noch gesteigert. Die westdeutschen Grenzbeamten „schüttelten nur den Kopf" (Z. 117). Hampel muss alles, was er besitzt, ausbreiten, „Wäsche, [...] Strümpfe, Hemden, Hosen" (Z. 123 f.). Wieder wird aufgezählt, was ihm noch geblieben ist, und jetzt erfährt der Leser auch endlich, warum Heinrich flüchten muss: Im Gegensatz zu den meisten, die aus der DDR in die BRD geflüchtet sind und sich dort ein wirtschaftlich besseres Leben erhofften, zeigt Hampel, dass ihm dies gerade nicht gelungen ist und er jetzt vor seinen Schulden in die DDR fliehen muss. An der Grenze versucht er seine Angst davor, dass er schon als Betrüger gesucht wird, „der mit einer Viertelmillion Schulden in den Osten geht" (Z. 121 f.), mit Scherzen zu überspielen. Verunsichert wartet er auf das Urteil der Beamten. Die wiederum machen sich lustig über ihn, behalten nur den „Sportteil der *Süddeutschen Zeitung* vom Montag", damit er „keinen unnötigen Ärger" (Z. 128 ff.) bekommt, und schicken Hampel, der die Zusammenhänge in seiner Naivität nicht versteht, mit den ironisch gemeinten Worten, er „sei ein freier Bürger in einem freien Land" (Z. 133 f.), in die von ihm gewählte Unfreiheit der DDR.

Heinrich Hampel wird zu Beginn als „Dreißigjähriger" (Z. 2) beschrieben. IV. Alles, was er bei sich trägt, ist ein „Rucksack voll Wäsche und eine[...] Flasche Whisky" (Z. 3 f.). Er scheint ein Stadtmensch zu sein, denn er kommt sich in seinem Anzug, seinem Hut und in weißen Schuhen in der ländlichen Gegend sehr seltsam vor (vgl. Z. 15 f.). Passanten gegenüber verhält er sich abweisend, weil er nervös und in Gedanken versunken ist (vgl. Z. 16 f.).

Die Hauptfigur ist – typisch für den modernen Roman – als **Antiheld** gestaltet. So leidet Hampel unter massiven Problemen bezüglich seiner **Rolle in der Gesellschaft** und den Beziehungen zu seinen Mitmenschen. Er wird als Einzelgänger und Außenseiter charakterisiert, dessen Verhalten und Entscheidungen für Verwunderung sorgen und auf Unverständnis stoßen. Sein **Schei-**

tern wird auf mehreren Ebenen dargestellt: Seine Ehe ist am Ende und auch als Liebhaber „brachte er einfach nichts zustande" – zumindest nicht in dieser Nacht (Z. 98 f.). Er betrügt seine Frau Rosa und lässt sie mit den vermutlich gemeinsamen Kindern zurück. Diese Problemsituation versucht Hampel jedoch soweit wie möglich zu verdrängen. Mit Marga, mit der er die letzte Nacht vor seiner Flucht verbringt, will er nicht über Rosa sprechen (vgl. Z. 84 f.). An Frau und Kinder denkt er nicht (vgl. Z. 4). Frauen reduziert er offensichtlich allgemein auf ihre Rolle als Sexualpartnerinnen und er ist auch nicht fähig, eine tiefergehende Beziehung zu führen und Verantwortung zu übernehmen.

Gleiches trifft auf seine berufliche und finanzielle Situation zu. Auch in diesem Bereich hat er versagt. Er scheint in den Bankrott einer Firma verwickelt zu sein (vgl. Z. 120 f.). Der Text macht hier aber nur Andeutungen, ohne die genaueren Hintergründe preiszugeben. Damit wird Hampel auch als zweifelhafter Charakter gezeigt, der aufgrund der Vielzahl seiner Probleme seine Lebenssituation nicht in den Griff bekommt. Daher sieht er als einzigen **Ausweg** die **Flucht in die DDR**, einen Ort, der zumindest politisch gesehen seiner Kindheit in der Sowjetunion nahe kommt. Er bevorzugt die Flucht, um einer direkten Konfrontation mit den Folgen seiner Handlungen aus dem Weg zu gehen. Die Ausreise ist daher ein Versuch, einen Neuanfang zu starten, um seinen zahlreichen Problemen, denen Hampel offensichtlich nicht mehr gewachsen ist, zu entkommen.

Nimmt man alles zusammen, dann kann die Hauptfigur in Kumpfmüllers Roman tatsächlich als „Hampelmann" bezeichnet werden. Der **sprechende Name** verweist auf das Kinderspielzeug, welches mithilfe von Schnüren in Bewegung gebracht wird. Der Antiheld Hampel ist fremdbestimmt. Sein Handeln wird ihm eher von außen aufgezwungen, er agiert also nicht, sondern reagiert auf die Umstände.

Das Motiv des Neuanfangs kommt in zahlreichen literarischen Werken vor, C vor allem in Werken der Moderne. Ein Beispiel dafür ist **Franz Kafkas** I. **Amerika-Roman** *Der Verschollene*. Darin wird der 17-jährige Karl Roßmann, der in seiner Heimatstadt Prag von Johanna Brummer (dem 35-jährigen Dienstmädchen der Familie) verführt wurde, von seinen Eltern nach Amerika geschickt. Diese wollen mögliche Alimentezahlungen oder sonstige Skandale unbedingt vermeiden – aus der Liaison ist nämlich ein Sohn hervorgegangen.

Kafkas Romanfragment beginnt mit der Ankunft des Schiffes in New York. II. Der Blick ist auf die Freiheitsstatue gerichtet, die bei Kafka aber „Freiheitsgöttin" genannt wird. Auch ragt ihr Arm nicht mit der Licht bringenden Fackel empor, sondern mit einem Schwert. Damit wird schon angezeigt, dass der **Neuanfang** für die Schiffspassagiere **sehr schwer** sein wird.

Noch auf dem Schiff trifft Karl seinen Onkel. Der erfolgreiche Geschäftsmann und Senator übernimmt für Karl die Vaterrolle und ermöglicht ihm einen Neuanfang, eine Art zweite Geburt in der scheinbar freiheitlichen Welt Amerikas. Er unterstützt ihn in seiner Ausbildung und bei der sozialen Inte-

2011-33

gration im Land der unbegrenzten Möglichkeiten. Zunächst verläuft die Romanhandlung also im positiven Sinn. Doch als Karl die Einladung eines Freundes des Onkels annimmt und übers Wochenende aufs Land fährt, begeht er einen **Normenverstoß** und wird vom Onkel vor die Tür gesetzt. Karl muss sich also wieder aufmachen und jetzt alleine einen Neuanfang versuchen. Dies gelingt ihm zwar, denn er findet eine Stelle als Liftjunge im *Hotel Occidental*, aber schon bald verliert er erneut den Arbeitsplatz, als er abermals gegen die Regeln verstößt und kurz (in einer Zwangslage) seinen Posten als Liftjunge verlässt.

So beruht die Romanhandlung auf der vielfachen **Variation eines Grundschemas**: Zunächst wird Karl in eine Gemeinschaft neu aufgenommen und er passt sich deren Regeln an. Dann kommt es zu einem Normenverstoß, der allerdings nie als wirklich ernst zu nehmendes Versagen erscheint, aber dennoch die **Verstoßung aus der Gemeinschaft** zur Folge hat. Amerika ist in diesem Romanfragment oberflächlich betrachtet ein Ort der Emanzipation. Enge Moralvorstellungen und Konventionen, wie sie beispielsweise in Karls Heimat vorherrschen, gelten hier nicht. Gleichzeitig wird in diesem Land aber die **vollkommene Einfügung des Einzelnen** in ein zweckrationales System mit klaren Hierarchiestrukturen erwartet. Wer sich diesem System nicht unterordnet, wird ausgestoßen.

Erst im letzten Kapitelfragment, dem *Naturtheater von Oklahoma,* wird ein möglicher wirklicher Neuanfang angedeutet, wenn Karl zum ersten Mal bei der Zugfahrt die unendliche Weite Amerikas begreift. Ob dieser Neuanfang glückt, kann wegen des Fragmentcharakters allerdings nicht geklärt werden.

Vergleicht man Kafkas Amerika-Roman mit *Hampels Fluchten* hinsichtlich III.
des Versuchs eines Neuanfangs, kann man **ähnliche Ausgangsbedingungen** feststellen: Beide Figuren sind gezwungen, ihre Heimat zu verlassen. Karl, weil er von seinen Eltern fortgeschickt wird, um der gesellschaftlichen Schande zu entgehen; Hampel, weil er womöglich andernfalls mit einer Verhaftung rechnen muss. **Unterschiedlich sind aber die Ursachen:** Während Karl – offensichtlich vom Dienstmädchen gleichsam vergewaltigt – seinen Neuanfang von der Gesellschaft aufgedrängt bekommt, muss der Protagonist Hampel einen Neuanfang wagen aufgrund seines vollständigen persönlichen Scheiterns in finanzieller, beruflicher, sexueller und familiärer Hinsicht.

Kumpfmüllers Roman reiht sich ein in die zahlreichen Versuche, nach der D
Wiedervereinigung Deutschlands im Jahr 1989 die gemeinsame Geschichte aufzuarbeiten. Die Kritiker haben lange Zeit den großen Wiedervereinigungsroman herbeigesehnt, aber alle Werke, die in diese Richtung tendierten, mit Eifer niedergemacht. Zum Beispiel musste sich Günter Grass harsche Kritik gefallen lassen, als er wenige Jahre nach dem Mauerfall mit seinem Roman *Ein weites Feld* an die Öffentlichkeit trat. Der Ruf nach dem alles umfassenden Werk, das uns gleichsam als Geschichtslehrer die Ursachen und Wirkungen der deutschen Revolution erzählt, ist inzwischen verklungen. Viel inter-

essanter sind die kleinen Geschichten, die im Spiegel persönlicher Erlebnisse von der schwierigen Teilung Deutschlands und den Auswirkungen auf die Menschen des Landes berichten. Wie es z. B. den Jugendlichen der DDR erging, kann man in Thomas Brussigs *Sonnenallee* nachlesen. Vielleicht lässt sich anhand von Michael Kumpfmüllers Roman nachvollziehen, wie die Verhältnisse zwischen Ost und West in den 1960er-Jahren gewesen sind. Interessant wäre es in jedem Fall, die Geschichte Heinrich Hampels bis zum Ende zu verfolgen.

| Deutsch (Bayern G8) – Abiturprüfung 2011 |
| Aufgabe 4: Vergleichendes Analysieren von Sachtexten |

Analysieren Sie vergleichend die beiden folgenden Textausschnitte im Hinblick auf ihren gedanklich-argumentativen Aufbau und auffällige sprachlich-stilistische Gestaltungsmittel! Erarbeiten Sie dabei, welche Position die beiden Texte zu der Frage einnehmen, wie und warum man sich mit Lyrik beschäftigen soll! Nehmen Sie abschließend unter Heranziehung eigener Leseerfahrungen zu dieser Frage Stellung!

Vorbemerkung

Hans-Dieter Gelfert ist ehemaliger Professor für Literaturwissenschaft. Der hier abgedruckte Textausschnitt stammt aus seinem Buch „Wie interpretiert man ein Gedicht?", das sich an Schüler und Studenten richtet.

Iris Radisch ist Kulturjournalistin. Sie schreibt seit 1990 für die Wochenzeitung DIE ZEIT. Der Textauszug stammt aus einem Artikel, in dem sich Radisch anlässlich der Veröffentlichung einer Gedichtsammlung u. a. mit dem Thema auseinandersetzt, wie man Lyrik lesen solle. Ihr Text ist durch Fragen strukturiert; der hier abgedruckte Teil beginnt mit der vierten dieser Fragen.

Text A

Hans-Dieter Gelfert (*1937)
Wozu überhaupt Interpretation? (1990)

Fragt man Studenten der Literaturwissenschaft, bei denen man doch wohl am ehesten ein überdurchschnittliches Interesse an Literatur vermuten darf, nach ihrer Einstellung zur Lyrik, so wird man mit Betrübnis feststellen, daß diese bei den meisten die am wenigsten geliebte der drei klassischen Gattungen ist. Noch betrüblicher, gerade-
5 zu niederschmetternd ist es zu hören, daß ihnen Gedichte durch das Interpretieren im Deutschunterricht restlos verleidet worden seien. Gewiß gibt es auch solche, denen der Zugang dadurch erst richtig eröffnet wurde, doch ist die abschreckende Wirkung bei Schülern so weit verbreitet und scheint so lange Zeit anzuhalten, daß sich schon mancher Deutschlehrer gefragt haben mag, ob es dann nicht besser wäre, auf die Be-
10 handlung von Lyrik ganz zu verzichten. Eine so radikale Konsequenz würde freilich bedeuten, daß dann auch bei denen, die durch den Unterricht zum Lesen von Gedichten motiviert werden, das Interesse ungeweckt bliebe, so daß die ohnehin sehr kleine Insel der Lyrikleser bald ganz aus der kulturellen Landschaft verschwände. Dies wäre für die literarische Kultur einer Gesellschaft ein unersetzlicher Verlust; denn
15 erst an der Lyrik erweist sich, ob Literatur für den Leser überhaupt noch den Status des Kunstwerks hat. Romane werden von den meisten nur als Lesefutter konsumiert, Theateraufführungen dienen der Unterhaltung, bestenfalls der Auseinandersetzung

mit aktuellen Zeitproblemen. Der Kunstcharakter dieser Werke wird dabei vom Konsumenten oft gar nicht wahrgenommen. Nur in der Lyrik steht das Artifizielle so im Vordergrund, daß man sie gar nicht anders lesen kann als eben als Kunst. Ein Student der Germanistik, der vorgibt, sich für Literatur zu interessieren, aber bekennt, daß er für Lyrik keinen Nerv habe, ist wie ein Farbenblinder, der Malerei studiert. Gewiß ist niemand, der Gedichte langweilig findet, darum schon ein schlechterer oder weniger gebildeter Mensch. Aber eine Literatur, in der die Lyrik keinen zentralen Platz hat, wird sich fragen lassen müssen, ob sie dann überhaupt noch eine künstlerische und nicht nur eine kritische Widerspiegelung menschlichen Lebens wäre. Ein Verschwinden der Lyrik aus dem Deutschunterricht würde für die allgemeine Lesekultur bedeuten, daß die auch so schon schwach genug entwickelte ästhetische Sensibilität noch stärker verkümmert. Ehe man also durch einen gänzlichen Verzicht auf die Lyrikinterpretation das Kind mit dem Bade ausschüttet, sollte man lieber versuchen, das Bad für das Kind etwas lustvoller zu gestalten. [...]

Aber noch immer ist die Frage offen, weshalb man überhaupt interpretieren soll. Schüler haben oft eine instinktive Abneigung gegen das Reden über Gedichte. Sie empfinden es als ein Breittreten und Zerschwatzen von etwas, das man viel besser ohne Worte auf sich wirken lassen sollte. Deshalb weigern sich manche, ihre Lieblingsgedichte mit einer Interpretation zu besudeln. Nun ist sicher richtig, daß das Wesen eines Gedichts, seine spezifisch ästhetische Individualität, unaussprechlich ist. *Indidviduum est ineffabile*, lautet ein alter philosophischer Grundsatz: das Individuelle ist unaussprechlich. Es ist, da mit nichts anderem vergleichbar, auf keinen Begriff zu bringen. Man kann nur mit dem Finger daraufzeigen. Auch in der bildenden Kunst und der Musik ist das, was die Werke eines Leonardo oder Mozart so großartig macht, unaussprechlich. Aber soll man deshalb darüber schweigen? Der Mensch ist seinem Wesen nach rational, d. h., er nimmt die Welt nicht in einem blinden Reiz-Reaktions-Schema wahr, sondern in Begriffen, er will sie begreifen; und er begreift sie, indem er sie versprachlicht. Alles, worüber Menschen reden, hört damit auf, bloß subjektiv zu sein. Sprache ist intersubjektiv, sie ist Kommunikation zwischen einzelnen Subjekten. So ist auch das Reden über Gedichte nicht nur erlaubt, sondern notwendig, weil dies die spezifisch menschliche Form der Aneignung ist. Es liegt die Wahrheit einer uralten Menschheitserfahrung darin, wenn in der Bibel das Essen vom Baum der Erkenntnis und das Erkennen im Geschlechtsakt mit einem Verlust der Unschuld gleichgesetzt wird. Auch das erkennende Versprachlichen eines intensiven ästhetischen Erlebnisses nimmt diesem etwas von seinem Glanz und seiner Unschuld. Doch dieser Verlust an undifferenzierter Spontaneität wird mehr als aufgewogen durch den Gewinn an differenzierter Wahrnehmung. Differenzierung macht aus Intensität nuancenreiche Fülle. Das jederzeit wiederholbare und immer weiter vertiefbare Durchschauen der Kunstfertigkeit eines Gedichts verschafft auf die Dauer mehr intellektuelles Vergnügen als spontan überwältigende Ersterlebnisse, die mit der Zeit verblassen. [...]

Aus: Hans-Dieter Gelfert, Wie interpretiert man ein Gedicht?, Stuttgart: Reclam 1990.

Text B

Iris Radisch (*1959)
Nie wieder Versfüßchen (2007)

[…] [K]önnten wir (vierte und dümmste Frage) Gedichte nicht einfach unterteilen in solche, die man auch ohne Hilfe verstehen, und solche, die außer ein paar Dichterkollegen niemand je verstehen wird? Dafür spricht auf den ersten Blick eine Menge. Zum einen gibt es auch unter den angeblich schönsten Gedichten der letzten 25 Jahre
5 sehr viele, die man auch ohne fachmännische Nachdichtung sofort versteht und mag, zum Beispiel ausnahmslos alle von Robert Gernhardt und nahezu alle von Peter Rühmkorf. Diese Gedichte sind in keiner lyrischen Parallelwelt angesiedelt. Sie strecken ihre Arme formschön verschlungen, aber doch unverkennbar in Richtung Hauptwelt aus. Das macht sie nicht von vornherein besser als die sogenannten herme-
10 tischen Gedichte. Im Gegenteil. Manchmal kann dieses Arme-Ausstrecken dem Leser auch die Luft abschnüren, kann das Gedicht im Dickicht der Allerwelts-Redeschleifen stecken bleiben wie in dem Gedicht *bereden* von Dirk von Petersdorff, in dem der Zeilenbruch zwischen „Bielefelder" und „Sülzwurst" schon zu den künstlerischen Höhepunkten gehört: „Der Verfassungspatriot ißt Knäckebrot, / oder auch Duisburger
15 Allerlei, welches / er wechselweise mit Bielefelder / Sülzwurst einzunehmen pflegt, / seltener greift er zu Poppenbütteler / Flundern, die so angenehm am / Gaumen zergehn, zum Dessert wählt / er Frankfurter Wasserpfannkuchen".

Auch die sehr auf Verständlichkeit bedachten Dichter, die sich als Weltdeuter verstehen, sind nicht immer mit Gewinn zu lesen. Zwar wollen auch sie keine dichteri-
20 sche Nebenwelt schaffen, sondern der Hauptwelt einen höheren Sinn, eine tiefere Bedeutung unterlegen. Doch können sie in diesem schönen Bestreben, das Sinnlose zu versinnbildlichen, das Nackte nach der neuesten Mode zu bekleiden, ziemlich nerven. Die Weltdeutungsdichtung ist hier vertreten durch die *September Elegien* von Durs Grünbein, die die eingestürzten Twin Towers mit ausgeschlagenen Kinderzäh-
25 nen und die Flugzeuge mit Erzengeln verbildlichen und 9/11 deutungshoheitlich schon wieder unter Kontrolle haben. Verständlichkeit ist nicht alles. Verständlichkeit kann auch furchtbar sein.

Wenden wir uns also den anderen, den auf den ersten, zweiten und auch noch dritten Blick scheinbar unverständlichen Gedichten zu. Diese erdabgewandten, sich
30 ganz dem Wort, dem Klang, der Musik und allenfalls einem „gleitenden Sinn", einer Stimmung, einem im Wind wehenden Metaphernfeld, einem Vokalgestöber überantwortenden Gedichte sind in diesem Band kaum noch vertreten. Als reichlich gefängnishaft anmutendes Sprachgitter bei Franz Mon: „gewitzt / wie der / widder / im / gips / hing / schließlich / isaak / friedlich / fixiert / zwischen / klimmzug und /
35 Strichcode". Als verlockendes, kaum zu lösendes Silbenrätsel bei Peter Waterhouse: „DIE LEICHTE METAPHER DES EISENBAHNZUGS macht uns rollen. / Schon ist die lange Fahrt / länger als das Bild, das eigene überspringt das eigene / alles fällt unter die großen Zahlen. Ist jetzt die sofortige Ameise / sofortige Amsel? Die Antwort in der Ameisenform heißt: / Ameisenform. Die Antwort in der Vogelform heißt:
40 Vogel." In solchen Gedichten gilt eine Währung, mit der man sich in der Wirklichkeit beinahe nichts mehr kaufen kann. Was man je nach Geschmack entweder beson-

ders subversiv oder besonders verstiegen finden kann. Sicher ist: Solche Gedichte sterben gerade aus. Die große Tradition der hermetischen Dichtung macht offenbar gerade wieder einmal Pause. Und noch sicherer ist: Das macht überhaupt nichts. Die
45 allerneuesten Gedichte gehören zu keiner Schule. Und wenn nicht alles täuscht, hängt die Frage, ob uns ein Gedicht gefällt, auch gar nicht davon ab, ob wir es schwer oder leicht verstehen, ob es gegenständlich oder ungegenständlich, erdab- oder erdzugewandt ist. Wovon (fünfte, schwerste und letzte Frage) hängt es dann aber ab, ob uns ein Gedicht gefällt?
50 Hier beginnt nun doch das Geheimnis. Warum hat mich vor ein paar Jahren, an einem Sommertag auf einer italienischen Wiese sitzend und eine englische Zeitung lesend, plötzlich ein Gedicht, das in der Zeitung abgedruckt war, ergriffen wie noch keines zuvor? Nur ein paar Zeilen eines mir bis dahin noch unbekannten Dichters. Sie sind von dem englischen Dichter Philip Larkin und gehen so:

55 *Behind the glass, under the cellophane,*
Remains your final summer sweet
And meaningless, and not to come again.

Natürlich kann ich allerhand zusammenstammeln, um zu erklären, was mir an diesem Gedicht gefällt. Seine trockene Hitze und Dringlichkeit, seine cellophanpapierhafte
60 Nüchternheit, seine existenzielle Radikalität, sein Einmal-und-nie-wieder-Pathos, sein tödlicher Schluss. Das alles und die trockene Hitze des italienischen Landsommers, in dem ich es las und der so gar nicht zu der englischen Zeitung passte, die Melancholie der südlichen Mittagsstunden und noch manch anderes, das hier nicht hergehört, haben zu diesem ungeheuren Erlebnis beigetragen. Ein Gedicht, das spürt
65 man, wenn man an sein Lieblingsgedicht denkt, ist nie nur die Summe seiner Teile, sondern immer ein Organismus, der stirbt, wenn man ihn zerschneidet. Deswegen ist auch wahr, was oft behauptet wurde: Gedichte versteht man nur ganz, während man sie liest. Nicht davor und nicht danach. Das ist ähnlich wie mit der Musik. Gedichte sind keine Gegenstände, eher Zustände. Deswegen können wir sie auch schlecht zu
70 uns herüberziehen in die Prosa unserer Verhältnisse. Wir müssen uns schon aufmachen, zu ihnen zu kommen. Nur so erfahren wir endlich einmal etwas vollkommen Neues.

Aus: DIE ZEIT vom 24. 05. 2007.

Hinweise und Tipps

– *Eine vergleichende Analyse von Sachtexten muss immer davon ausgehen, dass beide Autoren zu einem Thema Stellung beziehen und dass sie vermutlich dieses Thema aus unterschiedlichen Perspektiven betrachten (sonst hätte der Vergleich ja wenig Sinn). Die Aufgabenstellung erleichtert die Bearbeitung insofern, als das* **Thema der Texte explizit angegeben** *wird: „Wie und warum soll man sich mit Lyrik beschäftigen?"*

- *Die Vorgehensweise wird durch die Aufgabenstellung vorgegeben: Zunächst muss der **gedanklich-argumentative Aufbau** herausgearbeitet werden. Verdeutlichen Sie die Argumentation insbesondere durch die Verwendung von Verben, welche die Sprechakte kennzeichnen: Die Autoren begründen ihre Meinung, sie weisen Behauptungen zurück, sie leiten Forderungen ab, greifen Fragen auf, schränken Aussagen ein etc.*
- *Arbeiten Sie beim Vergleich der **sprachlich-stilistischen Gestaltungsmittel** vor allem die Unterschiede zwischen den beiden Texten heraus. Dabei ist darauf zu achten, dass die jeweilige Funktion und die Wirkung des Gestaltungsmittels deutlich gemacht werden.*
- *Abschließend sollen Sie eine **eigene Stellungnahme** unter Heranziehung eigener Leseerfahrungen abgeben. Dabei kann es hilfreich sein, wenn der Gegenstand der Betrachtung noch genauer definiert wird. Es ist z. B. vorstellbar, dass auch Songtexte oder Kinderreime unter die Kategorie „Lyrik" subsummiert werden und so das Feld erweitert wird.*
- ***Einleitung und Schluss** führen zum Thema hin und runden den Aufsatz ab. Hierfür eignen sich beispielsweise die geforderten „eigenen Leseerfahrungen".*

Gliederung

1	Lyrik nervt!
2	Zugänge zur Lyrik
2.1	Gelferts These von der Notwendigkeit der Interpretation lyrischer Texte (Inhalt und gedanklich-argumentativer Aufbau)
2.1.1	Unbeliebtheit der Lyrik bei Studierenden (Z. 1–6)
2.1.2	Lyrik im Deutschunterricht (Z. 6–31)
2.1.3	Die analytisch ausgerichtete Interpretation von Gedichten (Z. 32–42)
2.1.4	Interpretation als Notwendigkeit und intellektuelle Freude (Z. 42–58)
2.2	Radischs These von der Lyrikrezeption als emotionalem Erlebnis (Inhalt und gedanklich-argumentativer Aufbau)
2.2.1	Leicht verständliche Gedichte vs. hermetische Lyrik (Z. 1–48)
2.2.2	Adäquate Lyrikrezeption durch Begegnung (Z. 48–72)
2.3	Sprache und Wirkungsabsicht
2.3.1	Einem Fachbuch angemessene sprachliche Gestaltung bei Gelfert
2.3.2	Einem Vorwort angemessene sprachliche Gestaltung bei Radisch
2.4	Appelle zur Neuentdeckung des Interpretierens bei Gelfert und zur emotional besetzten Begegnung mit Lyrik bei Radisch (Textintention und Wertung)
3	Verschränkung von emotionalem und analytisch-rationalem Zugang zur Lyrik (Stellungnahme)
4	Die Lyrikwerkstatt als Heranführung an Gedichte

Lösungsvorschlag

Lyrik nervt! Erste Hilfe für gestreßte Leser – so lautet der Titel eines Buches, 1
das einer der renommiertesten Schriftsteller der Bundesrepublik, Hans Magnus
Enzensberger, unter dem Pseudonym „Andreas Thalmayr" vor einigen Jahren
veröffentlichte. Der Autor greift damit eine oft formulierte Äußerung auf. Vor
allem Schüler sind genervt, wenn Lehrer Gedichtinterpretationen verlangen.
Und wenn dann unter ihrem Aufsatz auch noch Formulierungen stehen wie
Du gehst zu sehr von deinen persönlichen Erfahrungen aus; *Mehr in die Tiefe
gehen!*, dann ist die Motivation, sich auf Gedichte einzulassen, meist völlig
zerstört. Thalmayr alias Enzensberger versucht nun mit seinem Buch Hilfestellungen zu geben, wie man sich doch mit Gewinn der Lyrik widmen könnte.
Er meint, es gehe auch anders, und ruft voller Enthusiasmus: *Lyrik ist cool!*
Lyrik kommt wie gerufen! Lyrik hilft! usw. Ob er damit wirklich auch Schülerinnen und Schüler überzeugen kann, sei allerdings dahingestellt.

Die **Frage, wie und warum überhaupt man sich mit Lyrik auseinander-** 2
setzen soll, wird also immer wieder diskutiert. So beschäftigen sich auch der
Literaturwissenschaftler Hans-Dieter Gelfert in seinem Buch „Wie interpretiert man ein Gedicht?" von 1990 und die Kulturjournalistin Iris Radisch in
ihrem Artikel „Nie wieder Versfüßchen", der in der Wochenzeitung DIE ZEIT
anlässlich der Veröffentlichung einer Gedichtsammlung 2007 erschienen ist,
mit diesem Thema.

Gelfert privilegiert die **analytisch-interpretierende Auseinandersetzung** 2.1
mit Lyrik und sieht in der Beschäftigung mit Gedichten einen dauerhaften
ästhetisch-intellektuellen Gewinn.

Für seine Ausführungen wählt er einen induktiven Einstieg, indem er von Er- 2.1.1
fahrungen mit seinen Studenten berichtet. Nach seiner Beobachtung ist Lyrik
selbst bei den jungen Menschen, die sich für ein Literaturstudium entschieden
haben, **die unbeliebteste Gattung** von allen. Begründet wird diese Haltung
mit der Art und Weise, wie Gedichte im Deutschunterricht behandelt werden.
Die Auseinandersetzung mit Gedichten in der Schule hätte vielen jungen
Menschen die Lyrik verleidet (vgl. Z. 1–6).

Die daraus ableitbare Folgerung, die Behandlung von **Lyrik im Deutsch-** 2.1.2
unterricht aufzugeben, wird von Gelfert aber zurückgewiesen, indem er
behauptet, dass der Deutschunterricht auch Leser für die wertvolle Gattung
Lyrik gewinne. Diese Minderheit würde womöglich ganz verschwinden, wenn
man sich sogar in der Schule nicht mehr mit Gedichten beschäftigte.
Für den Literaturwissenschaftler ist die Auseinandersetzung mit der Lyrik
deshalb so wichtig, weil er dieser Textsorte eine ganz besondere ästhetische
Qualität zuschreibt, die bei Romanen und Dramen so nicht garantiert sei.
Während die beiden Letztgenannten unter Umständen bloß eine Unterhal-
tungsfunktion hätten, sei ein Gedicht immer als künstlerische Äußerung zu

erkennen. Also wäre es ein zu großer Verlust für das Kunst- und Literatur-
verständnis insgesamt, wenn Lyrik aus den Lehrplänen ganz verdrängt würde.
Stattdessen schlägt Gelfert vor, die Behandlung von Lyrik im Unterricht
attraktiver zu gestalten (vgl. Z. 6–31).

Im nächsten Abschnitt greift der Autor die Frage der Überschrift nach dem 2.1.3
Sinn einer **analytisch ausgerichteten Interpretation von Gedichten** auf, bestätigt aber zunächst die Abneigung von Schülern, eine solche genaue Analyse durchzuführen. Diese Abneigung erklärt der Wissenschaftler damit, dass
jedes Gedicht einzigartig sei und durch eine zergliedernde Interpretation letztlich zerstört werden könne. Die ästhetische Qualität eines Gedichts bestehe ja
gerade darin, dass Unaussprechliches vorgeführt werde (vgl. Z. 32–42).

Gelfert begründet die **Notwendigkeit der Interpretation** dann aber mit dem 2.1.4
Bedürfnis nach Versprachlichung. Die Menschen sind für ihn so beschaffen,
dass sie ihre Umwelt verstehen, indem sie darüber reden. Diese „intersubjek-
tive" Verständigung gelte eben auch für die Beschäftigung mit Gedichten.
Wenngleich eingeräumt werden müsse, dass im Prozess der Analyse durchaus
der spontane, emotionale Zugang etwas verloren gehe, so sieht Gelfert doch
den Vorteil, dass die Freude an einem Text durch eine genaue Interpretation
weitaus intensiver sei. Dieser dauerhafte **ästhetisch-intellektuelle Gewinn** ist
für den Wissenschaftler auch der Grund, warum man sich mit Lyrik analytisch auseinandersetzen sollte (vgl. Z. 42–58).

Einen ganz anderen Zugang zur Lyrik zeigt die Kulturjournalistin **Iris Radisch** 2.2
auf. Sie vertritt die Meinung, dass man sich auf Gedichte einlassen sollte, weil
diese den persönlich-emotionalen Erfahrungsraum deutlich erweitern können.
Sie plädiert daher auch für eine **emotional besetzte Begegnung** mit dieser
Gattung.

Die Journalistin leitet ihren Text damit ein, dass sie die Notwenigkeit von 2.2.1
Interpretation überhaupt infrage stellt. Bewusst holzschnittartig unterteilt sie
zunächst die Gattung Lyrik in **zwei Rubriken:** Da seien zum einen Gedichte,
die so **einfach** gestrickt sind, dass eine Interpretation ganz unnötig ist. Zum
anderen gibt es für sie Gedichte, die so **verschlossen** sind, dass sie das Verstehen verweigern und deshalb der Interpretation nicht zugänglich sind. An
einigen Beispielen illustriert sie ihre These und konstatiert für beide Richtungen unter dem Aspekt der literarischen Wertung Qualitätsunterschiede (vgl.
Z. 1–48).

Für Radisch geht es offensichtlich gar nicht so sehr um die Frage, wie man 2.2.2
einem Gedicht begegnen soll, sondern viel eher um die Frage, welche Faktoren ausschlaggebend dafür sind, ob ein Gedicht jemanden anspricht oder nicht.
Sie veranschaulicht ihre These, dass das subjektive Gefallen im Vordergrund
stehe, mit einem persönlichen Beispiel, einer gelungenen **Begegnung mit
einem Gedicht**. Sie berichtet von einem kurzen Werk des englischen Autors
Philip Larkin, das sie während eines Italienaufenthalts zufällig gelesen hat und

das sie tief berührte. Jede Interpretation des Textes würde, so Radisch, diese emotionale Ergriffenheit schlichtweg zerstören. Als Ergebnis ihrer Auseinandersetzung mit der Fragestellung behauptet sie deshalb, dass die adäquate Rezeption eines Gedichtes nur im Moment der unmittelbaren Begegnung stattfinde, was zu neuen Erfahrungen führen könne (vgl. Z. 48–72).

Beide Texte weisen auffällige **sprachliche Besonderheiten** auf. Unterschiede gibt es vor allem im Stil. Das liegt sicher an der unterschiedlichen Zielsetzung, aber auch daran, dass die Texte für **verschiedene Zielgruppen** geschrieben wurden. 2.3

Gelferts Text entstammt einem wissenschaftlichen **Fachbuch**, das sich vor allem an Studenten der Literaturwissenschaft im Grundstudium richtet. Dementsprechend ist der **Stil** auch überwiegend wissenschaftlich und **sachlich**. Bei der Lexik ist auffällig, dass Gelfert zahlreiche **Fachbegriffe aus dem Bereich der Literatur** verwendet. Dies macht die Aussagen des Literaturprofessors authentisch und sichert ihm Autorität zu. So wird ohne weitere Anmerkungen von „Lyrik" (Z. 3), „Gattungen" (Z. 4), von „Artifizielle[m]" (Z. 19), „Germanistik" (Z. 21), „ästhetische[r] Sensibilität" (Z. 28) oder „differenzierter Wahrnehmung" (Z. 54) gesprochen. Begriffe aus dem Wortfeld der Literatur, wie z. B. „Lesen" (Z. 11), „literarisch[…]" (Z. 14), „Romane" (Z. 16), beziehen sich genauso auf den Adressatenkreis der Studentenschaft wie solche aus dem Wortfeld der Kommunikation: „Worte" (Z. 35), „versprachlicht" (Z. 45) oder „Sprache" (Z. 46). Sie lenken den Blick auf die Schwerpunkte des Textes. Es geht um die Frage, welche Gründe herangezogen werden können, um die wissenschaftlich fundierte Auseinandersetzung mit Gedichten zu legitimieren. Die Studenten, die Gelferts Buch lesen, sollen schließlich davon überzeugt werden, dass sie gut daran tun, sich in Seminaren auch mit Lyrik zu beschäftigen. 2.3.1

Die **Syntax** in Gelferts Text ist überwiegend hypotaktisch, was der Begründungsstruktur der Ausführungen und der sorgsam hergestellten Textkohärenz entgegenkommt. Daneben werden aber auch für den Autor zentrale Aussagen in prägnanten parataktischen Aussagesätzen formuliert, so zum Beispiel, wenn er die „ästhetische Individualität" (Z. 37) eines Gedichts mit der Nichtinterpretierbarkeit gleichsetzt und kurz und bündig behauptet: „*Individuum est ineffabile*, lautet ein alter philosophischer Grundsatz: das Individuelle ist unaussprechlich." (Z. 38 f.) Mit dem lateinischen **Zitat** macht er klar, dass diese Diskussion schon seit der Antike existiert und er (als renommierter Professor) um diese Tradition weiß; gleichzeitig wird aber auch deutlich, dass er seinen Studenten offensichtlich nicht sehr viel zutraut, sonst würde er den bekannten Spruch nicht eigens ins Deutsche übersetzen.

Dem Autor gelingt es mithilfe von **rhetorischen Fragen**, den Leser von seiner Argumentation zu überzeugen, wenn er beispielsweise auf jene Schwierigkeit aufmerksam macht, das Individuelle auszusprechen, um dann zu fragen: „Aber soll man deshalb darüber schweigen?" (Z. 42). Die gewünschte

Antwort lautet natürlich ,Nein, man soll nicht schweigen, sondern fleißig darüber reden.'

Zu der schrittweise entwickelten Argumentation gehört auch die **Bildhaftigkeit** des Textes. Das bekannte Sprichwort „Man soll das Kind nicht mit dem Bade ausschütten" wird hier von Gelfert auf die Lyrikinterpretation in der Schule übertragen: Auch wenn zugestanden werden müsse, dass der Deutschunterricht nicht immer erfolgreich die Rezeption von Gedichten unterstütze, so dürfe nicht gleich alles in Frage gestellt werden. Der Autor empfiehlt vielmehr – nicht ganz ohne Witz –, „das Bad für das Kind etwas lustvoller zu gestalten" (Z. 30 f.), und meint damit, dass die Lyrikvermittlung in der Schule motivierender arrangiert werden muss. Drastisch weist der Literaturprofessor auch auf die Relevanz des Interesses für Lyrik hin, wenn er einen Literaturstudenten, der sich nicht für Lyrik interessiert, mit einem „Farbenblinde[n], der Malerei studiert" (Z. 22), **vergleicht**. Ein solcher Lyrikverächter dürfte demnach für das Literaturstudium gar nicht erst zugelassen werden.

Trotz des wissenschaftlichen Stils bemüht sich der Autor also insgesamt um **Veranschaulichung**, versucht seine Zielgruppe (vorwiegend Studenten) zu erreichen und den Zweck seiner Ausführungen zu unterstützen, der darin besteht, den Nachwuchs der Literaturwissenschaft auf ihre Aufgabe der Interpretation vorzubereiten.

Im Gegensatz zu Gelferts Text ist der Artikel von **Radisch** in einem eher   2.3.2
essayistisch-journalistischen Stil gehalten, was zu dem Erscheinungsort des Artikels und auch zur Zielgruppe, den Lesern der Wochenzeitschrift DIE ZEIT, passt.

Im Bereich der **Syntax** wechselt die Autorin zwischen Hypo- und Parataxen (vgl. Z. 1–3; 27 f.) und setzt auf Ellipsen (Z. 10, Z. 59 ff.), Nachschübe (Z. 69) und Einschübe (Z. 1, Z. 48). Auch asyndetische Reihungen (vgl. Z. 59 ff.) kommen vor. Damit möchte sie möglichst lebendig und variantenreich formulieren, um so die Leser an ihren Überlegungen teilhaben zu lassen. Diese z. T. aus dem mündlichen Sprachgebrauch übernommenen Elemente sind typisch für einen essayistischen Stil und spiegeln das eher subjektive Nachdenken der Autorin wider.

Neben alltagsprachlichen Wendungen ist bei Radisch auffällig, dass sie immer wieder **Neologismen** einbaut, die aus ungewöhnlichen Wortzusammensetzungen bestehen. So kann beispielsweise ein Gedicht in „Allerwelts-Redeschleifen" steckenbleiben (Z. 11). Gemeint ist damit ein Texttyp, der nach Meinung der Journalistin allzu harmlos alltägliche Beobachtungen aneinanderreiht und allenfalls durch ungewohnte Kombinationen oder Formgestaltung zur Kunst erklärt wird. Um zu erklären, was ihr an einem speziellen Gedicht gefallen hat, spricht sie von „cellophanpapierhafte[r] Nüchternheit" (Z. 59 f.) und von „Einmal-und-nie-wieder-Pathos" (Z. 60 f.). Beide Begriffe spielen mit dem Gedicht von Philip Larkin, das kurz vorher zitiert wird. Die Autorin erwartet also von ihren Lesern, dass sie sich auf den zitierten Text und das daraus gewonnene Bild einlassen und es entschlüsseln. Sie macht damit besonders ihre These von der schwierigen Versprachlichung eines Lyrik-Erlebnisses konkret nachvollziehbar. Tatsächlich ist eine „cellophanpapierhafte Nüchternheit" alles andere als leicht zu begreifen, und vermutlich versteht jeder Leser darunter etwas anderes – wie eben auch bei den meisten Gedichten.

Zu Radischs Sprache gehören zahlreiche **bildhafte Formulierungen**, mit denen sie darum ringt, Lyrik zu beschreiben: Ein „Metaphernfeld" (Z. 31) weht im Wind oder Gedichte überantworten sich einem „Vokalgestöber" (Z. 31 f.). Man spürt förmlich, wie bei solchen Stürmen der Sinn des Textes verfliegt und der Leser nur noch in Deckung gehen kann. Wieder andere Gedichte, hier spricht die Kulturjournalistin von der *hermetischen Lyrik*, werden mit einer Währung **verglichen**, „mit der man sich in der Wirklichkeit beinahe nichts mehr kaufen kann" (Z. 40 f.). Der Inhalt eines solchen Gedichts wird also mit altem Geld gleichgesetzt: Beides ist nur noch für Sammler oder Kenner etwas wert. Sprache könne auch wie ein Gefängnis sein, meint Radisch, und bezieht sich hier auf ein Gedicht von Franz Mon, das ihr wie ein „gefängnishaft anmutendes Sprachgitter" (Z. 33) vorkommt, aus dem man nicht mehr ausbrechen kann. Die Autorin und begeisterte Leserin von Gedichten wird so in ihrem Text beinahe selbst zu einer ambitionierten Lyrikerin!

Verglichen mit dem Text des Literaturwissenschaftlers Gelfert wartet die Kulturjournalistin Radisch in ihren Ausführungen noch mit einer weiteren Besonderheit auf: Um ihre Thesen zu illustrieren, arbeitet sie mit besonders vielen **Beispielen**, die sie ausgiebig **zitiert** (vgl. Z. 14 ff., 33 ff., 36 ff. und 55 ff.). So kann sich der Leser mit Originaltexten beschäftigen und die Aussagen gleich am Material überprüfen.

Beide Autoren wollen die Leser von ihrer Position überzeugen. Um dieses 2.4 Ziel zu erreichen, gehen sie **appellativ** vor. Dies zeigt sich beispielsweise an den rhetorischen Fragen, die den Leser ansprechen und dazu anregen, über die aufgestellte These zu reflektieren und sie möglicherweise zu übernehmen. Dass Gelfert und Radisch die Themenfrage unterschiedlich beantworten, sollte bereits deutlich geworden sein. Ihre gegensätzlichen Thesen werden im Folgenden nochmals explizit herausgestellt.

Der ironisch gemeinte Titel des Zeitungsartikels bei **Radisch** – *Nie wieder Versfüßchen* – gibt schon einen deutlichen Hinweis auf die Stoßrichtung ihres Aufsatzes. Die Journalistin plädiert für eine **emotionale Begegnung mit Lyrik** und wendet sich damit gegen eine analytische Gedichtinterpretation, die (nach dem Lehrplan) eben auch ein genaues Bestimmen des Versmaßes erfordert. Für Radisch ist es nicht so wichtig, ob ein Gedicht aus Jamben oder Trochäen besteht – Hauptsache, es gefällt.

Gelfert hingegen setzt sich für die Notwendigkeit einer **genauen Interpretation eines Gedichtes** als einzig angemessener Rezeptionsweise ein, die einen dauerhaften ästhetisch-intellektuellen Gewinn bringe. Zunächst informiert er seine Leser, indem er die momentane Lage schildert. Hierbei lässt er durch implizite Kommentierungen wie „mit Betrübnis" (Z. 3), „niederschmetternd"

(Z. 5) und „radikal[...]" (Z. 10) bereits keinen Zweifel daran, für wie desolat er die Situation der Lyrik hält. Der Professor verweist darauf, dass der Mensch „seinem Wesen nach rational" (Z. 43) sei, und verwendet dieses Faktenargument als Grundlage für seine weitere Argumentation. Er sieht das Reden über Gedichte als „nicht nur erlaubt, sondern notwendig" (Z. 47 f.) an und stellt damit die Auseinandersetzung über unser gesamtes kulturelles und künstlerisches Kunstverständnis in den Mittelpunkt. Seine Intention ist es, Studierende und Schüler als Leser seiner Publikation von dieser These zu überzeugen. Für Radisch hingegen spielen einzig und allein das Leseerlebnis, das Gefühl und die Situation der Begegnung mit Lyrik eine Rolle.

Beide Autoren setzen auf **adressatengerechte Verständlichkeit:** Gelfert orientiert sich bei seinen Beispielen an der Zielgruppe der Schüler und Studenten und überzeugt durch eine explizite und prägnante Gedankenführung, indem er eine schrittweise nachvollziehbare Argumentation entwickelt. Auch Radisch orientiert sich an ihren Lesern. Die Journalistin wendet sich allerdings eher an Lyrikenthusiasten, also an Gleichgesinnte. Dementsprechend ist ihre Argumentation nicht ganz vollständig. Das muss sie aber auch nicht sein, weil Radisch ja als Hauptargument gerade die Emotion – und nicht das Rational-Logische – anführt. Sie arbeitet in Teilen assoziativ und zitiert dabei ausgiebig.

Die Frage, welche der beiden formulierten Meinungen nun die richtige ist, ist **3** schwer zu beantworten. **Beide Thesen haben in gewisser Weise ihre Berechtigung.** Wichtig wäre zunächst die Frage, über welche Texte man sprechen will. Es gibt nämlich nicht nur die Gedichte, die in Schulbüchern gesammelt und in Deutschstunden sowie in Universitätsseminaren interpretiert werden müssen. Auch die sogenannten *Lyrics* der Songtexte – von Bob Dylan bis Eminem – sind (ja schon dem Namen nach) lyrische Gebilde, ebenso dürfen Kinderreime dazugerechnet werden. Alle diese Beispiele gleich zu behandeln, wird nicht funktionieren.

Es gibt Gedichte, die sich, wie Radisch in ihrem Vorwort betont, bereits beim ersten Lesen erschließen und sich dem Leser öffnen. Beispielsweise sind romantische Liebes- und Sehnsuchtsgedichte (wie z. B. Eichendorffs berühmte *Mondnacht* oder *Das zerbrochene Ringlein*) so voller Gefühle, dass man die Grundaussage intuitiv sofort wahrnimmt, es einem aber schwerfällt, die Eindrücke in Worte zu fassen und sich ihnen analytisch zu nähern. Da hat man das Gefühl, sie dadurch nur zu zerstückeln.

Auch gibt es sicher Situationen, in denen man sich nur emotional auf Lyrik einlassen möchte und dennoch versteht, warum es in den Gedichten geht. Bei der Behandlung der Jahrhundertwende im Unterricht hörten wir Auszüge eines Lyrikprojekts, bei dem Prominente ihr Lieblingsgedicht von Rilke vorlasen. Diese Präsentation war so intensiv, dass eine sich anschließende Interpretation einiger dieser Gedichte unser positives Gestimmtsein dieser Lyrik gegenüber zerstörte, sodass es in diesem Fall besser gewesen wäre, es beim emotional-persönlichen Erfahren zu belassen.

Ähnliches gilt für Songtexte. Auch wenn man durchaus wissen möchte, wovon gesungen wird, ist es doch in der Regel nicht notwendig, die Texte zu analysieren. Natürlich leistet die Musik hier ihren Beitrag zum Verständnis, aber die Botschaft kommt auch ohne tiefschürfende Erschließung und Interpretation beim Zuhörer an.

Auf der anderen Seite habe ich aber erlebt, dass es Gedichte gibt, die zunächst völlig ohne Wirkung bleiben. Erst durch eine genauere Analyse öffnet sich der Text, und plötzlich kommt man aus dem Staunen nicht mehr heraus. Gedichte wie Celans *Todesfuge* oder Hölderlins *Hälfte des Lebens* hätte ich ohne genaue interpretierende Auseinandersetzung nie verstanden. Und erst nach einer (mühsamen) Kleinarbeit ist mir die Schönheit dieser Texte bewusst geworden. Interessant ist auch die Beobachtung, dass gerade diese Gedichte im Laufe der Zeit immer wieder neue Bedeutungen entfalten. Deshalb ist es meiner Meinung nach gar nicht verkehrt, wenn Klassiker wie Goethes *Prometheus* in der Schule zwei- oder dreimal durchgenommen werden.

Damit hat auch Gelfert in gewisser Weise Recht, dass sich gewisse Texte erst durch die Versprachlichung und interpretierende Auseinandersetzung erschließen. Verzichtete man darauf, würde manche Entdeckung ausbleiben. Hierin sind die Gedichte durchaus mit guten Songs zu vergleichen. Manchmal dauert es schon länger, bis man die Qualität einer neuen CD erkennt. Die Wiederholung macht den Unterschied aus.

Dass die Interpretation nicht erfunden wurde, um junge Menschen zu quälen, 4 durchschaut man als Schüler in den unteren Klassen vermutlich noch nicht. Vielleicht wäre es eine Möglichkeit, besonders in der Mittelstufe noch auf die analytische Auseinandersetzung mit Lyrik zu verzichten, um die Abneigung gegen diese Gattung zu vermeiden. Es reicht unter Umständen aus, gerade mit Jüngeren in einer sogenannten „Lyrikwerkstatt" einfache Gedichte, vor allem Balladen, aber auch Lustiges und Experimentelles (z. B. Jandls *Gedichte über Gedichte*) zu lesen. Ebenso hat es sich bewährt, kreativ mit Lyrik umzugehen. Man kann Reim-Ratespiele durchführen, zu einzelnen Strophen etwas malen lassen usw. Deutschunterricht ist dann weder langweilig noch abschreckend. Und wenn dann – wahrscheinlich erst in der Oberstufe – das Bedürfnis entsteht, Genaueres zu wissen, sollte man mit der analytisch-rationalen Lyrikinterpretation beginnen.

Deutsch (Bayern G8) – Abiturprüfung 2011
Aufgabe 5: Argumentieren, auch in freieren Formen

„Freundschaft im Zeitalter digitaler Kommunikation"
Setzen Sie sich mit diesem Thema auseinander, indem Sie **eine** der beiden Varianten bearbeiten!

Variante 1:

Erörtern Sie unter Berücksichtigung der beigefügten Materialien und Ihrer eigenen Erfahrungen Chancen und Risiken für Freundschaft im Zeitalter digitaler Kommunikation! Entwickeln Sie ausgehend von Ihren Ergebnissen Vorschläge, wie die Chancen erweitert und die Risiken eingedämmt werden können!

oder

Variante 2:

Verfassen Sie einen Kommentar für die Jugendseite einer überregionalen Tageszeitung zum Thema „Freundschaft im Zeitalter digitaler Kommunikation", in dem Sie auf das SZ-Interview mit William Deresiewicz (Material 2) antworten! Beziehen Sie in Ihre Ausführungen die beigefügten Materialien und Ihre eigenen Erfahrungen mit ein!
Ihr Kommentar muss eine passende Überschrift erhalten und sollte eine Länge von etwa 800 Wörtern haben.

Material 1

Werbeanzeige einer überregionalen Tageszeitung

Material 2

Internet, Ort der Einsamkeit (Interview von Johannes Kuhn mit dem Literaturwissenschaftler und Kulturkritiker William Deresiewicz)

William Deresiewicz veröffentlichte 2009 zwei vielbeachtete Essays. „The End of Solitude" beschäftigt sich damit, wie das Echtzeit-Internet uns der Selbstreflexion beraubt. In „Faux Friendship" vertritt Deresiewicz die These, dass soziale Netzwerke unsere Freundschaftserfahrungen negativ beeinflussen.

SZ: Ihre beiden Essays beschäftigen sich mit Abgeschiedenheit und Freundschaft im digitalen Zeitalter. Die beiden Konzepte scheinen auf den ersten Blick jeweils am entgegengesetzten Ende des Spektrums zu liegen.

William Deresiewicz: Das denken wir, doch beides hängt eng miteinander zusam-
5 men: Wer ein echter Freund sein möchte, braucht Abgeschiedenheit, um über sich selbst zu reflektieren. Um aber ein ehrliches Verhältnis zu mir selbst zu haben, muss ich wahre Freundschaft kennen, weil ich mich im Gespräch mit dem Freund selbst entdecken kann. Unsere gegenwärtige Online-Welt macht jedoch sowohl Abgeschiedenheit als auch echte Freundschaft zunehmend schwieriger.

10 **SZ:** Aber die erfüllte Utopie des Internets ist doch, dass wir überall Freunde entdecken können.

Deresiewicz: Das Internet ist Teil einer Entwicklung, bei der wir die Qualität der Freundschaft durch Quantität ersetzen. Wir können mit hundert Menschen gleichzeitig kommunizieren, mit Menschen, die wir kennen oder die wir nie getroffen
15 haben. Aber worüber tauschen wir uns aus? Facebook besteht nur aus schnellen kleinen Botschaften zu meist trivialen Dingen. Für mehr gibt es keinen Platz. Und weil die Qualität dieses Austausches so unbefriedigend ist, bekommt man bei genauerem Nachdenken ein Gefühl der Einsamkeit, der negativen Form der Abgeschiedenheit.

20 **SZ:** Soziologen haben den Begriff der „Ambient Awareness" geprägt, einer Art elektronisch vermittelter Nähe. Über die Statusnachrichten sieht der Nutzer im Augenwinkel, wie es seinen Freunden geht. Das hört sich nicht nach Einsamkeit an.

Deresiewicz: Das Merkwürdige ist doch, dass wir immer glauben, dass eine neue Technik ein vorhandenes Bedürfnis befriedigt. Tatsächlich schafft sie dieses Be-
25 dürfnis oft erst. In diesem Fall ist das der Wunsch, 24 Stunden am Tag zu wissen, was unsere Freunde machen. Aber darum geht es in zwischenmenschlichen Beziehungen nicht. Ein Freund ist nicht der, der mir jeden blödsinnigen Gedanken mitteilt, der ihm im Kopf herumgeht – ein Freund ist der, den ich sechs Monate nicht sehe, für den ich mir aber dann ein ganzes Wochenende Zeit für Gespräche
30 mit ihm nehme.

SZ: Liegt Ihre Kritik vielleicht darin begründet, dass wir das Wort „Freund" im Internet falsch verwenden? „Kontakt" würde es in vielen Fällen vielleicht besser treffen.

Deresiewicz: Natürlich ist es Unsinn, jeden als Freund zu betrachten. Das Problem ist: Indem wir unsere bestehenden Freundschaften zu Facebook umziehen lassen,
35 gibt es kaum noch Abstufungen. Unsere öffentlichen Statusnachrichten gehen an den besten Freund und den entfernten Bekannten. Wir beschäftigen uns so sehr

mit trivialer Kommunikation, dass wir immer weniger verstehen, was es aus-
macht, ein Mensch zu sein.

SZ: Das hört sich sehr technikkritisch an.

40 **Deresiewicz:** Ich möchte die Technik nicht dämonisieren. Sie ist genauso wenig
grundsätzlich schlecht wie das Internet oder Facebook grundsätzlich schlecht sind.
Bei Facebook bin ich übrigens selbst angemeldet. Das Problem begann schon
lange vor dem Internet: Der Kulturkritiker Lionel Trilling schrieb bereits vor
50 Jahren, dass die Moderne von der Angst des Einzelnen geprägt ist, nur eine

45 einzige Sekunde von der Herde getrennt zu sein.

SZ: Und das Internet verstärkt diese Angst?

Deresiewicz: Ich möchte eine Analogie ziehen: Das Fernsehen war eigentlich dazu gedacht, Langeweile zu vertreiben – in der Realität hat es sie verstärkt. Genauso verhält es sich mit dem Internet. Es verstärkt die Einsamkeit. Je mehr uns eine Tech-

50 nik die Möglichkeit gibt, eine Angst des modernen Lebens zu bekämpfen, umso
schlimmer wird diese Angst bei uns werden. Weil wir ständig mit Menschen in
Kontakt treten können, fürchten wir uns umso mehr, allein mit uns und unseren
Gedanken zu sein.

SZ: Wie konstruiert der Mensch zwischen Vernetzung und Einsamkeit seine Identität?

55 **Deresiewicz:** Es gibt eine Lücke zwischen dem, was wir sind, und dem, was wir darstellen. Oft ist es doch so: Je mehr Spaß Menschen an ihren Facebook-Status-
nachrichten zu haben scheinen, umso weniger Spaß haben sie in ihrem echten
Leben. Das kann dazu führen, dass wir uns zu Avataren unserer Selbst verwandeln: Plötzlich merke ich, dass mein digitales Ich auf Facebook ein aufregenderes

60 Leben hat als ich selbst. […]

Aus: Johannes Kuhn, Interview, in: Süddeutsche Zeitung vom 18. 02. 2010.

Material 3

Christoph Koch: Alle Freunde auf einen Klick

[…] Dennoch sind Freundschaften ein wichtiger Teil des sozialen Kapitals. Der
amerikanische Soziologe Robert D. Putnam hat versucht, dieses soziale Kapital in
zwei verschiedene Arten aufzuteilen: in das Bonding Capital (also etwa „verbin-
dendes Kapital") und das Bridging Capital (sozusagen „überbrückendes Kapital").

5 Während das Bridging Capital etwas darüber aussagt, mit wie vielen unterschiedlichen Menschen jemand verbunden ist, aus welchen unterschiedlichen Sphären und
Schichten diese stammen, wie groß also gewissermaßen seine „Reichweite" ist, sagt
das Bonding Capital mehr darüber aus, wie eng diese Bindungen sind, wie groß das
gegenseitige Vertrauen und die Wertschätzung. Anders formuliert: Bridging Capital

10 fragt danach, wie viele Menschen man kennt, denen man Geld leihen würde, Bonding Capital hingegen stellt die Frage, wie viel man dem Einzelnen leihen würde.
Eine der zentralen Aussagen der Studie, die Steinfield[1] und seine Kollegen veröffentlicht haben: Online-Gemeinschaften wie Facebook spielen eine große Rolle,
wenn es darum geht, das „Bridging Capital" zu vergrößern, sie machen unsere

15 Freundeskreise also größer und vielfältiger. Wenn es jedoch darum geht, bestimmte
Kontakte zu intensivieren, ist es weniger wichtig. Eine Gefahr für analoge Freundschaften sehen auch sie nicht: „Online-Kontakte entfernen die Menschen nicht zwangsläufig von ihrer realen Umwelt, können ihnen aber helfen, Beziehungen und Kontakt
zu Freunden aufrechtzuerhalten, selbst wenn durch geänderte Lebensumstände der
20 (physische) Abstand wächst." [...]

Aus: Der Tagesspiegel vom 08. 08. 2010.

1 Charles Steinfield, Kommunikationswissenschaftler, ist einer von drei Autoren der Studie „The
Benefits of Facebook ‚Friends' ", die sich mit den Auswirkungen von sozialen Netzwerken auf
Freundschaft und Wohlbefinden beschäftigt.

Material 4

Statistik zu Veränderungen der Gesprächskultur

Affinität zu verschiedenen Kommunikationskanälen

	Bevöl-kerung ins-gesamt %	Altersgruppen				
		14–19 Jahre %	20–29 Jahre %	30–44 Jahre %	45–59 Jahre %	60 Jahre u. älter %
Für mich ist ein persönliches Gespräch die angenehmste Form, um mich mit anderen auszutauschen	63	36	51	65	70	69
Ich telefoniere gerne ausgiebig	31	52	35	32	27	25
Ich schreibe gerne E-Mails	17	47	28	23	13	3
Ich chatte gern im Internet	15	67	33	14	7	2
Wenn ich Freunden etwas mitteilen möchte, schreibe ich am liebsten eine SMS	15	52	32	16	8	2
Ich schreibe gerne Briefe	14	11	11	10	13	20

Deutsche Bevölkerung ab 14 Jahre

Aus: Studie des Instituts für Demoskopie Allensbach, Nr. 3/2009.

Material 5

Mischa Täubner: Ein Freund, ein guter Freund …

[…] **Wozu brauchen wir Freundschaften überhaupt?** Man könne das eigene Ich erst im Freund und der Ähnlichkeit mit ihm entdecken, schrieb Aristoteles. Zudem entwickele sich das Selbst durch den Kontakt mit dem Freund und der „Erziehung" durch diesen weiter. Auch heute halten Psychologen Freundschaften für die Entwick-
5 lung der Persönlichkeit in der Adoleszenz für unentbehrlich. Enge Freundschaften bieten laut Heidbrink Möglichkeiten, das eigene Selbst zu entdecken und ein tieferes Verständnis für andere Menschen zu entwickeln.[1] Sie bildeten darüber hinaus die Grundlage für zukünftige intime Beziehungen. „Im Erwachsenenalter dienen sie der Selbstbestätigung. Freundschaften geben Sicherheit und sind eine wichtige Voraus-
10 setzung für Spaß und Freude", sagt der Hamburger Sozialpsychologe Erich H. Witte. Der Philosophin Marylin Friedman zufolge lässt Freundschaft die Individuen moralisch wachsen, sie fordere uns auf, „den Großteil der knappen Ressourcen unserer Fürsorge, Aufmerksamkeit und unseres Vertrauens in die selektive Unterstützung unserer Freunde zu leiten". Vor einigen Jahren konnten Züricher Psychologen den
15 stresslindernden Effekt guter Freundschaften belegen. In einer Studie wurden Männer einer psychischen Belastung ausgesetzt.

Einige durften die Vorbereitungszeit mit einem sehr guten Freund verbringen, andere blieben allein. Das Ergebnis: Erstere fühlten sich ruhiger als jene, die ohne die Unterstützung eines Freundes auskommen mussten. Speichelproben ergaben zudem,
20 dass ihr Cortisolwert, ein Stressindikator, geringer war. […]

Aus: Frankfurter Allgemeine Zeitung, Hochschulanzeiger Nr. 101/2009.

1 Horst Heidbrink, Psychologe mit Schwerpunkt interpersonelle Beziehungen
  an der Fernuniversität Hagen

Hinweise und Tipps

– Aufgabe V bietet **zwei Varianten des Argumentierens** zum Thema „*Freundschaft im Zeitalter digitaler Kommunikation*" an. Wichtig ist bei beiden Varianten, dass Sie sich zunächst einmal intensiv mit den umfangreichen Materialien auseinandersetzen und dass Sie eigene Erfahrungen einbringen.

– Aus den beigefügten Materialien ergibt sich eine Reihe von brauchbaren Argumenten, die von Anfang an tabellarisch ausgewertet werden können. Den positiven Seiten der „*digitalen Freundschaft*" können so sehr schnell die negativen gegenübergestellt werden.

– **Variante 1:** Es handelt sich um eine klassische **antithetische Erörterung**, die Chancen und Risiken der Freundschaft im digitalen Zeitalter kontrastiert. Zudem sollen Sie Vorschläge entwickeln, wie diese Chancen und Risiken beeinflusst werden könnten. Durch die sehr detaillierte Aufgabenstellung ist die gesamte Erörterung demnach bereits vorstrukturiert.

- Wie bei jeder Erörterung ist es auch hier sinnvoll, die **Schlüsselbegriffe** („*Freundschaft*" und „*digitale Kommunikation*") zu **definieren**. Vor allem für den Freundschaftsbegriff finden sich im Material gute Hinweise. Hinsichtlich der „*digitalen Kommunikation*" sollten Sie genau beschreiben, welche Medien gemeint sind.

- Für die **Einleitung** und den **Schluss** eignen sich **aktuelle Ereignisse** rund um das Thema. Nachdem gerade im Bereich der digitalen Medien fast täglich andere Entwicklungen beschrieben und kommentiert werden, ist es naheliegend, darauf Bezug zu nehmen. Die Einleitung soll zur Aufgabenstellung hinführen, im Schluss wird dann der einleitende Gedanke nochmals aufgegriffen und im Lichte der dargelegten Argumentation abgerundet.

– **Variante 2:** Mit dieser Variante wird das sogenannte „*neue Schreiben*", das im Lehrplan verankert ist, eingefordert. Die **freiere Form des Argumentierens** wird dabei mit einer bestimmten Art des **Kommentars** gleichgesetzt. Achten Sie besonders auf folgende Punkte:

- Mit der Angabe des Zwecks der Veröffentlichung (Jugendseite einer überregionalen Tageszeitung) wird ein bestimmter **Adressatenkreis** ins Auge gefasst.

- Der **Anlass** für den Kommentar wird klar vorgegeben: Der Text soll auf das Interview mit dem Kulturkritiker Deresiewicz antworten. Da in diesem Interview eine sehr kritische Einstellung zum Thema Freundschaft im digitalen Zeitalter deutlich wird, ist zu überlegen, ob der Kommentar nicht die **Gegenmeinung** vertreten sollte. Dies käme wohl auch dem anvisierten Leserkreis entgegen.

- Für Ihren Kommentar sollten Sie sich eine möglichst originelle und Aufmerksamkeit erregende **Überschrift** ausdenken.

- Auch in dieser Aufgabenstellung wird die **Berücksichtigung des Materials** verlangt; allerdings gibt es keine zwingende Notwendigkeit, alle Aspekte des Materials einzuarbeiten.

- Die Wörterbegrenzung zwingt dazu, möglichst **pointiert zu formulieren** und bei der Auswahl der Argumente besonders klug vorzugehen. 800 Wörter bedeuten bei normaler Handschrift ungefähr drei bis vier Seiten Text.

Gliederung – Variante 1

A Eine Party mit 1 000 Freunden

B Chancen und Risiken für Freundschaft im Zeitalter der digitalen Kommunikation
I. Definitionen: Freundschaft, digitale Kommunikation
II. Chancen
    1. Freunde finden
    2. Freundschaften erhalten
    3. Freundschaften vertiefen
III. Risiken
    1. Missbrauch von Daten und sexueller Missbrauch
    2. Oberflächlichkeit
    3. Persönlichkeitsstörungen
IV. Vorschläge zum Umgang mit digitaler Freundschaft
    1. Schutz der Privatsphäre
    2. Medienerziehung als Thema der Schule
    3. Reflexion im Freundeskreis
V. Gedanken über den Freundschaftsbegriff im Zeitalter digitaler Kommunikation
    1. Freundschaft als Grundlage moralischen Handelns
    2. *Freundschaft* oder *Kontakt*?

C Eine Party mit echten Freunden

Lösungsvorschlag – Variante 1

Geschichten wie diese liest man jetzt sehr häufig in der Tagespresse: Eine A
16-Jährige will eine große Geburtstagsfete ausrichten, sie will dazu richtig
viele Freunde und Bekannte einladen, und weil gedruckte Einladungskarten
nicht in das Budget passen, geht die Nachricht via *Facebook* in die Welt.
Leider macht die Absenderin den Fehler, dass sie dies im sozialen Netzwerk
offen postet und dadurch also alle bei ihrem Account angemeldeten Freunde
von der Feier erfahren. Rein zahlenmäßig übersteigen schon diese Benach-
richtigten die Kapazität des heimischen Wohnzimmers, es kommt aber noch
hinzu, dass die Ausweitung der Liste durch wenige Klicks schnell bewerkstel-
ligt ist – und so stehen dann schließlich nicht mehr die erwünschten 30 Menschen vor der Tür, sondern bald Hunderte und es werden stündlich mehr. Nach
kurzer Zeit kann nur noch ein Polizeieinsatz helfen.
Obwohl sich das alles anhört wie in einem schlechten Fernsehfilm, ist der
vorgestellte Fall tatsächlich häufiger eingetreten als den Beteiligten lieb war.
Fest steht zum einen, dass eine so ausgeartete Party mit Freundschaft wenig
zu tun hat. Denn schließlich kommen hier wildfremde Menschen zusammen,

2011-54

die vermutlich selbst nicht wissen, wie ihnen geschieht und was sie hier eigentlich machen. Zum anderen liegt die Erklärung für eine Entwicklung wie diese auf der Hand. Soziale Netzwerke funktionieren nach dem Quantitätsprinzip und mit Freundschaft verbindet man doch eher den Begriff der Qualität. Beides schließt sich im geschilderten Fall aber aus.

Die Frage, die sich daraus ergibt, ist, ob **Freundschaft im Zeitalter der digitalen Kommunikation** einen ganz neuen Charakter angenommen hat oder – radikaler formuliert – ob Freundschaft nach den traditionellen Kriterien überhaupt noch existieren kann. Diese Fragen werden inzwischen in allen Medien intensiv diskutiert, denn die Entwicklungen in unserer globalisierten und digital vernetzten Welt berühren einen nach Ansicht von Psychologen, Pädagogen und Kulturwissenschaftlern zentralen Aspekt des menschlichen Lebens, nämlich das Verhältnis der Menschen zueinander. B

Zunächst sei **definiert**, was unter Freundschaft allgemein zu verstehen ist und welche digitalen Kommunikationskanäle von Freunden heute genutzt werden. Mit dem Begriff **Freundschaft** erfasst man gemeinhin unterschiedliche Formen der Beziehung zwischen zwei oder mehreren Menschen. Dies reicht von einer losen Bekanntschaft bis hin zur lebenslangen engen Zusammengehörigkeit, die sehr intensiv sein kann. Gradmesser der Freundschaft ist die Vertrautheit, die zwischen den Personen herrscht. Schon Aristoteles erklärt, dass es bei der Freundschaft darum gehe, „das eigene Ich" im anderen zu „entdecken" (Material 5, Z. 1 f.), d. h., dass Freundschaften im innersten Kern zur Entwicklung des Selbstbewusstseins beitragen. I.
Die Art und Weise, wie Freundschaften gepflegt werden können, ist für die Beurteilung der Freundschaft im digitalen Zeitalter wichtig. Zweifellos geht es bei Freundschaft darum, dass und wie man miteinander sprechen kann. Wenn das lange Zeit in erster Linie das Gespräch mit einem anwesenden Kommunikationspartner gewesen ist, allenfalls ergänzt durch den geschriebenen Brief, so haben sich die Möglichkeiten heute deutlich erweitert: Nach dem Telefon haben nun die **digitalen Medien** die Führung übernommen. Man verkehrt mit seinen Freunden per E-Mail, chattet im Internet auf den Plattformen der sozialen Netzwerke und schreibt SMS über das Handy. Kennzeichen dieser digitalen Möglichkeiten sind die Geschwindigkeit und die Verfügbarkeit, die Kommunikation in vieler Hinsicht grenzenlos machen.

Neben den einleitend angedeuteten Problemen bietet die digitale Kommunikation aufgrund der aufgezeigten technischen Möglichkeiten auf den ersten Blick viele **Chancen für die Freundschaft**. II.

Zunächst muss der **Aspekt der Quantität** erwähnt werden. Menschen definieren sich durch ihre Verbindungen mit anderen. Soziologen unterscheiden bei diesen Vernetzungen, die sie *soziales Kapital* nennen, zwischen zwei Blickrichtungen: Da gibt es nach der Theorie des Soziologen Robert P. Putnam zum einen das sog. „Bonding Capital", das von der Nähe zwischen den 1.

Menschen bestimmt wird – denn wir sind wohl so beschaffen, dass wir nur mit wenigen Freunden eine wirklich enge Beziehung eingehen können. Daneben gibt es das sog. „Bridging Capital". Damit ist die Anzahl der Verbindungen, oder wörtlich „Brücken", gemeint, die jemand mit anderen Menschen (aus ganz unterschiedlichen Schichten und Zusammenhängen) hat. Diese Beziehungen können naturgemäß nicht sehr eng sein, sie sind aber gleichwohl wichtig für den Einzelnen (vgl. zu dieser Unterscheidung Material 3). Es liegt auf der Hand, dass soziale Netzwerke wie *Facebook* die Möglichkeiten des „Bridging Capitals" erheblich ausgeweitet haben: **Freunde zu finden** ist dort sehr leicht.

Es ist für den User auch einfach, einen **Freundeskreis aufzubauen**, der sich über viele verschiedene Bereiche erstreckt und sich aus gemeinsamen Interessen ergibt. Man denke nur an Hobbys wie Sport und Musik oder an politische Interessensgemeinschaften, die sich in einem Online-Forum regelmäßig austauschen, aktuelle Entwicklungen diskutieren und sich dabei vielleicht auch zu gemeinsamem Handeln, z. B. zu einer Demonstration gegen eine aktuelle politische Entscheidung, entschließen. Der Widerstand gegen die Diktaturen in der arabischen Welt kann als Beispiel dafür herangezogen werden, wie Gleichgesinnte innerhalb kürzester Zeit nicht nur kommunizieren, sondern auch handeln. Um Freundschaft im engeren Sinn geht es dabei nicht, das ist schon viel eher der Fall, wenn sich z. B. Anhänger eines Sportclubs via *Facebook* intensiv über ihre Leidenschaft verständigen. Es macht einfach Spaß, wenn gewonnene oder verlorene Spiele nochmals durchdiskutiert werden. Dazu muss man sich nicht immer treffen, es geht auch im Netz. Und je mehr daran teilnehmen, umso interessanter kann es werden.

Facebook und Co. führen aber nicht nur Menschen zusammen, die sich zu- 2. nächst gar nicht kennen, sondern sie erlauben es auch, bestehende **Freundschaften** über Raum und Zeit hinweg zu **erhalten**. Das Internet bietet die Chance, Freunde, die man schon lange nicht mehr gesehen hat, an die man sich aber doch gerne erinnert, wiederzufinden. Für diesen Zweck wurden sogar eigene Suchmaschinen wie *StayFriends.de* entwickelt, die ehemalige Klassenkameraden zusammenführen wollen. Inzwischen ist es fast Standard, dass sich ganze Abiturjahrgänge auf dieser Plattform anmelden, um den Kontakt nicht zu verlieren.

Die berufliche oder private Situation vieler Menschen erfordert heute mehr Ortswechsel als früher. Daher kann man seine Freunde schnell aus den Augen verlieren. Digitale Medien erlauben es aber, die räumliche Trennung zu überwinden. Auch wer tausende von Kilometern getrennt ist, kann sich nahe bleiben, weil der Austausch über das Internet praktisch kostenlos und in Echtzeit stattfinden kann.

Eine veränderte Kommunikationskultur scheint die Folge zu sein: Laut einer Studie des Instituts für Demoskopie Allensbach haben 2009 weit über die Hälfte der 14- bis 19-Jährigen angegeben, dass sie gerne im Internet chatten und zur Freundschaftspflege eine SMS senden. Das Vier-Augen-Gespräch ist hingegen eine Domäne der über 45-Jährigen geworden (vgl. Material 4). Es ist zu vermuten, dass sich dieser Trend sogar noch verstärken wird. Die technische Entwicklung wird dazu einen weiteren Beitrag leisten, man denke nur an die Bildtelefonie. Mithilfe einer kostenlosen Software kann man ohnehin schon seit langem mit einem Gesprächspartner eine Videokonferenz abhalten. Seitdem Tablet-PCs und Smartphones unter den Jugendlichen verbreitet sind, ist dies nun noch viel einfacher zu bewerkstelligen.

Die Möglichkeiten der digitalen Kommunikation erweitern sich also ständig. 3. Das muss nicht negativ sein. Man kann sogar die Behauptung aufstellen, dass auch in der virtuellen Welt **Freundschaften vertieft** werden können. Psychologen gehen davon aus, dass Freundschaften für die Persönlichkeitsentwicklung deshalb so wichtig sind, weil sie dazu beitragen, nicht nur „das eigene Selbst zu entdecken [,sondern auch ein] tieferes Verständnis für andere Menschen zu entwickeln" (Material 5, Z. 6 f.). Diese Selbstentdeckung hat sicher etwas damit zu tun, dass man sich im Spiegel eines Gegenüber ausprobiert, Meinungen und Einstellungen testet und auf die Reaktion wartet. In der Netzwelt ist dieses Spiel unter Umständen freier und weniger Zwängen unterworfen, als es das in der Realität wäre. Der Meinungsaustausch ist durch die technischen Prozeduren unter Umständen auch gedanklich tiefgründiger als im persönlichen Gespräch, wo eine schnellere und vielleicht auch unüberlegtere Antwort stattfindet.

Die angesprochene räumliche Ausdehnung des Freundeskreises kann nun auch zur Vertiefung der Freundschaft beitragen. Wenn der Freund beispielsweise ein Semester in Neu-Delhi verbringt und wöchentlich von seinen Erfahrungen mit einer ganz anderen und fremden Welt berichtet, dann nimmt man als Adressat dieser Informationen automatisch daran teil und entwickelt sich so auch in gewisser Weise weiter.

Trotz dieser Chancen, die sich im digitalen Zeitalter für die Freundschaft er- III. geben, muss das Thema insgesamt aber auch kritisch betrachtet werden. Die **Risiken** sind nicht zu übersehen:

Es gibt genug Hinweise darauf, dass die prinzipielle Offenheit digitaler 1. Medien dem **Missbrauch** Tür und Tor öffnet. Auf *Facebook* und anderen Communities werden viele **persönliche Daten** preisgegeben, die tendenziell von allen, die daran Interesse haben, eingesehen werden können. Zwar kann man in den „Privatsphäre-Einstellungen" bestimmen, wem genau man seine Inhalte zugänglich macht; damit gehen aber viele User eher nachlässig um. So darf man sich nicht wundern, wenn fremde Menschen (wie z. B. Personaler von Firmen, bei denen man sich bewirbt) plötzlich privateste Details über die eigene Person kennen.

Dies hat mit dem Begriff der Freundschaft nicht unmittelbar etwas zu tun, denn die Daten werden ja von Fremden eingesehen; dennoch muss dieser Aspekt berücksichtigt werden, wenn von den Risiken der digitalen Kommunikation die Rede ist.

Des Weiteren könnten sich im Schatten der Anonymität auch sogenannte Freunde in das digitale Gespräch einschalten, die ganz anderes im Sinne haben als den Austausch unter Gleichgesinnten. Weil das Gegenüber nicht anwesend ist, ist es auch schwer, sich von der Redlichkeit seiner Absichten zu überzeugen. Schon manche Chatroom-Bekanntschaft hat sich als absichtliche Täuschung herausgestellt. Dabei geht es oft um **sexuellen Missbrauch**. Die Täter suchen unter einem falschen Profil Kontakt zu ihren Opfern, die sie dann in eine Falle locken und ihnen im schlimmsten Fall Gewalt antun.

Harmloser, aber doch auch störend sind die zahlreichen Freundschaftsanfra- 2. gen, die man dauernd auf seiner Seite findet und die bei manchem schon dazu geführt haben, dass man zwar sehr viele „Freunde" in seinem Portfolio hat, dass aber dann die echten Freunde etwas untergehen. Gegen diese Formen der **falschen Freundschaft** kann man sich immerhin durch naheliegende Maßnahmen wehren, schließlich muss niemand diese Anfragen akzeptieren. Schon schwieriger wird es aber, wenn Freundschaften, die vor allem über das Internet unterhalten werden, genauer untersucht werden und sich herausstellt, dass die angesprochene Masse der Kontakte doch wichtiger ist als die Tiefe der Beziehung. Das ist zumindest der Hauptkritikpunkt, den der Kulturkritiker Deresiewicz in seinen Essays entwickelt. In einem Interview mit der *Süddeutschen Zeitung* hat er seine Ansichten auf den Punkt gebracht. Demnach setzt für ihn wahre Freundschaft zwingend voraus, dass sich der Einzelne in aller Ruhe mit sich selbst beschäftigen kann, um dann mit einem Freund lange und tiefe Gespräche zu führen, die zur Identitätsfindung beitragen. „Abgeschiedenheit", wie Deresiewicz es nennt (Material 2, Z. 5), kennt aber das soziale Netzwerk überhaupt nicht, weil es sich ja geradezu dadurch charakterisieren lässt, dass man 24 Stunden am Tag weiß, was der Freundeskreis gerade macht (vgl. ebd. Z. 25 ff.). Dabei werden allerdings nur Belanglosigkeiten ausgetauscht, wie all die Statusmeldungen hinreichend belegen, die nichts anderes sind als ein Selbstgespräch über den laufenden Alltag: *lerne gerade für die Prüfung; mir ist langweilig; morgen gehe ich ins Kino.* Das suggeriert vielleicht Nähe, ist aber wenig hilfreich für die Persönlichkeitsentwicklung, die man von echter Freundschaft erwartet. Deresiewiczs Kritik lässt sich mit dem Begriff der **Oberflächlichkeit** gut zusammenfassen, die kennzeichnend für Freundschaften im digitalen Zeitalter sein könnte. Man fühlt sich allein unter den vielen Kontakten, die man per Mausklick aufgebaut hat.

Diese Oberflächlichkeit kann mit einem Verweis auf die Unterscheidung 3. zwischen „Bonding" und „Bridging Capital" vielleicht noch legitimiert werden, allerdings gibt es Anzeichen dafür, dass sich ein Zuviel an digitaler Kommunikation zu einer echten **Persönlichkeitsstörung** entwickeln kann. Berichte über Internetsucht machen bereits seit Jahren die Runde und auch in der Fachliteratur werden Konzepte diskutiert, die sich in diese Richtung deuten lassen. Deresiewicz stellt fest, dass es „eine Lücke [gibt] zwischen dem, was wir sind, und dem, was wir darstellen" (ebd. Z. 55 f.). Es besteht für jeden die Gefahr, sein Selbst im Internet zu verlieren. Wer ständig online ist, baut sich eine soziale Welt auf, die mit der Realität irgendwann nur noch wenig zu tun hat. Während man sich im Netz mit anderen über die verrücktesten Dinge austauscht, vielleicht sogar die eine oder andere interessante kleine Lüge über sich selbst in die Welt setzt, verliert das eigene Leben an Reiz. Man zieht sich immer weiter zurück, kommt vom Bildschirm nicht mehr los und hat schließlich kaum mehr Kontakt zu den Menschen um sich herum. Digitale Freundschaft hin oder her – ohne den persönlichen Austausch im echten Leben wird es echte Beziehungen auch in Zukunft nicht geben.

Wägt man Chancen und Risiken ab, scheint beim Thema Freundschaft eine unreflektierte Nutzung der digitalen Kommunikationsmöglichkeiten keinesfalls angeraten. So bleibt es die Aufgabe jedes Einzelnen, aber auch der Gesellschaft insgesamt, die **Chancen zu sichern**, gleichzeitig aber auch die **Risiken zu minimieren**. IV.

In erster Linie muss sichergestellt sein, dass der **Schutz der Privatsphäre** absoluten Vorrang genießt. Die Betreiber der sozialen Netzwerke müssen, wenn nötig, dazu gezwungen werden, die technischen Maßnahmen zu ergreifen, um den Zugang zu den persönlichen Daten nur berechtigten Usern zu erlauben. Freilich sieht es danach im Moment nicht aus. Immer wieder wird von Sicherheitslücken berichtet, die leicht genutzt werden können, um an Daten zu gelangen, die eigentlich nicht freigegeben sein sollten. Weil oft wirtschaftliche Interessen dahinterstecken, sollte die Politik klare Richtlinien erlassen, wenn es um Datenweitergabe geht. 1.

Aber auch die Mitglieder der Netzwerke sind aufgefordert, sehr sorgfältig mit der Preisgabe von Daten umzugehen und alle technischen Möglichkeiten zu prüfen, die die Daten schützen. Wer sich bei einer Online-Gemeinschaft anmeldet, sollte als Erstes die Voreinstellungen prüfen, die unter anderem regeln, mit wem man seine Postings, Fotos oder Videos teilt.

Inzwischen ist bekannt geworden, dass die Entwickler der sogenannten Apps, also der Programme, die Handys zu kleinen Computern machen, versteckte Anweisungen einbauen, die es jederzeit erlauben, die Aktivitäten der User zu speichern. Das ist eindeutig ein Missbrauch, der unterbunden werden muss. Dies gilt auch für die jüngst diskutierte neue Software, die mit Bilderkennung arbeitet und dafür sorgen soll, dass Fotografien reichen, um ein Mitglied zu identifizieren. Wer sich in die digitale Datenwelt begibt, ist demnach grundsätzlich gefährdet.

Man muss also noch kritischer als bisher die großen Internetfirmen hinterfragen, die allzu oft recht schamlos mit ihren Kunden umgehen. Im Moment ist es z. B. noch ein großes Problem, dass selbst bei einer Löschung des Accounts die Daten gespeichert bleiben. Als einzige Reaktion besteht die Möglichkeit, seine Daten sukzessive per Hand zu entfernen und zu hoffen, dass dies ausreicht, um die digitale Identität zu verwischen.

Allein die wenigen Hinweise auf die technischen Details machen deutlich, 2. dass die digitale Kommunikation Kompetenzen verlangt, die sich gerade Heranwachsende, die soziale Netzwerke ganz selbstverständlich nutzen, erst erwerben müssen. Dies ist meines Erachtens eine dringliche **Aufgabe für das Schulsystem**. Vor vielen Jahren war die Rede von der informationstechnischen Bildung, als es darum ging, den Schülern den Umgang mit dem Computer beizubringen. Dieser „Anfängerunterricht" ist längst überflüssig geworden, denn junge Menschen haben in der Regel mehr Ahnung von der Technik als ihre Lehrer. Was aber dringend gebraucht wird, ist die Sensibilisierung Jugendlicher im Umgang mit persönlichen Daten im Internet. Sicher gehört dazu auch eine Reflexion über die Frage, was digitale Kommunikation für die menschlichen Umgangsformen bzw. die Begegnung mit Menschen generell bedeutet. Vorstellbar ist eine **Medienerziehung**, die konkret nachvollziehbar macht, was ein Gespräch von einem Chat unterscheidet oder einen Brief von einer E-Mail. Texte wie die Essays von Deresiewicz sollten dabei in den Kanon der Schullektüren aufgenommen werden.

Dieses **Nachdenken** muss aber auch dringend **im Freundeskreis** stattfinden: 3. Wenn man merkt, dass sich Kommunikation bei den Freunden nur noch online abspielt, muss man einschreiten. Vielleicht ist es sinnvoll, konkrete Treffen vorzuschlagen, z. B. eine gemeinsame Sportstunde, statt die Ergebnisse des Lieblingsvereins im Chat zu kommentieren. Oder man gründet eine Lerngruppe, die sich zusammen auf die nächste Deutschschulaufgabe vorbereitet, statt in Postings und Statusmeldungen die Belastungen durch den Prüfungsstress zu beklagen. Wenn diese „Live-Treffen" dann über *Facebook* verabredet werden, kann niemand etwas dagegen haben.

Seit 200 Jahren wird Schülern eine Vorstellung von unbedingter Freundschaft V. mithilfe von Schillers Ballade *Die Bürgschaft* gegeben. Es ist eine Geschichte 1. von der Kraft der absoluten Freundschaft. Die Treue zwischen Damon und seinem Freund wird auf die Probe gestellt, kann aber durch nichts zerstört werden. Der Dichter hat hier die Freundschaft mit einer solchen Anziehungskraft ausgestattet, dass sogar der böse Tyrann daran teilhaben will. Schillers Utopie war die Versöhnung der Menschheit durch den Geist der Freundschaft.

Von solchen intensiven Beziehungen handeln *Facebook*-Freundschaften eher 2. selten. Eine überregionale Tageszeitung hat in einer Werbeanzeige den Slogan veröffentlicht: „Wir haben online so viele Freunde, dass wir ein neues Wort für die echten brauchen." (Material 1) Es scheint tatsächlich angebracht zu sein, im Zeitalter der digitalen Kommunikation genau zu unterscheiden, ob wir überhaupt noch von *Freundschaft* oder lieber von *Kontakten* sprechen sollten. Zweiteres mehrt das soziale Kapital sicher auch. Es kann durchaus von Vorteil sein, wenn man mit vielen Menschen seine Erfahrungen austauschen kann. Die Bedingungen dieser neuen Form von Kommunikation sollten dabei aber immer im Auge behalten werden, dann gibt es auch keine unliebsamen Verwechslungen zwischen echter Freundschaft und losem Kontakt.

Dass dies nicht ohne Achtsamkeit gelingen kann, zeigen bestimmte Ereig- **C**
nisse immer wieder: Eine Party mit 1 000 Gästen ist keine Party mehr, sondern ein polizeiliches Ärgernis. Wer wirklich im Freundeskreis feiern will,
sollte deshalb überlegen, vielleicht doch die gute alte Einladungskarte zu ver-
schicken, auch wenn dies mehr Arbeit macht und zunächst auch mehr kostet.

Gliederung – Variante 2

1 Ausufernde *Facebook*-Partys

2 „Faux Friendship": Mahnende Gedanken des Literaturwissenschaftlers und Kulturkritikers Deresiewicz

3 Plädoyer für die Online-Freundschaft
3.1 Austausch mit Gleichgesinnten
3.2 Überwindung von Raum und Zeit
3.3 Intensivierung von Beziehungen

4 Flashmobs – moderne Streiche

Lösungsvorschlag – Variante 2

Generation *Facebook*

Keine Woche vergeht, in der nicht von den Auswüchsen der ‚Generation *Face-* **1**
book' berichtet wird. Meist sind es die lustigen Partys, die die Aufmerksamkeit der besorgten Leser seriöser und weniger seriöser Tageszeitungen auf sich
ziehen. „Miss Sophie" will Geburtstag feiern, postet die Einladung auf ihrem
Account und schon hat sie hundert Gäste, die alle ihre Freunde sind, obwohl
die meisten sie gar nicht kennen.

Es liegt auf der Hand, dass solche negativen Erscheinungen die Kulturkritiker **2**
auf den Plan rufen. Der Literaturwissenschaftler William Deresiewicz von der
renommierten *Yale*-Universität ist einer von ihnen. Für ihn ist das Internet ein
Ort der Einsamkeit, an dem man vieles findet, aber sicher keinen Freund. Denn
Freundschaft setzt bei Deresiewicz voraus, dass man die Ruhe hat, in Abge-
schiedenheit erst über sich selbst nachzudenken, bevor man ein persönliches
Gespräch mit einem echten Freund führen kann, das dann im Idealfall die
Selbsterkenntnis erweitert. Das alte Bild des Spiegels, den das Gegenüber dar-
stellt, wird hier heraufbeschworen. Im sogenannten Echtzeit-Internet sei man
dagegen zwar ständig mit allen möglichen Leuten verbunden, aber die bloße
Quantität verhindere geradezu, dass es zu einem echten Austausch von tiefen
Gedanken komme. „Facebook besteht nur aus schnellen kleinen Botschaften
zu meist trivialen Dingen" (Material 2, Z. 15 f.), so der Wissenschaftler, der

übrigens zugibt, selbst bei *Facebook* angemeldet zu sein. Und in diesem Meer der andauernden Kommunikation über Nichtigkeiten gehe es dann nur noch darum, dabei zu sein. Abschalten sei nicht möglich, weil wir Gefahr laufen könnten, „von der Herde getrennt zu sein" (ebd., Z. 45), zitiert Deresiewicz den Kulturkritiker Lionel Trilling, der dies lange vor dem Internetzeitalter auf die Moderne allgemein bezogen geschrieben hatte. Und weil das so ist, verbringt die *Facebook*-Generation eben Stunde um Stunde vor dem Bildschirm, bang auf die Statuszeile blickend und das wirkliche Leben vergessend.

Es ist nun nicht so, dass der Professor ganz Unrecht hat. Blickt man auf die deutsche Bevölkerung, dann stimmt es, dass die 14–19-Jährigen nicht nur gerne telefonieren und E-Mails schreiben, sondern noch viel lieber chatten oder simsen. Es sollte aber auch nicht vergessen werden, dass ein Drittel dieser Altersgruppe laut einer Umfrage das persönliche Gespräch als die angenehmste Form der Begegnung bezeichnet (Material 4). Was Deresiewicz über die Freundschaft ausführt, stimmt mit Sicherheit auch, nur muss man ehrlicherweise auch anmerken, dass seine Statements nicht ganz neu sind – so ungefähr hat das der griechische Philosoph Aristoteles vor mehr als 2 000 Jahren auch schon geschrieben. Bleibt also der Vorwurf, dass man die Tiefe einer Beziehung nicht über das Internet und die sozialen Netzwerke herstellen könne. Kann man wirklich nicht?

Zunächst einmal bedeutet Freundschaft auch, sich über Belanglosigkeiten auszutauschen. Wer je an einem Stammtisch gesessen hat und die stundenlangen Fachsimpeleien über den Lieblingsverein verfolgen durfte, weiß, wovon die Rede ist. Da müsste einem der Unterschied erst einmal erklärt werden, wenn das Gleiche vom heimischen PC aus passiert! Es ist doch eine nette kleine Unterbrechung der Arbeit, wenn ich mit Gleichgesinnten schnell die Neueinkäufe des FC Bayern durchgehe und die Aussichten für die neue Saison diskutiere. Und es macht mir auch rein gar nichts aus, wenn sich in solche Gespräche dann ab und zu ein eigentlich Fremder einmischt, der als „Freund" mit angemeldet ist. Kann mir ja am Stammtisch auch passieren.

Zweitens leben wir in einer globalen Welt: Der Sandkastenfreund wohnt in Hamburg, die beste Freundin studiert ein Semester in Cordoba und der langjährige Banknachbar ist kurz nach dem Abitur zu einem Praktikum nach New York aufgebrochen. Ist es wirklich verwerflich, dass man mit diesen Personen Kontakt hält? Der Vorwurf, dass es zu viele Menschen werden, mit denen man sich (digital) verbindet, überzeugt nicht. Schon immer war es so, dass der eigene Bekanntenkreis durchaus groß sein konnte, man denke nur an die Schule, wo man mehr oder weniger dauernd mit Hunderten von Mitschülern zu tun hat und in unterschiedlichen Zusammensetzungen miteinander kommuniziert. Die Online-Gemeinschaft ist dagegen sogar ein eigens ausgewählter Kreis, der über Raum und Zeit hinweg gepflegt werden kann.

Wie im richtigen Leben scheint mir entscheidend zu sein, dass sich in der 3.3
Netzgemeinde mehr oder weniger intensive Bekanntschaften bilden oder erhalten. Und die Intensität kann der einzelne User sehr wohl bestimmen. Ich behaupte sogar, dass die Freundschaft nicht nur erhalten, sondern sogar vertieft wird, weil man ganz neue Dimensionen des Lebens live mitbekommt, vor allem dann, wenn sich der Partner gerade auf einem anderen Erdteil bewegt. Psychologen sprechen der Freundschaft große Bedeutung zu: Sie steigere das Selbstbewusstsein, sie trage zur Persönlichkeitsentwicklung bei, sie wecke Verständnis und stärke die Beziehungsfähigkeit (vgl. Material 5). Alles richtig – und alles auch online machbar!

Vielleicht hört es sich ja banal an, aber es gilt (wie so oft): Neue Techniken 4 bedeuten neue Chancen, bergen aber auch Gefahren. Auf den richtigen Gebrauch kommt es an. Es müssen ja nicht unbedarfte Partyeinladungen herauskommen. Wer schon mal bei einem Flashmob mitgemacht hat, konnte miterleben, wie erheiternd es ist, wenn Hunderte spontan zusammenkommen, um eine Schneeballschlacht durchzuführen oder ganz in Weiß durch die Fußgängerzone zu marschieren. Ohne *Facebook* würde es auch so etwas nicht geben – und das wäre doch wirklich sehr schade!

(844 Wörter)

| Deutsch (Bayern G8) – Abiturprüfung 2012: |
| Aufgabe 1: Erschließen eines poetischen Textes |

a) Erschließen und interpretieren Sie das Gedicht „Am Walde" (Text A) von Eduard Mörike!

b) Untersuchen Sie, inwieweit sich die Verbundenheit des modernen Dichters Hermann Lenz mit Eduard Mörike in den vorliegenden Texten B und C niederschlägt!

Text A

Eduard Mörike (1804–1875)
Am Walde

Am Waldsaum kann ich lange Nachmittage,
Dem Kukuk horchend, in dem Grase liegen;
Er scheint das Tal gemächlich einzuwiegen
Im friedevollen Gleichklang seiner Klage.

5 Da ist mir wohl, und meine schlimmste Plage,
Den Fratzen der Gesellschaft mich zu fügen,
Hier wird sie mich doch endlich nicht bekriegen,
Wo ich auf eigne Weise mich behage.

Und wenn die feinen Leute nur erst dächten,
10 Wie schön Poeten ihre Zeit verschwenden,
Sie würden mich zuletzt noch gar beneiden.

Denn des Sonetts gedrängte Kränze flechten
Sich wie von selber unter meinen Händen,
Indes die Augen in der Ferne weiden.

Entstehung 1830; Erstdruck 1832; Orthographie und
Interpunktion entsprechend der Werkausgabe von 1981

Text B

Hermann Lenz (1913–1998)
Leben und Schreiben. Frankfurter Vorlesungen

[…] Mich erfreuten zunächst[1] die Gedichte. Die saugten mich sozusagen an, und bald las ich nur Mörike. […] Seine Briefe las ich, als wären sie an mich geschrieben worden, und ich meine […], es lohne sich, einmal nur Mörikes Briefe zu lesen, in denen das Persönliche und Private ebenso lebendig wird wie das Allgemeine. Und es kommt 5 mir – Sie werden lächeln – wenig verschieden von allem Heutigen vor. Immerhin, wenn Sie das Technische weglassen, die Errungenschaften der Industrie vergessen zugunsten eines Wintermorgens vor Sonnenaufgang und wie der auf Sie wirkt,[2] dann kommen Sie zu sich selbst.

Dies nur als Beispiel. Wobei ich mir anzumerken erlaube, daß die Empfindungen
10 und Gefühle immer noch aktuell sind wie das Gras und das Bachwasser, das uns, des sauren Regens zum Trotz,[3] hoffentlich überleben wird. Am Waldrand zu liegen, den Rucksack im Nacken, das lohnt sich immer noch. Und Sie wiederholen bei sich die Strophen: „Am Waldsaum kann ich lange Nachmittage / Dem Kuckuck horchend, in dem Grase liegen."
15 Und so weiter. Die Welt reinigt sich in Mörikes Versen auch heute noch wie damals, als ich sechzehn Jahre jung war und für „ein bißchen g'spässig", also für seltsam, galt. Ja, das stimmte schon, ich ließ mir Zeit und wartete ab als ein junger Mann, der sich etwas vorstellt, das es nicht gibt. [...]

Aus: Lenz, Hermann: Leben und Schreiben. Frankfurter Vorlesungen, Frankfurt/M.: Suhrkamp 1986

Worterläuterungen:
1 Hermann Lenz hatte zur Konfirmation eine Ausgabe mit den Werken Mörikes geschenkt bekommen.
2 Anspielung auf Mörikes Gedicht *An einem Wintermorgen, vor Sonnenaufgang*
3 Seit Mitte der 1980er-Jahre ist „saurer Regen", ein umweltschädlicher Regen mit sehr niedrigem pH-Wert, ein wichtiger Begriff in der Auseinandersetzung um Gefahren durch Luftverschmutzung, insbesondere für die Wälder.

Text C

Hermann Lenz (1913–1998)
Nebendraußen

Du erlaubst dir,
Den Wald zu preisen,
Der Grasmücke[1] zuzuhören
An einem hellen Tage im Juni,
5 Unbekümmert, während du
Luft spürst an nackter Haut,
Dazu einen Ameisenbiß.

Blaue Wälder und Höhenzüge,
Die weithin gelagert sind.
10 Hinter Stämmen schimmern die Blätter.

Froh, nicht alles wissen zu müssen,
Keine Ahnung zu haben von ...
Aber den Wald zu hören.

Aus: Lenz, Hermann: Vielleicht lebst du weiter im Stein,
Frankfurt/Main: Suhrkamp 2003

Worterläuterung:
1 *Grasmücke:* ein Singvogel

Hinweise und Tipps

– Die Aufgabe ist in einen Erschließungs- und Interpretationsauftrag (a) und einen Vergleichsauftrag (b) gegliedert. Zunächst muss das Gedicht von Eduard Mörike bearbeitet werden. Kriterien für die Erschließung können Sie dabei selbst wählen.

– Unter der **Erschließung** eines Textes versteht man, dass seine Aussage in inhaltlicher, in formaler und in sprachlich-stilistischer Hinsicht herausgearbeitet wird. Gerade bei kurzen Texten bietet es sich an, die **Untersuchungsschwerpunkte** nacheinander abzuhandeln, also erst Aufbau und Inhalt darzustellen und anschließend die Besonderheiten der sprachlich-stilistischen Gestaltung in den Blick zu nehmen. Lediglich die formale Gestaltung integriert man besser in andere Gliederungspunkte, um einer bloßen Aufzählung zu entgehen.

– Die **Interpretationsschwerpunkte** werden Ihnen in der vorliegenden Aufgabenstellung nicht vorgegeben. Nachdem im Gedicht ein lyrisches Ich auftritt, das sich selbst als Dichter ausweist, wird ein Deutungsaspekt das **poetische Selbstverständnis** gerade im Verhältnis zur Gesellschaft sein. Darüber hinaus spielt die **Natur** eine große Rolle. Diese Aspekte werden zusammen mit der Analyse der sprachlich-stilistischen Besonderheiten herausgearbeitet, denn das „Wie" der lyrischen Rede führt direkt zum „Was" oder „Worüber" des Inhalts und der Intention des Gedichts.

– **Einleitung** und **Schluss** können Merkmale der Literatur um 1830 behandeln. Eine literaturgeschichtliche Einordnung Eduard Mörikes wird aber nicht verlangt.

– Für den **zweiten Aufgabenteil** müssen Sie zunächst die beiden Texte von Hermann Lenz aspektorientiert untersuchen. In dem Auszug aus der Frankfurter Vorlesung erklärt er seine Verbundenheit mit Mörike biografisch und poetologisch. Das Gedicht „Nebendraußen" überführt diese Verbundenheit dann in ein eigenständiges Kunstwerk. Es ist empfehlenswert, auf die unterschiedlichen **Textsorten** – hier ein Sachtext, dort ein Gedicht – hinzuweisen und den Vergleich entsprechend aufzubauen.

Gliederung

A Biedermeier

B Erschließung und Interpretation des Gedichts *Am Walde* von Eduard Mörike und Rezeption Mörikes in der modernen Dichtung (Hermann Lenz)

  I. Aufbau: Natur versus Gesellschaft

  II. Inhalt
     1. Ruhe und Geborgenheit in der Natur (Quartett 1)
     2. Distanzierung von den Anforderungen der Gesellschaft (Quartett 2)
     3. Natur und Kunst (Terzett 1 und 2)

III. Kunst, Natur und Gesellschaft: Mörikes poetologisches Programm
(formale und sprachlich-stilistische Gestaltung, inhaltliche Deutung)
1. Sonett: These – Antithese – Synthese
2. Naturbeschreibungen
3. Gesellschaftskritik
4. Poesie
5. Zwischen Klassik und Romantik
IV. Mörike als Vorbild: Hermann Lenz
1. Frankfurter Poetikvorlesungen: Mörike als Hilfe in der Adoleszenz
2. *Nebendraußen*: Zurückhaltende Modernität

C   Natur als Gegenbild

Lösungsvorschlag

Als Eduard Mörike 1830 sein Gedicht *Im Walde* schreibt, ist das gesellschaft-   **A**
lich-politische Leben in Europa von der sogenannten Restauration geprägt.
Nachdem die europäischen Fürsten auf dem Wiener Kongress ihre durch die
Wirren der Revolutionskriege gefährdete Vormachtstellung wieder absichert
haben, geht es für die Staaten Europas nun darum, die nationalen und liberalen
Bewegungen durch Unterdrückung und Zensur unter Kontrolle zu halten. In
dieser Situation zeigen sich bei den Künstlern zwei grundverschiedene Ver-
haltensmuster. Während die einen sich mit ihrer Arbeit für soziale und demo-
kratische Rechte der Bürger einsetzen, kann bei anderen der Rückzug ins Private und die Abwendung vom politischen Geschehen beobachtet werden. Für
die letztgenannte Handlung hat sich der Begriff des **Biedermeier** eingeprägt,
der oft gleichgesetzt wird mit der verklärenden Darstellung der Wirklichkeit,
der **Hinwendung zu Heimat, Natur, Familie** und zur sprichwörtlichen bieder-
meierlichen **Beschaulichkeit** eines Carl Spitzweg. Die Künstler berufen sich
dabei auf die Konzepte von Klassik und Romantik, wollen in Einklang mit
der Schöpfung leben und dies auch zum Inhalt ihrer Kunst machen. Die Werke
des Biedermeier sind jedoch nicht grundsätzlich als unpolitisch zu bezeichnen: Eduard Mörikes Gedicht *Am Walde* zeugt deutlich von einer **kritischen
Grundeinstellung** gegenüber der Gesellschaft. Genau an diesen Aspekt knüpft
im 20. Jahrhundert der Schriftsteller Hermann Lenz an, der die Natur als Rück-
zugsort im Sinne Mörikes empfindet und sich gleichzeitig politisch äußert,
indem er die Gefährdung durch die fortschreitende Industrialisierung nicht
verschweigt.

Im Folgenden soll zunächst Mörikes Gedicht aus dem Jahr 1830 genauer er-   **B**
schlossen und interpretiert werden. Im Anschluss daran wird aufgezeigt,
inwiefern der Dichter des 19. Jahrhunderts für Hermann Lenz zum Vorbild
werden konnte und wo sich dabei Unterschiede ergeben.

In den vier Strophen des vorliegenden Sonetts wird ein **klarer Gegensatz** I.
zwischen dem Sprecher, der ein Lob auf die Ruhe und Harmonie der freien
Natur singt, und der **Gesellschaft**, die sehr kritisch betrachtet wird, offenbar.
Dabei gibt sich das lyrische Ich als Dichter zu erkennen, dessen Kunst mit ab-
sichtsloser Naturbetrachtung verbunden ist. Das Metrum der vierzehn Verszeilen ist der fünfhebige Jambus mit jeweils weiblicher Kadenz. Der **Gattung
Sonett** entsprechend wählt Mörike den umarmenden Reim, der in den beiden
Quartetten dem Schema abba und in den beiden Terzetten dem Schema cde
cde folgt und so das im Gedicht aufgegriffene Bild des Kränzeflechtens widerspiegelt. Diese enge Verflechtung innerhalb des Gedichts wird noch unterstützt durch das Wiederaufgreifen der Reime in jeweils zwei Strophen und
auch durch das Enjambement in den Versen 12 und 13. Damit ist der Text ein
Beispiel für eine sehr formstrenge Dichtung, die so das Selbstverständnis des
Künstlers als Handwerker zum Ausdruck bringt. Darauf wird im Folgenden
noch genauer eingegangen; zunächst soll aber der Inhalt der vier Strophen
erfasst werden.

In der ersten Strophe denkt sich der lyrische Sprecher in die Ruhe und Abge- II.
schiedenheit einer **menschenfernen Naturidylle**, die einzig durch die Vogel- 1.
laute eines Kuckucks belebt wird. Dessen Ruf ist geeignet, die ganze Landschaft gleichsam in den Schlaf zu singen. Die Tätigkeit des Sprechers besteht
einzig darin, dem Vogelton nachzuhören, zwischen Wald und freiem Feld da-
zuliegen und die friedliche Geborgenheit der Situation zu genießen. Der lyrische Sprecher befindet sich nicht selbst in der Natur, sondern erklärt nur, dass
er sich stets besonders wohlfühlt, wenn er die Gelegenheit hat, am Waldrand
auszuruhen.

Dass der Sprecher hier einen romantisch-idealen Ort evoziert, wird besonders 2.
deutlich, wenn er in der zweiten Strophe diesen Naturraum von der Gesellschaft abgrenzt, von deren Erwartungen er sich verfolgt fühlt. Die **Ansprüche
der Alltagswelt** in all ihren Erscheinungsformen – Familie, Beruf, Politik,
Wirtschaft, gesellschaftliches Leben – quälen den lyrischen Sprecher, weil sie
ihn offensichtlich dazu drängen, sich ihnen und ihren Vorstellungen anzupassen. Von diesen Anforderungen der Gesellschaft wird er in der freien Natur
verschont, weil er hier ganz auf sich allein gestellt ist und nur seinen eigenen
Gesetzen gehorchen muss.

Im ersten Terzett kann eine Zuspitzung des Gedankengangs festgestellt wer- 3.
den: Wüsste der Teil der Gesellschaft, der der Oberschicht zugeordnet werden
muss, was ihn, den Dichter, so beglückt, empfände er wohl Neid. Das Gedankenspiel an dieser Stelle zeigt sehr deutlich, wie der Sprecher die Weltan-
schauung der Gesellschaft kritisch hinterfragt. Der Grund für diese Einstellung
ist im zweiten, abschließenden Terzett erkennbar. Der Prozess des Dichtens,
die Erschaffung seiner **Kunst**, gelingt dem lyrischen Sprecher in der **Natur**
offenkundig mühelos. Diese privilegierte Stellung genießt er unausgesprochen
gegenüber den Anstrengungen der Arbeit in der Gesellschaft.

Wie bereits bei der Zusammenfassung des gedanklichen Aufbaus erwähnt, **III.** handelt es sich beim vorliegenden Gedicht um ein **klassisches Sonett**, das den **1.** oben aufgezeigten strengen Formregeln gehorcht. Zu den inhaltlichen Merkmalen dieser Gedichtform gehört, dass die beiden ersten Strophen, also die Quartette, **These** und **Antithese** zu einem Thema aufstellen: Die Gegenüberstellung von (guter) Natur und (schlechter) Gesellschaft wird bei Mörike klar formuliert. Nach der klassischen Lehre des Sonetts wird dann in den beiden Terzetten eine **Synthese**, also eine Aufhebung der Gegensätze, vollzogen. Im Gedicht *Am Walde* steht am Ende die Kunst, genauer: das Kunstschaffen, im Mittelpunkt. Das Bild der harmonischen, in sich ruhenden Natur und das Gegenbild einer entfremdeten Gesellschaftswelt werden hier reflektiert und erscheinen im poetischen Schaffensprozess aufgehoben. Die beiden Bereiche kommen jedoch allenfalls im Dichter selbst zur Deckung, denn die Mitglieder der Gesellschaft haben, so legt der Text nahe, keine Ahnung davon, wie der Künstler und wie seine Kunst funktionieren. Die Dichotomie wird also in Wirklichkeit nicht überwunden. In jedem Fall dient die Sonettform dazu, über ein Thema, nämlich die Wirkung und die Bedeutung von Kunst im Spannungsfeld von Natur und Gesellschaft, nachzudenken.

Die **Natur** wird im vorliegenden Gedicht **als Idylle gezeichnet**, die vor allem **2.** über die akustischen Signale des Kuckucks wahrgenommen wird. Unterstützt wird dieser Klangraum durch die **Assonanzen**, die vor allem die erste Strophe – der dunkle „a"-Vokal verbindet fließend den „Waldsaum", „lange Nachmittage", das „Gras[]", das „Tal" und schließlich den „Gleichklang [der] Klage" (V. 1 ff) miteinander – und die letzte Strophe („ä"-Umlaut) prägen und dem Text eine sonore, ruhige Atmosphäre verleihen. Die beruhigende Wirkung des Vogelgesangs in Strophe 1 spiegelt sich deutlich im „Gleichklang" der Sprache. In diesem Kontext muss wohl auch die „Klage" (V. 4) verstanden werden: als Ausdruck eines wehmütigen Liedes in der Abenddämmerung, nicht als Hinweis auf eine depressive Grundeinstellung.
Neben dem akustischen Sinn spielt aber auch das Sehen für den Sprecher eine Rolle. Seine Arbeit als Poet verrichtet er, während seine „Augen in der Ferne weiden" (V. 14). Die metaphorische Verknüpfung des menschlichen Sinnesorgans mit der geruhsamen Nahrungsaufnahme von Tieren ist ein treffendes Bild für die Natürlichkeit des poetischen Produktionsprozesses und für die Einheit, die zwischen Ich und Natur herrscht. So ist es auch nicht verwunderlich, dass sich die Kunstprodukte, in diesem Fall ein Sonett, „wie von selber" (V. 13) herstellen. Und auch die fertigen Sonette sind nichts anderes als „gedrängte Kränze" (V. 12), also Produkte, die der Mensch aus der Natur schöpft. Die **Metapher des Kränzeflechtens** ist ein fester Topos zur Darstellung der Sonettproduktion, da die Reimformen des Sonetts, wie bereits erwähnt, als geflochtener Kranz beschrieben werden können.

Im Gegensatz zum Freiraum der Natur, die in einem ganzheitlichen Erleben **3.** wahrgenommen wird und zwanglos zur Kunst führt, steht die Sphäre der **Gesellschaft**, die **als feindlich empfunden** wird. In der zweiten Strophe wird sie als „schlimmste Plage" (V. 5) bezeichnet und antithetisch dem „Behagen" (vgl. V. 8) gegenübergestellt, das der Sprecher in der Natur empfindet. Schlüsselbegriff für die Gesellschaft sind die „Fratzen" (V. 6), also die verzerrten Gesichter, die für eine ganz andere Form des Lebens und Arbeitens stehen. Fratzen sind auch Masken, die nicht nur verzerren, sondern auch eine Wahrheit verbergen können. Der Dichter will sich diesen gesellschaftlichen Anforderungen nicht „fügen" (V. 6) und man darf annehmen, dass er damit die Anpassung an gesellschaftliche Arbeitszwänge meint. Mit dem abwertend zu verstehenden Hinweis auf die „feinen Leute" (V. 9) gibt er zudem zu erkennen, dass er von der führenden Gesellschaftsschicht nichts hält. Zwischen Natur und Gesellschaft besteht also ein gewaltiger Gegensatz. Mörike hat zur Darstellung dieser Dissonanz noch ein sehr subtiles sprachliches Mittel eingesetzt: Die beiden Mittelreime in Strophe 1 und 2 sind nicht ganz rein aufeinander bezogen, denn das Sich-Fügen im sechsten Vers wehrt sich hörbar gegen das Liegen (V. 2), das Einwiegen (V. 3) und das Bekriegen (V. 7).

4. Der dichtende Sprecher setzt der Gesellschaft, die ihn zwingen will – er spricht sogar von „bekriegen" (V. 7), also einer kämpferischen Auseinandersetzung –, den Müßiggang des „Poeten" (V. 10) entgegen, der mit offenen Sinnen die Natur betrachtet und in einem fast traumartigen Zustand seine Kunst schafft. Diese „Zeitverschwendung" (vgl. V. 10), vermutlich ein grundsätzlicher Vorwurf der Gesellschaft gegenüber dem Dichten, bezeichnet der Sprecher als „schön" und bewertet sie aus der Sicht des Künstlers neu. Die Verwandlung von Natur zu Kunst ergibt für ihn eine **künstlerische Befriedigung**, eine Erfüllung, die, wenn sie es nur wüssten, die Menschen aller Gesellschaftsschichten glücklich machen würden. Das komplexe Konditionalgefüge im Irrealis lässt einen Sprecher erahnen, der sich im Innersten sehr darüber freut, dass er in dieser für ihn privilegierten Situation ist (vgl. V. 9 ff).

5. Mörikes Gedicht *Am Waldrand* knüpft mit seiner Form und seiner Aussage an die **Ideale der Klassik und Romantik** an. Die schöne, autonome und selbstverständliche Kunst ist eine Idee der Klassik, während die Verknüpfung von Kunst und Natur sehr stark an die Romantik und die auch in dieser Epoche gepflegte Ablehnung der bürgerlichen Zwänge erinnert: Mensch, Kunst, Natur und Leben sollten zu einer Einheit verschmelzen. Das Biedermeierliche liegt bei Mörike in der Hinwendung zur Natur sowie in der deutlichen Ironie und der Einstellung gegenüber dem Bürgertum. Nirgends im Gedicht wird der Weltschmerz oder die romantische Sehnsucht nach einer besseren Welt greifbar. Vielmehr scheint der Sprecher recht zufrieden mit seiner Rolle zu sein: Er hat sich behaglich eingerichtet. Man kann aber aus dem Gedicht auch einen scharfen Angriff auf das Bürgertum des 19. Jahrhunderts herauslesen, dem es in erster Linie darum ging, wirtschaftlich erfolgreich zu sein und das deshalb keine „Zeit verschwenden" (V. 10) wollte. Nur harte Arbeit zählte für den Erfolg, Müßiggang war verpönt.

Die Literaturgeschichte ist voll von biografisch begründeten oder in den Texten deutlich nachvollziehbaren Querverbindungen zwischen einzelnen Epochen. Auch in Hermann Lenz' 1986 veröffentlichten Frankfurter Poetikvorlesungen findet sich eine solche Verbindung: Seine **Begeisterung für Eduard Mörike** wird Zeile für Zeile belegt. Schon als junger Konfirmant hat er dessen Werke als Geschenk erhalten und sich ab dieser Zeit Mitte der 1920er-Jahre intensiv mit den Gedichten des Biedermeier-Lyrikers beschäftigt. Daneben sind es offenbar die Briefe gewesen, die ihn als Leser begeistern konnten (vgl. Text B, Z. 1–5). Im Mittelpunkt seines Interesses steht nach seinen Ausführungen Mörikes Naturverständnis. Dabei behauptet Lenz, dass die Naturdarstellungen in den Gedichten des Lyrikers dem Leser nicht nur alltägliche Erscheinungen und Beobachtungen der Außenwelt nahebringen, sondern auch die Selbsterkenntnis anstoßen können (vgl. Z. 5–8). Voraussetzung für diese Haltung ist nach Lenz die Suche nach Ruhe und Einsamkeit in der Natur, die zu einer Entschleunigung des Lebens führen kann. Wörtlich zitiert er an dieser Stelle das Bild des Dichters, der am „Waldsaum" liegt und dem Kuckuck zuhört (vgl. Z. 9–14). Ganz ähnlich wie Mörikes Gedicht gibt Lenz hier noch eine Erklärung für die Kraft, die aus dem Ruheraum Natur erwächst. Sie hilft nämlich nicht nur dem Dichter, zu sich selbst zu kommen, sondern auch dem **Heranwachsenden**, der noch nicht weiß, welchen Platz er in der Welt einnehmen soll (vgl. Z. 15–18). Lenz war offensichtlich in seiner Jugend ein Suchender, wohl auch ein Außenseiter, der in der Literatur Erkenntnisse und Klarheit gesucht und gefunden hat.

Als er dann selbst zum Dichter geworden ist, zeigen sich auch in seinen Texten Anklänge an sein Vorbild Mörike. Mit dem 1991 veröffentlichten Gedicht *Nebendraußen* knüpft er sehr deutlich an *Am Walde* an. Zunächst ist die Ausgangssituation die gleiche: Ein Sprecher preist den Rückzugsraum der unbehelligten Natur. Wie bei Mörike gibt es in *Nebendraußen* einen Wald, ein Vogel – hier ist es die Grasmücke – singt, nicht einmal ein Ameisenbiss stört die Idylle an einem Junitag. Der Blick des Sprecher schweift wie im Vorbild in die Ferne und entdeckt „[b]laue Wälder und Höhenzüge" (V. 8) und schimmernde „Blätter" (V. 10).
Mörike hatte eine klare und deutliche Abgrenzung zwischen dem dichtenden Ich und der Gesellschaft konstatiert. Soweit geht Lenz in seinem Gedicht nicht. Der Titel *Nebendraußen*, ein **Neologismus**, lässt zwar darauf schließen, dass sich die Naturempfindung von der Alltagswelt abgrenzen lässt, also eine willkommene Abwechslung zur Gesellschaft darstellt, aber eine explizite Ablehnung oder Gegenüberstellung findet sich nicht. In der letzten Strophe wird nur darauf hingewiesen, dass es von Vorteil sein könne, wenn man – zumindest partiell – „[k]eine Ahnung" (V. 12) habe. Allerdings wird der konkrete Bezug dieser vom Ich genossenen Ahnungslosigkeit durch drei Auslassungspunkte völlig offen gelassen. Der Ausdruck ‚keine Ahnung haben' ist darüber hinaus aber doppeldeutig: Er verweist nicht nur auf konkretes Nicht-Wissen, sondern auch auf die Abwesenheit von Zukunftsvorstellungen. Das Ich genießt den

naiven Zugang zur Welt; ganz in der **Tradition der Romantik** nutzt es alle seine Sinne – es hört, fühlt und sieht – und empfindet Freude darüber, dass es für diesen Moment seiner Umwelt nicht rational-analysierend gegenübertreten muss.

Nimmt man die Poetikvorlesung als Referenztext dazu, dann könnte man die Vermutung anstellen, dass der moderne Dichter die **Natur trotz der Umweltbelastungen als Genussmöglichkeit** sieht, auch wenn dies nur für die kurze Zeit des „Nebendraußens" zu akzeptieren ist. Für einen Dichter des ausgehenden 20. Jahrhunderts wäre es wohl ein Zeichen von Ignoranz, wenn er die Natur so unbekümmert hochleben lassen würde, wie dies Eduard Mörike im ersten Drittel des 19. Jahrhunderts möglich war. Lenz weiß von den technischen Entwicklungen und den „Errungenschaften der Industrie" (Text B, Z. 6), er weiß auch, dass der durch Abgase erzeugte saure Regen (vgl. ebd. Z. 11) die Wälder konkret gefährdet, er hält aber noch an einer erbaulichen Naturpoesie fest.

Blickt man auf die Form des Gedichts, dann erkennt man, dass es im Vergleich zu Mörike deutlich zurückhaltender gestaltet ist. Während der Dichter des 19. Jahrhunderts noch an der strengen Form festhielt und darüber hinaus die Selbstverständlichkeit der Herstellung dieser Form für sich proklamiert, so tritt Lenz sehr bescheiden auf. Äußerlich weist das Lenz-Gedicht kaum eine Regelmäßigkeit auf. Die drei Strophen lassen keine Metrik erkennen, nur die Doppelung der Dreizeiligkeit mag als Kunst-Wollen angeführt werden. Die Sätze sind einfach reihend konstruiert. Die elliptische Bauweise (in der zweiten und dritten Strophe fehlen die Satzprädikate) erinnert eher an eine spontane Reflexion, nicht an eine programmatische Aussage, wie sie Mörikes Text prägt. Diese **Bescheidenheit** ist ein Grundzug von Hermann Lenz und durchzieht auch seine Aussagen zur Verbundenheit mit seinem großen Vorbild Eduard Mörike.

In der Literatur ist die Vorstellung eines **Naturraumes**, der **als Gegenbild zu** c **gesellschaftlichen Zwängen** konzipiert wird, ein fester Topos. Wenn Goethes Faust, um nur ein Beispiel zu nennen, mit seinem Schüler Wagner den Osterspaziergang macht, ruft er begeistert aus: „Hier bin ich Mensch, hier darf ich's sein!" und bezeichnet damit die Freiheit und Selbstbestimmung, die die Natur ihm gewährt. In den Szenen davor war er in der Enge seiner Studierstube gefangen und verzweifelte aus unerfülltem Wissensdrang am Leben. Nicht immer aber ruft die Natur nur positive Assoziationen hervor. Max Frisch hat beispielsweise in Walter Faber eine Figur geschaffen, für die Natur zunächst ein Zustand der Unberechenbarkeit und der mystischen Unklarheit ist. Er ist ein Mann der Technik, dem es darum geht, die Gesellschaft von der unberechenbaren Natur zu befreien. Aber auch Faber muss schließlich einsehen, dass er seine eigene Natur nicht beherrschen kann.

| Deutsch (Bayern G8) – Abiturprüfung 2012: |
| Aufgabe 2: Erschließen eines poetischen Textes |

a) Erschließen und interpretieren Sie den folgenden Szenenausschnitt unter besonderer Berücksichtigung satirischer Gestaltungsmittel!

b) Zeigen Sie ausgehend von Ihren Ergebnissen vergleichend auf, wie das Thema
   „Schuld" in einem anderen literarischen Werk gestaltet wird!

Vorbemerkung

„Freispruch" ist eines von sieben Dramoletten[*] Thomas Bernhards, die zusammen ein
Schlaglicht auf die deutsche Gesellschaft der Nachkriegszeit werfen. Eine Anklage
gegen den Gerichtspräsidenten Sütterlin wegen seiner NS-Verbrechen ist auf Betrei-
ben seines Stellvertreters Hueber fallen gelassen worden. Im Personenverzeichnis des
Stücks werden Sütterlin, Hueber und Gerichtsrat Mühlfenzl gleichwohl mit dem Titel
„Massenmörder" mitgeführt. Zusammen mit ihren Ehefrauen, der Schulrätin Sütter-
lin, der Lehrerin Hueber und der Stadträtin Mühlfenzl, feiern die drei Herren nun im
Haus Sütterlin am Rhein in gelöster Stimmung die Einstellung des Verfahrens als
Freispruch.

[*] *Dramolett:* kurze, in sich geschlossene Szene

Thomas Bernhard (1931–1989)
Der deutsche Mittagstisch. Dramolette

Freispruch

[…]
HERR HUEBER Wann sank denn die Tirpitz[1]
HERR SÜTTERLIN Ja wann sank denn die Tirpitz
HERR HUEBER So Ende vierundvierzig denke ich
HERR SÜTTERLIN Ende vierundvierzig
5 HERR HUEBER Kann sein
HERR SÜTTERLIN Die Tirpitz sank Ende vierundvierzig
   wenn nicht schon früher
   wenn nicht schon früher
HERR MÜHLFENZL Die sank vielleicht schon Anfang vierundvierzig
10 HERR HUEBER Vielleicht sank sie schon dreiundvierzig
HERR SÜTTERLIN Dreiundvierzig bestimmt nicht
HERR MÜHLFENZL Oder erst fünfundvierzig
   möglicherweise sank sie erst fünfundvierzig
FRAU HUEBER So ein stolzes Schiff

15 HERR SÜTTERLIN Ich sehe sie noch auslaufen
Da stand ich in Wilhelmshaven an Land
als die Tirpitz auslief
tolles Schiff
da stand ich lange und sah ihr nach
20 FRAU MÜHLFENZL Wo sank die denn
HERR MÜHLFENZL Am Skagerrak[2] nicht wahr
HERR HUEBER Ich dachte am Kattegatt
am Kattegatt dachte ich
FRAU HUEBER In der Ostsee nicht wahr
25 HERR SÜTTERLIN Sank sie in der Ostsee
oder sank sie in der Nordsee
oder im Atlantik
Nun ja
merkwürdig daß ich nicht weiß
30 sank sie in der Ostsee
oder in der Nordsee
FRAU HUEBER Jetzt ist die Tirpitz gesunken
jetzt geht es bergab
sagte mein Mann
35 natürlich dachten wir nicht an Niederlage
aber irgendwie ging es von da an
als die Tirpitz sank
bergab
HERR SÜTTERLIN Bergab
40 wie es sich anhört bergab bergab
nun ja
Ich denke jetzt geht es doch wieder
bergauf
habe ich nicht recht
45 bergauf
bergauf
bergauf
FRAU SÜTTERLIN Diese schönen deutschen Schlachtschiffe
wie die alle sanken
50 ich sehe das noch in der Wochenschau
und dazu Liszt[3]
wie schrecklich
In der Wochenschau sah man
Deutschland sinken
55 und immer Liszt dazu
wie schrecklich
läutet dem Hausmädchen

Das Tragische waren die hohen Militärs
auf die sich der Führer nicht verlassen konnte
60 auf den Adel nicht
auf niemanden
Das Mädchen tritt auf
FRAU SÜTTERLIN *zu ihm*
Ach bringen Sie uns doch noch etwas Sahne
65 Fräulein Nora
und dann servieren Sie im Salon den Kaffee
Das Mädchen geht hinaus
FRAU SÜTTERLIN Die Generäle selbst
haben den Führer verraten
70 Die Militärs waren die Verräter
Wo stünden wir heute
wenn wir tapfere und treue Generäle gehabt hätten
zu Herrn Mühlfenzl
Herr Gerichtsrat Mühlfenzl
75 sagen Sie selbst
es gab doch nicht einen einzigen
wirklich führertreuen General
nicht einen einzigen
Die Katastrophe mußte kommen
80 denken Sie nur an die Leute wie Brauchitsch[4]
wie von Rundstedt
ganz zu schweigen von Paulus
ich schäme mich
diesen Namen überhaupt in den Mund zu nehmen
85 Überhaupt die Männer
waren nie so treue Deutsche wie die Frauen
Die Männer sind Deutschland immer
in den Rücken gefallen
Mit ein paar Ausnahmen
90 *blickt sich in der Runde um*
zu ihrem Mann
Du zum Beispiel
zu Mühlfenzl
und Du unser lieber Gerichtsrat
95 *und zu Hueber*
und Du unser stellvertretender Gerichtspräsident
Ich sage zu meinem Mann immer
wenn dich der Schlag trifft
wird Hueber dein Nachfolger
100 das hört er nicht gern

zu ihrem Mann, Herrn Sütterlin
Nicht wahr
damit erschrecke ich dich
Aber wie ich dich kenne
105 überlebst du uns alle
Sie steht auf und geht zu einem Plattenspieler und legt eine Platte mit dem Schluß-
chor aus Beethovens Neunter auf
Nein nicht diese Töne[5]
wir wollen doch heute keinen tragischen Ton aufkommen lassen
110 *Das Mädchen bringt eine Schüssel mit Sahne herein und stellt sie auf den Tisch*
FRAU SÜTTERLIN *zum Mädchen*
Machen Sie den Kaffee stark Fräulein Nora
Nun gehen Sie schon
Das Mädchen geht hinaus
115 FRAU SÜTTERLIN *über das Mädchen*
Wie dumm diese Geschöpfe sind
wie dumm
Jetzt ist sie schon zwei Jahre im Haus
und weiß noch immer nicht
120 wie Sahne geschlagen wird
Sie setzt sich wieder an den Tisch
Aber wir kommen ohne diese Dummköpfe
nicht aus
plötzlich zu ihrem Mann
125 Du hast zwölftausend umgebracht
verzeih das harte Wort
blickt auf Hueber
und Hueber hat dich freigebracht
wie Mühlfenzl mich freigebracht hat
130 schließlich habe ich eigenhändig
achtundzwanzig umgebracht
HERR SÜTTERLIN *mit hocherhobenem Kopf*
Erhängt
FRAU SÜTTERLIN Ja
135 HERR SÜTTERLIN Neunzehn Französinnen
und neun Russinnen
FRAU SÜTTERLIN Ja so ist es
HERR SÜTTERLIN Aber die Zeit heilt schließlich
alle Wunden
140 was danken wir nicht alles
der Firma Hueber und Mühlfenzl sage ich immer
FRAU SÜTTERLIN Das sagt er wirklich
manchmal
wenn er in sich geht
145 Aber wir wollten fröhlich sein nicht wahr

reicht die Sahneschüssel herum
Nehmen Sie sich doch von der Sahne
HERR HUEBER In Buchenwald war es ja nicht so schlimm
nicht wahr
150 HERR MÜHLFENZL In Ebensee[6] auch nicht
in den kleineren Lagern war es nicht so schlimm
da sind ja auch nicht Millionen umgekommen
FRAU SÜTTERLIN In Buchenwald war es nicht so schlimm
stellt die Sahneschüssel auf den Tisch
155 Übrigens
in Buchenwald haben mein Mann und ich geheiratet
das war gar nicht leicht
ein weißes Kleid aufzutreiben
HERR MÜHLFENZL Und hatten Sie eine lange Schleppe
160 FRAU SÜTTERLIN Ja
HERR SÜTTERLIN Die Schleppe meiner Frau war drei Meter lang
französische Seide
direkt aus Paris
die Zeremonie duftete ganz nach dem feinsten französischen Parfum
165 nach dem allerfeinsten
HERR HUEBER *plötzlich ausrufend*
Am zwölften
Alle hören
FRAU HUEBER Was ist am zwölften
170 HERR HUEBER *nach einer Pause*
Am zwölften November vierundvierzig
ist die Tirpitz gesunken
[…]

Aus: Bernhard, Thomas: Der deutsche Mittagstisch. Dramolette, Frankfurt/Main: Suhrkamp 1988;
Uraufführung 1981

Worterläuterungen:
1 *Tirpitz*: größtes deutsches Schlachtschiff im Zweiten Weltkrieg, am 12. November 1944 bei einem
  Angriff der Royal Air Force versenkt
2 *Skagerrak, Kattegatt*: Im Zweiten Weltkrieg umkämpfte Meeresgebiete zwischen Dänemark und
  Schweden
3 *Liszt*: Komponist, mit dessen „Préludes" zur Zeit des Nationalsozialismus die Wochenschau eingeleitet wurde
4 *Brauchitsch, Rundstedt, Paulus*: Oberbefehlshaber der Wehrmacht im Zweiten Weltkrieg
5 *nicht diese Töne*: Zitat aus dem Schlusschor von v. Beethovens Neunter Symphonie
6 *Ebensee*: Außenlager des österreichischen Konzentrationslagers Mauthausen

Hinweise und Tipps

– Die Abituraufgabe ist in einen **Erschließungs- und Interpretationsauftrag** *(a) und einen **Vergleichsauftrag** (b) gegliedert. Zunächst muss das Dramolett „Freispruch" von Thomas Bernhard bearbeitet werden.*

– Kriterien für die Erschließung und auch die Reihenfolge der Analyseinstrumente können Sie selbst wählen. Allerdings werden die üblichen Aspekte wie **Inhalt und Aufbau, dramaturgische Gestaltung** *(Redeanteile der Figuren, Regieanweisungen, Bewegungen im Raum, Requisiten) und **sprachlich-stilistische Mittel** sowie die **Dialoganalyse** im Mittelpunkt der Untersuchung stehen müssen. Zu entscheiden ist dabei, ob die sprachlich-stilistischen Beobachtungen in die Interpretation integriert werden. Sie können sowohl aspektorientiert vorgehen als auch integrativ, indem Sie den Dialog nach inhaltlichen Abschnitten gliedern und die verschiedenen Aspekte gemeinsam abhandeln. Wichtig ist dabei, dass, wie in der Aufgabenstellung gefordert, die **satirischen Gestaltungsmittel** besonders herausgearbeitet werden.*

– Die **Vergleichsaufgabe** *ist auf ein weiteres literarisches Werk bezogen. Dabei gibt es weder eine Gattungs- noch eine Epochenbegrenzung, d. h., dass neben einem weiteren Drama auch Gedichte und epische Texte verglichen werden dürfen. Achten Sie aber auf die genaue Fragestellung: Sie sollen herausarbeiten, wie das Thema „Schuld" gestaltet ist. Es geht demnach nicht nur um einen inhaltlichen Vergleich, sondern auch um die Frage, mit welchen literarischen Gestaltungsmöglichkeiten in dem Vergleichswerk gearbeitet wird. Das Thema „Schuld" findet sich in zahlreichen literarischen Werken. So bietet sich z. B. ein Vergleich mit Goethes „Faust", Schlinks „Der Vorleser", Fontanes „Effi Briest", Hauptmanns „Bahnwärter Thiel" oder Büchners „Woyzeck" an.*

– **Einleitung** *und **Schluss** können Besonderheiten der Gegenwartsliteratur behandeln. Eine literaturgeschichtliche Einordnung Thomas Bernhards wird aber nicht verlangt. Thematisch bietet sich bei dieser Aufgabenstellung auch die Frage nach der Vergangenheitsbewältigung in der Bundesrepublik nach 1945 an.*

Gliederung

A Vergangenheitsbewältigung im Nachkriegsdeutschland

B „Schuld" in Thomas Bernhards *Freispruch* und im *Woyzeck* von Georg Büchner

   I. Erschließung und Interpretation des Dramoletts *Freispruch*
     1. Inhaltskern und Aufbau: kreisender Dialog zwischen den Ehepaaren Sütterlin, Hueber und Mühlfenzl nach der fallengelassenen Anklage gegen Gerichtspräsidenten Sütterlin wegen seiner NS-Verbrechen
     2. Gesprächssituation: scheinbar ungezwungenes Gespräch über die Vergangenheit (NS-Zeit), gelenkt durch Frau Sütterlin
     3. Stilmittel der Satire als Mittel der Gesellschaftskritik
     4. Kritik an Nachkriegsgesellschaft

II. Schuld in Georg Büchners *Woyzeck*
1. Mord an Marie
2. Gesellschaftliche Umstände als Ursache

C Schuld als Dauerthema in der Literatur

Lösungsvorschlag

Nach Beendigung des Zweiten Weltkriegs und der endgültigen Aufdeckung **A**
der Verbrechen, die im Namen des nationalsozialistischen Regimes begangen
worden waren, versuchten zunächst die Alliierten in ihren Besatzungszonen,
den Deutschen ihre Verantwortung vor Augen zu führen. Filme und Plakate
sollten die grausamen Schandtaten dokumentieren und die Auseinandersetzung
damit in der Bevölkerung anleiten. Auch wenn die Reaktionen der Deutschen
differenziert beurteilt werden müssen, so ist doch festzustellen, dass viele die
Folgen des menschenverachtenden Rassenwahns der Nationalsozialisten genauso wenig sehen wollten wie die Kriegsverbrechen, die im Zuge der militärischen Eroberungen in ganz Europa begangen worden war. Diese **Schuldverdrängung** galt auch für diejenigen, die aktiv beteiligt waren am Holocaust,
an der Ausbeutung von Kriegsgefangenen und anderen Verbrechen. Von den
Konzentrationslagern wollte man meist nichts gewusst haben. Die Alliierten
versuchten zwar, in zentralen Prozessen und Befragungen die Verantwortlichen
zur Rechenschaft zu ziehen, die Problematik einer Verurteilung wurde aber
sehr schnell deutlich. Darüber hinaus war die deutsche Gesellschaft auf eine
funktionierende Verwaltung und eine wiederaufbauwillige Wirtschaft angewiesen. Es kam deshalb lange Jahre immer wieder zu vorschnellen **Freisprü-
chen** in den Kriegsverbrecherprozessen, die durchaus für Aufsehen sorgten.
So entstand in der **Nachkriegszeit** eine von Schuldfreisprüchen und Schuldverdrängung geprägte Atmosphäre. Diese Verdrängung war ein großes Thema
in Kunst und Literatur. Thomas Bernhard hat sich in seinen Dramoletten *Der
deutsche Mittagstisch*, die allerdings erst 1988 veröffentlicht wurden, mit einer
bestimmten Gesellschaftsschicht auseinandergesetzt, die eine eindeutige Haltung zur Schuldfrage eingenommen hat: Mit den Verbrechen der Nationalsozialisten wollten sie nichts zu tun gehabt haben; ihre eigene Beteiligung am
NS-System wurde heruntergespielt oder als völlig legal hingestellt.

Im Dramolett *Freispruch*, einem dieser sieben Dramolette Bernhards, feiern **B**
die Ehepaare Sütterlin, Hueber und Mühlfenzl die Einstellung des Verfahrens
gegen den Gerichtspräsidenten Sütterlin wegen dessen NS-Verbrechen.

Zu Beginn des Textauszugs spekulieren die Herren ergebnislos über Ort und **I.**
Zeit des Untergangs des deutschen Schlachtschiffs Tirpitz (vgl. Z. 1–31). **1.**
Dieses Ereignis wird im folgenden Gespräch auf die **geschichtliche Entwick-
lung** übertragen (vgl. Z. 32–57). So deutet Frau Hueber das Sinken des Schif-

2012-16

fes als Hinweis auf das Ende des „Dritten Reichs". Gleichzeitig hebt Herr Sütterlin aber hervor, dass sich gegenwärtig die Situation wieder verbessert, während seine Frau sich noch einmal das Niedergangsszenario in der Endphase des Zweiten Weltkriegs vergegenwärtigt.

Der dritte Abschnitt dieser Szene wird von Frau Sütterlin dominiert. Sie sucht nach einer Erklärung für die Niederlage Deutschlands im Zweiten Weltkrieg (vgl. Z. 58–109). Ihrer Meinung nach sind daran die militärischen Führungspersönlichkeiten schuld, die den Führer verraten hätten, während die Frauen im Allgemeinen die größere „Führertreue" zeigten. Im Anschluss an diese Reflexion über die Vergangenheit lässt sich die Gastgeberin, als das Dienstmädchen eine Schüssel Sahne hereinbringt, über unzulängliches Dienstpersonal aus (vgl. Z. 110–123).

Übergangslos erinnert sich das Ehepaar Sütterlin an die **Zeit im Konzentrationslager Buchenwald** (vgl. Z. 124–165). Sie heben dabei ihre eigenen dort begangenen Gräueltaten hervor und rühmen sich der von ihnen begangenen Morde. Eingeschoben in diese Ausführungen ist ein Dank Frau Sütterlins an Hueber und Mühlfenzl für deren erfolgreichen juristischen Beistand. Gleichzeitig verharmlosen alle die Situation in den Konzentrationslagern und Frau Sütterlin schwärmt von ihrer Hochzeit im KZ, die trotz der Umstände durchaus prachtvoll gewesen sei. Völlig unvermittelt kehrt das Gespräch zum Abschluss der Szene noch einmal zum Thema der gesunkenen Tirpitz zurück, indem sich Herr Hueber plötzlich wieder an das Datum erinnern kann (vgl. Z. 166–173).

An diesem scheinbar ungezwungenen **Gespräch** beim Mittagstisch sind die 2. Ehepaare Sütterlin, Hueber und Mühlfenzl beteiligt. Jede Figur nimmt im Nachkriegsdeutschland eine relativ wichtige gesellschaftliche Position ein. Sütterlin als Gerichtspräsident, sein Stellvertreter Hueber und Gerichtsrat Mühlfenzl beeinflussen aufgrund ihrer Posten die Rechtsprechung nicht unerheblich. Auch ihre Frauen, Frau Sütterlin als Schulrätin, Frau Hueber als Lehrerin und Frau Mühlfenzl als Stadträtin, haben kraft ihrer Ämter Einfluss auf die bundesrepublikanische Gesellschaft nach 1945.

Im Tischgespräch konzentrieren sich die Figuren aber auf die Vergangenheit, auf die Zeit während des NS-Regimes. Zu Beginn des Gesprächs, als es um das Datum des Untergangs der Tirpitz geht, fallen häufige und rasche **Sprecherwechsel** auf (vgl. Z. 1–24). Gelenkt wird das Gespräch weitgehend von der Gastgeberin und Hausherrin Frau Sütterlin. Sie hat die meisten **Gesprächsanteile** und gibt die **Gesprächsthemen** vor. In ihrer Rolle bestätigt wird sie durch knappe Erwiderungen ihres Mannes und der Gäste (vgl. Z. 149 ff.). Keinen einzigen Redeanteil hat das Hausmädchen. Es bringt nur die bestellte Sahne, stellt diese auf den Tisch (vgl. Z. 110) und nimmt Befehle entgegen. Dadurch wird die gesellschaftliche Hierarchie besonders herausgestellt.

Frau Sütterlins Ausführungen über ihre Gräueltaten im Konzentrationslager werden mehrfach von ihrem Mann unterbrochen. Dabei handelt es sich jeweils um **Präzisierungen**: So bemerkt sie z. B., sie habe 28 Menschen umgebracht, woraufhin ihr Mann die Todesart einwirft (vgl. Z. 132 ff.). Fast stolz erwähnt er, dass sie diese „eigenhändig" (Z. 131) „erhängt" (Z. 133) habe. Ebenfalls unterbrochen wird das Gespräch auch durch Frau Sütterlins Anweisungen gegenüber dem Hausmädchen, über dessen Dummheit sie sich auslässt, als das Mädchen den Raum verlässt, um Kaffee zu machen (vgl. Z. 116 ff.). Während des Gesprächs gibt es keine Entwicklung oder neue Einsichten der Figuren, sodass am Ende die Rückkehr zum Ausgangsthema, dem Sinken der Tirpitz (vgl. Z. 167), den Kreis schließt und die Unterhaltung wieder von vorne beginnen könnte.

Die Gesprächssituation wirkt **grotesk verzerrt**, da es Massenmörder sind, die 3. hier feiern und Kaffee trinken. Bernhard verwendet das **Stilmittel der Satire**, das dazu dient, die Figuren – ihr Denken und ihr Verhalten – zu entlarven. Die Satire ist eine literarische Form der Kritik an individuellen, gesellschaftlichen oder allgemeinmenschlichen Schwächen. Hier kritisiert sie die Verdrängung und Bagatellisierung der nationalsozialistischen Verbrechen in der Nachkriegsgesellschaft, indem sie deren Protagonisten ins Lächerliche zieht. Während die Figuren ihre Bäuche mit Sahne vollschlagen, erzählen sie gleichsam nebenbei, dass Herr Sütterlin „zwölftausend umgebracht" (Z. 125) habe. Dass es dabei um Menschen geht, wird nicht erwähnt. Durch **Wiederholungen** zeigen die Figuren auch ihre Abgestumpftheit. Sie bestärken sich gegenseitig, wenn sie immer wieder betonen, dass „es ja nicht so schlimm" (Z. 148) war (vgl. auch Z. 151, 153). Gerade durch die Fixierung auf **nebensächliche Details** – das genaue Datum und den Ort des Untergangs der Tirpitz (vgl. Z. 25 ff., 30 f.) – zeigt die Szene fast Züge des absurden Theaters. Durch abrupt erscheinende Übergänge, assoziative Themenwechsel und eingeschobene Alltagshandlungen wird das **Geschehen satirisch gebrochen** und gleichzeitig die immer noch andauernde nationalsozialistische Grundhaltung der Figuren aufgedeckt. Frau Sütterlin trägt dem Hausmädchen auf, „den Kaffee stark" (Z. 112) zu machen, lästert im nächsten Satz über die angebliche Dummheit des Personals (vgl. Z. 116 ff.), um dann „plötzlich" (Z. 124) ihren Mann daran zu erinnern, dass er „zwölftausend umgebracht" (Z. 125) habe. Sie selbst hat „eigenhändig achtundzwanzig umgebracht" (Z. 130 f.). Herr Sütterlin differenziert die Opfer dann auch noch: „Neunzehn Französinnen und neun Russinnen" (Z. 135 f.). Zusammenhangslos erinnert seine Frau die übrigen, „wir wollten fröhlich sein nicht wahr" (Z. 145), und reicht die „Sahneschüssel herum" (Regieanweisung, Z. 146). Geradezu grotesk wirkt Huebers Entgegnung, es sei in „Buchenwald [...] ja nicht so schlimm" (Z. 148) gewesen. Auch Frau Sütterlin bestätigt dies (vgl. Z. 153 f.), um dann übergangslos von ihrer Hochzeit im Konzentrationslager zu berichten und ihren Schwierigkeiten, dort „ein weißes Kleid aufzutreiben" (Z. 158). Im **Kontrast** zu den Gräuel der Konzentrationslager wirken die Details der Hochzeit, die „lange Schleppe", „französische Seide", „französische[s] Parfum" wie Hohn (Z. 159 ff.). Noch weiter banalisiert wird der Gesprächsinhalt, als am Ende des Gesprächsausschnitts Herr Hueber völlig unvermittelt zum Ausgangsthema zurückkehrt, indem er „plötzlich ausrufend" (Z. 166) den „zwölften November vierundvierzig" (Z. 171) als Datum bekanntgibt, an dem die Tirpitz gesunken sei. Ein Unrechtsbewusstsein der Figuren wird an keiner Stelle ersichtlich. Gerade durch das **Nebeneinanderstellen von banalen Alltagsaussagen und den mitleidlosen Erinnerungen** an die Gräueltaten, was in der Kombination beinahe komisch wirkt, werden die nationalsozialistischen Eliten entlarvt und ihre Verbrechen angeprangert. Das Mittel der Satire macht die Leser bzw. Zuschauer zu ihren Richtern, und schafft so ein Bewusstsein für die Problematik.

Die Szene soll darstellen, wie unbeirrbar die Verantwortlichen und Entschei- 4. dungsträger während und nach der Zeit des Nationalsozialismus waren. Offensichtlich ist ihnen nicht einmal das Ausmaß des Leides bewusst, das sie angerichtet haben: „Die Zeit heilt schließlich alle Wunden" (Z. 138 f.), meint Herr Sütterlin. Die **Massenmörder** des Nationalsozialismus werden hier in ihrer Banalität und **ohne jegliches Unrechtsbewusstsein** gezeigt. Bei der Feier anlässlich der Verfahrenseinstellung des wegen seiner NS-Verbrechen angeklagten Gastgebers tauschen sich die Figuren über Belanglosigkeiten aus: über das „stolze[] Schiff", das „tolle[] Schiff", „die Tirpitz" (Z. 14 ff.). Man knüpft an den Vorredner an und holt sich von ihm eine Bestätigung des eigenen Gesagten (vgl. Z. 44). Ausdruck mangelnden Reflexionsvermögens ist der Rückzug in **Redensarten** wie „die Zeit heilt schließlich alle Wunden" (Z. 138 f.). Diese Alltagsweisheit, die die unvergleichlichen Verbrechen der Zeit nach 1933 auf geschmacklose Weise relativiert, wirkt hier zynisch.

Frau Sütterlin versichert sich des Wahrheitsgehalt ihrer Aussagen immer wieder durch kurze **rhetorische Fragefloskeln** („nicht wahr"; vgl. Z. 102, 145 f.). Dass es den Gesprächsteilnehmern nur um Selbstbestätigung geht, zeigt sich auch an den häufigen **Wiederholungen** auf der Wort- und Satzebene. Mit dem Untergang der Tirpitz ist es „bergab" (Z. 38, Frau Hueber) gegangen, „Bergab […] bergab bergab" (Z. 39 f., Herr Sütterlin). Jetzt aber nach der Verfahrenseinstellung geht es wieder „bergauf bergauf bergauf" (Z. 45 ff.). Die Eindringlichkeit des Sprechens wird dadurch gesteigert, genauso wie durch die **Reihung einzelner Wörter** und die **Variation von Teilsätzen** besonders am Anfang des Textauszugs. Als die Figuren sich über das Sinken der Tirpitz verständigen, wirft Herr Hueber „Ende vierundvierzig denke ich" (Z. 3) ein, Herr Sütterlin bestätigt das – „Ende vierundvierzig" (Z. 4) –, während Herr Mühlfenzl meint: „Die sank vielleicht schon Anfang vierundvierzig" (Z. 9). Auffällig ist dabei auch der Verzicht auf Interpunktion. Insgesamt entsteht so eine **Rhythmisierung**, fast eine Melodisierung des Sprechens, zu der auch die Zeilenumbrüche jeweils am Ende der Teilsätze und bei Aufzählungen (vgl. z. B. Z. 45 ff.) beitragen.

Entlarvend für die Nachkriegselite ist auch die Pervertierung der **Begriffe Schuld, Scham und Treue**. Frau Sütterlin wirft den Generälen Hitlers vor, sie hätten sich nicht loyal und treu verhalten und damit die „Katastrophe" (Z. 79) herbeigeführt. Gemeint sind hier aber nicht die Untaten des NS-Regimes, sondern der Untergang des Hitlerreichs, für den sie sich statt derer schämt (vgl. Z. 83). Auch dass die deutschen Frauen Hitler treuer ergeben waren als viele

Männer, sieht sie positiv (vgl. Z. 85 ff.), während alle, die den Unrechtsstaat kritisiert hätten, „Deutschland [...] in den Rücken gefallen" (Z. 87 f.) seien. Allein die anwesenden Männer, die alle in der neugegründeten Bundesrepublik wieder eine führende Position innehaben, noch dazu in der Justiz, bildeten eine Ausnahme. Hier wechselt Frau Sütterlin auch von der höflichen Anrede – „Herr Gerichtsrat Mühlfenzel / sagen Sie selbst" (Z. 74 f.) – zum vertraulichen Du (vgl. Z. 92 ff.) und fraternisiert dadurch mit ihnen. Die Tatsache, dass das Ehepaar Sütterlin trotz seiner Morde ungestraft davon kommt, wird durch das **Wortspiel** „umgebracht" – „freigebracht" weiter betont: „Du hast zwölftausend umgebracht / [...] und Hueber hat dich freigebracht / wie Mühlfenzl mich freigebracht hat / schließlich habe ich [...] / achtundzwanzig umgebracht" (Z. 125–131).

Diese Massenmörder gehören alle einer höheren Gesellschaftsschicht an und verfügen über einen **bürgerlichen Bildungshintergrund**. Frau Sütterlin empfindet es als „schrecklich", dass in der Wochenschau der deutsche militärische Untergang mit der Musik von Franz Liszt verbunden worden ist (Z. 48 ff.). Gleichzeitig legt sie, während sie das Hausmädchen Sahne auftragen lässt, Beethovens 9. Symphonie mit dem Schlusschor *Ode an die Freude* auf. Durch diese beiden **Symbole** für Freude und Genuss wird die Erzählung der begangenen Morde kontrastiert und damit die Banalität des Bösen deutlich herausgestellt.

Thomas Bernhard kritisiert in seinem Dramolett *Freispruch* den Alibicharakter vieler Kriegsverbrecherprozesse, die vielfach zur Folge hatten, dass die verbrecherischen NS-Eliten rehabilitiert und wieder als Führungsschicht installiert wurden. Die Entnazifizierung der Gesellschaft geschah nur äußerlich, eine wirkliche Aufarbeitung der Schuld fand lange Zeit nicht statt.

Das Thema „Schuld" wird in zahlreichen literarischen Werken in unterschied- II.
lichster Weise verarbeitet. Während Bernhard in *Freispruch* in satirischer 1.
Weise die Schuldverdrängung der nationalsozialistischen Eliten entlarvt, führt Georg Büchner in seinem Dramenfragment *Woyzeck* die **gesellschaftliche Bedingtheit** der persönlichen Schuld vor.

Das Drama basiert auf dem historischen Fall des Johann Christian Woyzeck, der aus Eifersucht seine Geliebte, Johanna Christiane Woost, umgebrachte. In zwei psychologischen Gutachten wurde die Zurechnungsfähigkeit des arbeitslosen Barbiers festgestellt und dieser 1824 auf dem Marktplatz in Leipzig hingerichtet. Büchner zeigt durch seine Art der Darstellung des Falls, dass die Autonomie des Individuums nicht immer gegeben ist und dass dies die persönliche Schuld des Einzelnen relativiert.

Woyzeck macht sich schuldig, indem er am Ende des Dramas seine Freundin Marie, mit der er ein gemeinsames Kind hat, umbringt. Marie ist bis dahin das einzig Positive, was Woyzeck im Leben hat. Sie hintergeht ihn aber mit dem stattlichen Tambourmajor, woraus sich der Anlass für den **Mord** ergibt.

Die Sympathie des Lesers ist dennoch auf Seiten Woyzecks, da in den vorhergehenden Szenen gezeigt wird, dass dieser von allen nur ausgenutzt wird. Er muss neben seinem Militärdienst in jeder freien Minute zusätzliches Geld für sein Kind und Marie verdienen: So rasiert er den Hauptmann und macht für den Doktor eine Erbsendiät zu wissenschaftlichen Zwecken. Der Hauptmann spottet stets über den Soldaten Woyzeck, er behandelt ihn wie einen unselbstständigen Dummkopf, der nur zu seiner Erheiterung da ist. Allerdings wird bald klar, dass die Verständnisschwierigkeiten auf Seiten des Hauptmanns liegen, der den durchaus sozialkritischen Aussagen Woyzecks nicht folgen kann. Auch der Doktor ist an Woyzeck nur als Versuchsobjekt interessiert, er ist ein „interessanter Casus", den er seinen Studenten zeigen kann, da aufgrund der Mangelernährung dessen Reaktionsfähigkeit nachlässt. Von der Oberschicht wird Woyzeck nicht als Subjekt wahrgenommen und deshalb nur mit dem Personalpronomen „er" angesprochen. Neben dem körperlichen Verfall wird auch der psychische Druck immer größer, sodass Woyzeck Stimmen hört. Da er physisch und psychisch immer mehr abbaut, ist es ihm unmöglich, Maries Bedürfnis nach Sozialprestige und Erotik adäquat zu erfüllen, sodass sie schließlich fremdgeht. Seine Verzweiflung ist letztendlich so groß, dass sie sich gegen das Einzige, was er noch hat, gegen Marie richtet.

Woyzeck wird schuldig, weil ihm die **gesellschaftlichen Verhältnisse** keine Möglichkeit lassen, seiner Armut zu entfliehen. In einem Brief an seine Eltern schreibt Büchner 1834, dass er niemanden verachtet, „am wenigsten wegen seines Verstandes oder seiner Bildung, weil es in niemands Gewalt liegt, kein Dummkopf oder kein Verbrecher zu werden – weil wir durch gleiche Umstände wohl alle gleich würden und weil die Umstände außer uns liegen." Büchner spricht damit der Gesellschaft einen großen Teil der Schuld für den Mord, den Woyzeck begangen hat, zu – ganz anders als Thomas Bernhard, der die Massenmörder des NS-Regimes in ihrer Uneinsichtigkeit bloßstellt. Während Büchner gegenüber seiner Hauptfigur großes Verständnis entwickelt, klagt Bernhard mit seiner Satire die Verantwortlichen des 3. Reiches an. Die **Schuldfrage** wird aber in beiden Fällen eindeutig beantwortet.

Auch der **Gegenwartsroman** beschäftigt sich mit der **Frage der Schuld**. *Der Vorleser*, ein Roman von Bernhard Schlink aus dem Jahr 1995, behandelt etwa die Beziehung des anfangs 15-jährigen Teenagers Michael zur 36-jährigen Hanna. Neben den Folgen und Problemen dieser Beziehung setzt Schlink sich gleichzeitig mit der Judenvernichtung im Dritten Reich auseinander: Hanna hat sich als ehemalige Aufseherin in einem Konzentrationslager schuldig gemacht. Als Michael, mittlerweile Jurastudent, sieben Jahre später zufällig einen Kriegsverbrecherprozess gegen frühere Wärterinnen in Konzentrationslagern besucht, trifft er dort Hanna als Angeklagte wieder. In diesem Zusammenhang reflektiert Michael Hannas Schuld und die Frage nach ihrer Schuldfähigkeit – sie ist Analphabetin. Für ihn selbst stellt sich die Frage, ob er sich durch seine Liebe ebenfalls schuldig gemacht hat. Das Buch ist bis heute Gegenstand einer kontroversen Debatte, da Bernhard Schlink vorgeworfen wurde, er vereinfache in seinem Roman die Geschichte und verharmlose Hannas Schuld.

```
┌─────────────────────────────────────────────────────────┐
│           Deutsch (Bayern G8) – Abiturprüfung 2012:        │
│          Aufgabe 3: Erschließen eines poetischen Textes    │
└─────────────────────────────────────────────────────────┘
```

a) Erschließen und interpretieren Sie den folgenden Romanausschnitt (Text A)! Berücksichtigen Sie bei Ihrer Interpretation insbesondere die Darstellung der Hauptfigur! Ziehen Sie dafür auch Text B heran!

b) Legen Sie ausgehend von Ihren Ergebnissen dar, wie die Phase der Adoleszenz (vgl. Text B) in einem weiteren literarischen Werk dargestellt wird!

Vorbemerkung

Der Roman schildert die Erlebnisse des jungen Törleß, des einzigen Sohns eines Hofrats, in einer elitären Militärerziehungsanstalt im Osten der ehemaligen österreichisch-ungarischen Monarchie. Der folgende Ausschnitt stammt aus dem Anfangsteil des Romans: Zusammen mit ·weiteren Internatszöglingen hat der 16-jährige Törleß seine Eltern nach deren Kurzbesuch zum Bahnhof der entlegenen Stadt begleitet und dort verabschiedet. Nun macht sich die kleine Gruppe, darunter auch Törleß' Klassenkamerad von Reiting, auf den Rückweg ins Internat.

Text A

Robert Musil (1880–1942)
Die Verwirrungen des Zöglings Törleß (1906)

[…] Die jungen Leute hatten unterdessen den Bahnhof verlassen und gingen in zwei Reihen hintereinander auf den beiden Rändern der Straße – so wenigstens dem dicksten und zähesten Staube ausweichend – der Stadt zu, ohne viel miteinander zu reden.

Es war fünf Uhr vorbei, und über die Felder kam es ernst und kalt, wie ein Vorbote
5 des Abends.

Törleß wurde sehr traurig.

Vielleicht war daran die Abreise seiner Eltern schuld, vielleicht war es jedoch nur die abweisende, stumpfe Melancholie, die jetzt auf der ganzen Natur ringsumher lastete und schon auf wenige Schritte die Formen der Gegenstände mit schweren glanz-
10 losen Farben verwischte.

Dieselbe furchtbare Gleichgültigkeit, die schon den ganzen Nachmittag über allerorts gelegen war, kroch nun über die Ebene heran, und hinter ihr her wie eine schleimige Fährte der Nebel, der über den Sturzäckern und bleigrauen Rübenfeldern klebte.

Törleß sah nicht rechts noch links, aber er fühlte es. Schritt für Schritt trat er in die
15 Spuren, die soeben erst vom Fuße des Vordermanns in dem Staube aufklafften, – und so fühlte er es: als ob es so sein müßte: als einen steinernen Zwang, der sein ganzes Leben in diese Bewegung – Schritt für Schritt – auf dieser einen Linie, auf diesem einen schmalen Streifen, der sich durch den Staub zog, einfing und zusammenpreßte.

2012-22

Als sie an einer Kreuzung stehen blieben, wo ein zweiter Weg mit dem ihren in
einen runden, ausgetretenen Fleck zusammenfloß, und als dort ein morschgeworde-
ner Wegweiser schief in die Luft hineinragte, wirkte diese, zu ihrer Umgebung im
Widerspruch stehende Linie wie ein verzweifelter Schrei auf Törleß.
Wieder gingen sie weiter. Törleß dachte an seine Eltern, an Bekannte, an das
Leben. Um diese Stunde kleidet man sich für eine Gesellschaft an oder beschließt ins
Theater zu fahren. Und nachher geht man ins Restaurant, hört eine Kapelle, besucht
das Kaffeehaus. Man macht eine interessante Bekanntschaft. Ein galantes Abenteuer
hält bis zum Morgen in Erwartung. Das Leben rollt wie ein wunderbares Rad immer
Neues, Unerwartetes aus sich heraus …
Törleß seufzte unter diesen Gedanken, und bei jedem Schritte, der ihn der Enge des
Institutes nähertrug, schnürte sich etwas immer fester in ihm zusammen.
Jetzt schon klang ihm das Glockenzeichen in den Ohren. Nichts fürchtete er nämlich so sehr wie dieses Glockenzeichen, das unwiderruflich das Ende des Tages bestimmte – wie ein brutaler Messerschnitt.
Er erlebte ja nichts, und sein Leben dämmerte in steter Gleichgültigkeit dahin, aber
dieses Glockenzeichen fügte dem auch noch den Hohn hinzu und ließ ihn in ohnmäch-
tiger Wut über sich selbst, über sein Schicksal, über den begrabenen Tag erzittern.
Nun kannst du gar nichts mehr erleben, während zwölf Stunden kannst du nichts
mehr erleben, für zwölf Stunden bist du tot …: das war der Sinn dieses Glockenzei-
chens.
Als die Gesellschaft junger Leute zwischen die ersten niedrigen, hüttenartigen Häuser kam, wich dieses dumpfe Brüten von Törleß. Wie von einem plötzlichen Interesse erfaßt, hob er den Kopf und blickte angestrengt in das dunstige Innere der kleinen,
schmutzigen Gebäude, an denen sie vorübergingen.
Vor den Türen der meisten standen die Weiber, in Kitteln und groben Hemden, mit
breiten, beschmutzten Füßen und nackten, braunen Armen.
Waren sie jung und drall, so flog ihnen manches derbe slawische Scherzwort zu.
Sie stießen sich an und kicherten über die „jungen Herren"; manchmal schrie eine
auch auf, wenn im Vorübergehen allzu hart ihre Brüste gestreift wurden, oder er-
widerten mit einem lachenden Schimpfwort einen Schlag auf die Schenkel. Manche
sah auch bloß mit zornigem Ernste hinter den Eilenden drein; und der Bauer lächelte
verlegen, – halb unsicher, halb gutmütig, – wenn er zufällig hinzugekommen war.
Törleß beteiligte sich nicht an dieser übermütigen, frühreifen Männlichkeit seiner
Freunde.
Der Grund hierzu lag wohl teilweise in einer gewissen Schüchternheit in geschlecht-
lichen Sachen, wie sie fast allen einzigen Kindern eigentümlich ist, zum größeren
Teile jedoch in der ihm besonderen Art der sinnlichen Veranlagung, welche verbor-
gener, mächtiger und dunkler gefärbt war als die seiner Freunde und sich schwerer
äußerte.
Während die anderen mit den Weibern schamlos taten, beinahe mehr um „fesch"
zu sein als aus Begierde, war die Seele des schweigsamen, kleinen Törleß aufgewühlt
und von wirklicher Schamlosigkeit gepeitscht.

Er blickte mit so brennenden Augen durch die kleinen Fenster und winkligen, schmalen Torwege in das Innere der Häuser, daß es ihm beständig wie ein feines Netz vor den Augen tanzte.

65 Fast nackte Kinder wälzten sich in dem Kot der Höfe, da und dort gab der Rock eines arbeitenden Weibes die Kniekehlen frei oder drückte sich eine schwere Brust straff in die Falten der Leinwand. Und als ob all dies sogar unter einer ganz anderen, tierischen, drückenden Atmosphäre sich abspielte, floß aus dem Flur der Häuser eine träge, schwere Luft, die Törleß begierig einatmete.

70 Er dachte an alte Malereien, die er in Museen gesehen hatte, ohne sie recht zu verstehen. Er wartete auf irgend etwas, so wie er vor diesen Bildern immer auf etwas gewartet hatte, das sich nie ereignete. Worauf …? … Auf etwas Überraschendes, noch nie Gesehenes; auf einen ungeheuerlichen Anblick, von dem er sich nicht die geringste Vorstellung machen konnte; auf irgend etwas von fürchterlicher, tierischer Sinn-

75 lichkeit; das ihn wie mit Krallen packe und von den Augen aus zerreiße; auf ein Erlebnis, das in irgendeiner noch ganz unklaren Weise mit den schmutzigen Kitteln der Weiber, mit ihren rauhen Händen, mit der Niedrigkeit ihrer Stuben, mit … mit einer Beschmutzung an dem Kot der Höfe … zusammenhängen müsse … Nein, nein; … er fühlte jetzt nur mehr das feurige Netz vor den Augen; die Worte sagten es nicht; so

80 arg, wie es die Worte machen, ist es gar nicht; es ist etwas ganz Stummes, – ein Würgen in der Kehle, ein kaum merkbarer Gedanke, und nur dann, wenn man es durchaus mit Worten sagen wollte, käme es so heraus; aber dann ist es auch nur mehr entfernt ähnlich, wie in einer riesigen Vergrößerung, wo man nicht nur alles deutlicher sieht, sondern auch Dinge, die gar nicht da sind … Dennoch war es zum Schämen.

85 „Hat das Bubi Heimweh?" fragte ihn plötzlich spöttisch der lange und um zwei Jahre ältere v. Reiting, welchem Törleß' Schweigsamkeit und die verdunkelten Augen aufgefallen waren. Törleß lächelte gemacht und verlegen, und ihm war, als hätte der boshafte Reiting die Vorgänge in seinem Innern belauscht.

Er gab keine Antwort. Aber sie waren mittlerweile auf den Kirchplatz des Städt-

90 chens gelangt, der die Form eines Quadrates hatte und mit Katzenköpfen[1] gepflastert war, und trennten sich nun voneinander. [...]

Aus: Musil, Robert: Die Verwirrungen des Zöglings Törleß, Reinbek: Rowohlt 1959;
Orthographie entsprechend der Ausgabe von 2009

Worterläuterung:
1 *Katzenköpfe:* Kopfsteinpflaster

Text B

Aus einem wissenschaftlichen Aufsatz von Heinrich Kaulen zum Thema „Jugend- und Adoleszenzromane":

[…] Der Begriff „Adoleszenzroman" meint also eine spezifische Erscheinungsform oder Subgattung des modernen Jugendromans, und zwar eine solche, die durch folgende Merkmale definiert ist:

Geschildert wird die Adoleszenzphase eines (oder mehrerer) Jugendlichen, früher
5 traditionell meist die eines männlichen Helden, heute verstärkt auch die einer weiblichen Protagonistin im Alter von etwa 11/12 Jahren bis (maximal) Mitte oder Ende zwanzig.

Diese Adoleszenzphase wird als Prozeß einer prekären Identitäts- und Sinnsuche aufgefaßt und findet ihre Binnenstrukturierung in einer Reihe prägender Krisenerfah-
10 rungen oder Initiationserlebnisse, die sich auf wenige, genau festliegende Problembereiche beziehen. Zu diesen Problemfeldern zählen in der Hauptsache die Ablösung von der Herkunftsfamilie, die Entwicklung eines eigenen Wertesystems, die ersten sexuellen Erfahrungen mit heterosexuellen oder gleichgeschlechtlichen Partnern, der Aufbau eigenständiger Sozialkontakte in der Peergroup und die Übernahme einer
15 neuen sozialen Rolle. […]

Anders als die meisten problemorientierten realistischen Jugendromane arbeitet der Adoleszenzroman nicht mit typisierten Figuren und exemplarischen Handlungskonstellationen, sondern mit der radikalen Subjektkonzeption des neuzeitlichen Romans, der die Handlungspersonen als je individuelle und unverwechselbare Einzelpersonen
20 auffaßt. Von daher ergibt sich die Fixierung auf die psychische Innenwelt der Hauptfiguren, die in ihren Krisen und Verwicklungen für den Leser als widersprüchliche und komplexe Individuen erfahrbar gemacht werden sollen. […]

Aus: 1000 und 1 Buch. Magazin für Kinder- und Jugendliteratur, Heft 1/1999

Hinweise und Tipps

– Die Zweiteilung der Aufgabenstellung erfordert von Ihnen zunächst, dass Sie den Textausschnitt **erschließen** und **interpretieren**. Dazu werden **konkrete Leitlinien vorgegeben** und Hilfestellungen angeboten. In erster Linie geht es um eine Figurencharakteristik des Protagonisten. Schon der Titel des Romans legt die Vermutung nahe, dass sich dieser Törleß in einer schwierigen Lage befindet. Zusammen mit den Ausführungen der Vorbemerkung ergibt sich so bereits vor der ersten Textbegegnung das Bild eines Internatsschülers, der ohne die Unterstützung seiner Familie in einer entfernten Gegend mit sich und seiner Umgebung fertig werden muss.

– Um den Text erfassen zu können, sollten Sie wie immer erst den **Inhalt** und den **Aufbau** herausarbeiten. **Erzählerische Besonderheiten** und die **sprachlich-stilistische Gestaltung** können **integrativ** mit der **Interpretation** der Textstelle verbunden werden, um hier Wiederholungen zu vermeiden. Natürlich ist es kein Fehler, wenn man diese beiden Aspekte in jeweils eigenen Gliederungspunkten behandelt.

– Durch den wissenschaftlichen **Zusatztext** (Text B) werden Ihnen konkrete Hinweise zur **Figurencharakteristik** gegeben. Der inhaltlich dichte Text muss sicher nicht in allen Einzelheiten rezipiert werden. Herausgearbeitet werden kann vor allem die Tatsache, dass die Gattung des Adoleszenzromans individuelle Biografien aufgreift und die subjektiv empfundenen Schwierigkeiten des Erwachsenwerdens zum Thema hat.

– Die zweite Teilaufgabe verlangt von Ihnen, dass Sie die **Darstellung der Adoleszenzphase in einem weiteren literarischen Werk** untersuchen. Es gibt dabei keinerlei Einschränkungen, weder was die Herkunft des Vergleichswerkes angeht noch in Bezug auf seine literarische Qualität. Deshalb ist in der vorliegenden Ausarbeitung der Versuch unternommen worden, die populäre Harry-Potter-Reihe als Vergleichswerk heranzuziehen.

Gliederung

A   Erwachsenwerden als Thema der Literatur

B   *Die Verwirrungen des Zöglings Törleß:* Die Unsicherheiten der Pubertät

   I.   Inhalt und Aufbau: Unbestimmte Gefühle und Ängste des Protagonisten

  II.   Sprachliche und erzählerische Mittel
     1. Bedrückende Atmosphäre auf dem Rückweg vom Bahnhof
     2. Konfrontation mit der Sinnlichkeit des Lebens im Dorf
     3. Von Neckerei begleitete Auflösung der Schülergruppe auf dem Kirchplatz

 III.   Das Problem der Adoleszenz
     1. Adoleszenzromane nach der Definition Heinrich Kaulens
     2. Der junge Törleß – Figurencharakteristik

IV. Adoleszenz als zentrales Thema der *Harry-Potter*-Romane
von Joanne K. Rowling
1. Die Gesamtkonzeption des Werks
2. Harry Potter
3. Hermine Granger

C   Die Schwierigkeit, erwachsen zu werden

Lösungsvorschlag

Zu den großen Themen, die die Literatur von ihrem Beginn an durchdekliniert **A**
– Familie, Liebe, Verrat –, gehört ohne Zweifel auch das **Problem des Erwachsenwerdens.** Zum einen wird thematisiert, dass eine Figur in ihrer Jugend
die Familie verlassen und ihre Rolle in der Gesellschaft finden muss: Dies ist
der Fall bei Theodor Fontanes Effi Briest, die viel zu früh verheiratet wird,
sich in der Welt ihres Mannes, des Karrierebeamten von Innstetten, nicht zu-
rechtfindet und deshalb scheitern muss. Zum anderen werden Geschichten
erzählt, die die psychologischen Schwierigkeiten, die sich für jeden Heranwachsenden in der Phase der Pubertät ergeben, in den Mittelpunkt stellen.
Auffällig ist, dass bei dieser Variante häufig die Schule eine wichtige Rolle
spielt. Hermann Hesses Roman *Unterm Rad* gehört ebenso zu dieser Variante
des sogenannten Adoleszenzromans wie der Roman *Die Verwirrungen des
Zöglings Törleß* von Robert Musil. In allen diesen Romanen sind die Protagonisten auf dem Weg zum Erwachsensein erfolglos auf einer Suche. Familie
und Freunde, die sie unterstützen könnten, sind entweder abwesend oder sie
reagieren auf die sichtbaren Probleme völlig unzureichend. Als der begabte
Schüler Hans Giebenrath in Hesses Roman am Ende im Fluss ertrinkt, weil er
die Kontrolle über sich und sein Leben verloren hat, rätseln die Erwachsenen
auf der Beerdigung über die Gründe für dieses jähe Ende eines hoffnungsvol-
len jungen Lebens. Dass auch die Hauptfigur in Robert Musils Roman mit
sich und seinem Leben nicht zurechtkommt, erkennt man schon nach wenigen
Zeilen des Textauszugs.

Im vorliegenden Auszug erahnt man, dass der 16-jährige Törleß, der ein Inter- **B**
nat besucht und gerade am Bahnhof seine Eltern nach einem Besuch verabschiedet hat, sich in eine ganz eigene Welt zurückgezogen hat. Ihn bedrängen
unbestimmte Gefühle und Ängste, die mit seiner aufkeimenden Sexualität
zu tun haben. Die gesamte Szenerie ist von einer bedrückenden Atmosphäre
beherrscht, die sich auch in der **erzählerischen und sprachlich-stilistischen
Gestaltung** niederschlägt.

Der zu bearbeitende Textauszug lässt sich in zwei große Themenblöcke ein- **I.**
teilen. Im ersten Abschnitt werden die Gedanken und Gefühle des Protagonisten Törleß nach der Abreise seiner Eltern vorgestellt (Z. 1–39); im zweiten
wird erzählt, wie Törleß und die anderen Schüler das Leben in einem Dorf am

Wegrand in seiner Sinnlichkeit wahrnehmen (Z. 40–84). Der Textauszug wird mit einem dritten, sehr kurzen Abschnitt beendet, der erkennen lässt, dass Törleß von einem Mitschüler gehänselt wird (Z. 85–91).

Am Beginn des ersten Abschnitts steht eine Schilderung des Rückwegs vom Bahnhof, an dem sich die Schüler des Internats gerade von ihren Eltern verabschiedet haben. Geordnet und schweigsam gehen sie nun in Reihen zurück in die Stadt. Der Erzähler, der die Geschichte **personal** aus der Sicht des jungen Törleß wiedergibt, aber auch eine **auktoriale Haltung** einnehmen kann, lässt eine **beklemmende Atmosphäre** entstehen, die sowohl die Empfindungen der Hauptfigur als auch die Umgebung betrifft. Die Jugendlichen gehen durch eine unwirtliche vorabendliche Landschaft, ohne sich über ihre Gefühle und Gedanken auszutauschen. Törleß denkt zwar über seinen Gemütszustand nach, findet aber keine rechte Erklärung für seine depressive Grundstimmung. Die Eltern haben ihn nach ihrem kurzen Aufenthalt verlassen, aber darum geht es in seinen Reflexionen nur am Rande. Viel eher scheint das gleichförmige Leben, das keinerlei Überraschung und Spannung für ihn bereithält, der Grund für seine Verzweiflung zu sein: Alles, was ihn erwartet, scheint in seinen Augen vorherbestimmt. Demgegenüber stellt er sich vor, wie das Leben seiner Eltern geprägt ist von der Teilnahme an gesellschaftlichen Ereignissen kommunikativer und kultureller Art. Vor allem die Tatsache, dass man in diesen Kreisen nie weiß, wie das Leben weitergeht, erregt den Neid des jungen Törleß. Seine Frustration steigert sich noch, als er an die Internatsglocke denkt, die bald den Tag beenden und damit den Stillstand des Lebens besiegeln wird.

Dieser erste Abschnitt zeichnet sich durch die **Darstellung innerer Vorgänge** aus. Während die Schüler ihren Rückweg antreten, gibt der Erzähler den Bewusstseinszustand der Hauptfigur sehr genau wieder. Das **epische Präteritum** sorgt dafür, dass die Reflexionen und Unsicherheiten des Jungen distanziert beobachtet werden können, obwohl insgesamt eine personale Erzählsituation vorherrscht.

Der depressiven Seelenlage von Törleß entsprechend wird eine abweisende Landschaft entworfen, die das Innenleben der Hauptfigur widerspiegelt. Die Natur ist düster; die Rede ist von „glanzlosen Farben" (Z. 9 f.) und „bleigrauen Rübenfeldern" (Z. 13 f.). Die **Personifikation** und der **Vergleich**, die der Erzähler wählt, um die Umgebung mit einem Bedrohungspotential aufzuladen, dramatisieren die Situation: Zunächst „kriecht" die „Gleichgültigkeit [...] über die Ebene heran" (Z. 11 f.), das handelnde Gefühl wird zu einem Teil der trostlosen Landschaft. Dann folgt der Nebel „wie eine schleimige Fährte" (Z. 13 f.) als sichtbare Spur der Gleichgültigkeit. Dabei steht die Naturbeschreibung im **Kontrast** zu den Vergnügungen der Gesellschaft, die sich Törleß ausdenkt und die die Welt seiner Eltern charakterisieren sollen. In **asyndetischen Reihungen** werden hier die positiven Seiten ihres Lebens aufgezählt: Theater, Abendgesellschaften, Restaurant- und Kaffeehausbesuche sind Gelegenheiten, die auch zu „galante[n] Abenteuer[n]" führen können (Z. 26). Verglichen wird dieses Leben mit dem Rollen eines „wunderbare[n] Rad[s]", das immer wieder „Neues, Unerwartetes" hervorbringt (Z. 27).

Die Stimmung des jugendlichen Protagonisten dagegen wird in das **zentrale Bild des „steineren Zwang[s]"** (Z. 16) gefasst. Zunächst ist damit die fast militärische Marschordnung der Jugendlichen gemeint, die den Weg zurück vom Bahnhof auf der staubigen Straße in einer exakten Linie hintereinander gehen. Das Attribut „steinern" drückt die Dauerhaftigkeit und Unabänderlichkeit dieses Zwanges aus, der Törleß' „ganzes Leben" (Z. 14 f.) betrifft. Wie einen Vorboten der Internatszwänge glaubt Törleß das „Glockenzeichen" (Z. 31) der Internatsglocke wahrzunehmen, vor dem er sich fürchtet, denn es beendet den Tag „wie ein brutaler Messerschnitt" (Z. 33). Der **Vergleich** des Signals mit der zerstörerischen Kraft einer Klinge macht deutlich, dass es für den Protagonisten um Leben und Tod geht. Tatsächlich gleicht für ihn die Nachtruhe einem zwölfstündigen Tod. Die **erlebte Rede** am Ende dieses Abschnitts macht Törleß' Verzweiflung über diesen „Tod" besonders greifbar (vgl. Z. 37 ff.).

Die existentielle Krise des Heranwachsenden zeigt sich auch in seiner **Orientierungslosigkeit. Symbolisiert** wird diese durch den „morschgewordene[n] Wegweiser", der an einer Kreuzung aufgestellt ist und die Richtung nicht mehr anzeigen kann, weil er „wie ein verzweifelter Schrei" „schief in die Luft hineinragte" (Z. 22 ff.). Durch den **Vergleich** erhält das **Bild des falschen Wegweisers** – wie der oben erwähnte „steinerne Zwang" – eine Dimension der Gewalttätigkeit.

Der zweite Abschnitt schildert das Leben in einem Dorf, das die Schülergruppe 2. auf ihrem Weg ins Internat passiert, und Törleß' Überlegungen dazu. Wichtig ist zunächst, dass sich die Wahrnehmung des Protagonisten ändert. Er löst sich von der bloßen Innenschau und nimmt die **Eindrücke der Umgebung** bewusster wahr. Die Begegnung mit den vitalen Menschen des Dorfes ändert seine Stimmung augenblicklich, obwohl er Abstand hält von den erotisch aufgeladenen Annäherungen zwischen den Schülern und den Frauen des Dorfes. Die Körperlichkeit der Dorfbewohner übt auf ihn aber auch eine tiefe Faszination und eine Begehrlichkeit aus, die er allerdings nicht in Worte fassen kann. Im Gegensatz zu seinen Kommilitonen bleibt er passiv, denn sein zurückhaltendes Wesen erlaubt es ihm nicht, offen zu seiner Sinnlichkeit zu stehen. Er beobachtet das Scherzen der Jugendlichen genauso wie die Kinder und Frauen des Dorfes, die sich ihrer Körperlichkeit nicht schämen. Törleß, der Zusammenhänge mit seiner **aufkeimenden Sexualität** mehr unbewusst spürt als begreift, assoziiert die Szenen mit eigenen Erfahrungen beim Betrachten von Kunstwerken, die ihn schon immer fasziniert haben. Auch in der bildenden Kunst, so erinnert er sich, werde die Sinnlichkeit des Lebens greifbar, die er noch als Scham empfindet.

Das zentrale Thema dieses Abschnitts ist die **Sprachlosigkeit** des Protagonisten, der im Innersten weiß, dass seine Sexualität kurz vor einem wie auch immer gearteten Durchbruch steht. **Wortfelder** der Körperlichkeit und der

Sexualität geben die Richtung vor: Mehrfach wird die oberflächlich betrachtet harmlose Nacktheit der Dorfbewohner betont: „nackte[], braune[] Arme" (Z. 45), „[f]ast nackte Kinder" (Z. 65), die „frei[en] Kniekehlen (Z. 66) einer Arbeitenden. Die Frauen werden als „jung und drall" (Z. 46) bezeichnet, „Brüste" (Z. 48, vgl. auch Z. 66) und „Schenkel" (Z. 49) werden erwähnt und reizen die „frühreife[] Männlichkeit" (Z. 52) der Knaben. In diesem Zusammenhang wird mehrfach auf Schamlosigkeit und Scham hingewiesen (vgl. Z. 59, Z. 61). Interessant ist auch, dass Törleß vor allem den Schmutz wahrnimmt (vgl. Z. 43, 45, 65, 76, 78) und damit die Gefährdung, die für ihn offensichtlich hinter seiner unbewussten Sexualität steckt. Der junge Mann erwartet, dass ihn etwas „wie mit Krallen packe [...] und zerreiße" (Z. 75). Dieser **Vergleich** ist wieder ein Beispiel für die Gewalt, die Törleß hinter ihm unverständlichen Vorgängen wahrnimmt.

Törleß kann seine Empfindungen nicht in Worte fassen, denn Worte sind für ihn nur „wie [...] eine[] riesige[] Vergrößerung" (Z. 83), die die Wahrheit verfälschen würde. Der **Vergleich** am Ende des Abschnitts belegt noch einmal die **Problematik der Sprache** mit der das sexuelle Begehren nicht adäquat benannt werden kann und die gerade deshalb Törleß auch nicht weiterhilft. Sein Ringen um das richtige Wort spiegelt sich in den zahlreichen **Satzabbrüchen** (Aposiopesen, vgl. Z. 72, 77, 78, 84), die durch ein **Fragezeichen** (Z. 72) und eine **wiederholte Verneinung** („Nein, nein", Z. 78) verstärkt werden und die Ratlosigkeit des Protagonisten auf den Punkt bringen.

Törleß' Verwirrung wird von den Mitschülern durchaus erkannt. Der letzte ³· Abschnitt beginnt mit der bissigen Nachfrage eines älteren Mitschülers, ob der Junge Sehnsucht nach seinem Zuhause habe. Törleß fühlt sich dadurch in seinen innersten Nöten erkannt und antwortet nicht. Der Nachhauseweg ist am Kirchplatz dann auch beendet und die Gruppe löst sich auf. Nach der intensiven Innensicht geht der **Erzähler** hier auf **Distanz** zu seinem Helden. Die **Zeitdehnung**, die die beiden ersten Abschnitte bestimmt hat, wird nun aufgelöst. **Erzählte Zeit** und **Erzählzeit** kommen zur Deckung. Die Spannung verflacht, die Szenerie wird wieder bestimmt von Ordnung und Sicherheit: Der Kirchplatz hat die regelmäßige „Form eines Quadrats" (Z. 90) und einen festen, gepflasterten Untergrund.

Musil entwirft im vorliegenden Textausschnitt das Porträt eines Jugendlichen, III. der seine Position zwischen Gesellschaft, Familie, Internat und Klassenkame- 1. raden noch nicht gefunden hat. Die Unsicherheiten, die er in sich spürt, rühren vor allem daher, dass er mit seiner aufkeimenden Sexualität Probleme hat. Damit behandelt der Ausschnitt eine Phase in der Biografie seiner Figur, die mit dem Begriff der Pubertät recht gut umschrieben ist. Man spricht in diesem Fall von einem Jugend- und **Adoleszenzroman**, der nach dem Literaturwissenschaftler **Heinrich Kaulen** eine Figur in der Zeit zwischen elf oder zwölf Jahren bis maximal Ende zwanzig charakterisiert. Entscheidend ist in dieser Phase, dass der Protagonist seine Rolle definiert und dabei Krisen erlebt oder Initiationserfahrungen macht. Dazu gehören nach Kaulen die „Ablösung von der Herkunftsfamilie, die Entwicklung eines eigenen Wertesystems, die ersten sexuellen Erfahrungen [...], der Aufbau eigenständiger Sozialkontakte [...] und die Übernahme einer neuen sozialen Rolle." (Text B, Z. 11 ff.) Weil Adoleszenzromane dadurch gekennzeichnet sind, dass sie individuelle Charaktere auftreten lassen, spielt die Darstellung der Innenwelt der jeweiligen Hauptfigur eine zentrale Rolle.

Obwohl nur ein Textauszug des Romans von Robert Musil zur Verfügung 2. steht, kann man die **Merkmale des Adoleszenzromans** recht genau herausarbeiten. Törleß ist 16 Jahre alt und muss im Internat ohne die Eltern zurechtkommen. Die Gedankenwelt des jungen Mannes lässt darauf schließen, dass er sich in einer Krise befindet. Eine nicht genauer begründbare Traurigkeit hat ihn befallen. Das Internat empfindet er als einen Ort des Zwangs, der sein Leben in eine Art Sackgasse führt, wo sich nichts Entscheidendes ereignet. Törleß hat aber auch nicht die Kraft, eigene Ideen und Aktivitäten zu entwickeln. Das lässt auf eine gewisse **Ich-Schwäche** schließen, die ein typisches Kennzeichen der Adoleszenzphase ist. Der Erzähler dramatisiert die Situation durch die Parallelführung der Psyche mit den äußeren Naturerscheinungen, die eine „furchtbare Gleichgültigkeit" (Z. 11) ausdrücken. Die **symbolhafte Konstruktion der Landschaft** ist ein Spiegelbild der inneren Zerrissenheit der Hauptfigur.

Törleß' Suche nach der eigenen, stabilen **Identität** wird vor allem durch seine Entdeckung der eigenen **Sinnlichkeit** erschwert. Sexuell aufgeladene Fantasien sind der gesamten Schülergruppe eigen. Bei Törleß ist aber auffällig, dass er sich mit der Rolle des Zuschauers begnügt, weil er eine Scham empfindet, die einen freien Zugang zur anziehenden Welt der Erotik nicht zulässt. Erinnerungen an Kunstwerke helfen ihm zwar, die sinnlichen Erfahrungen einzuordnen, aber die Angst vor der „fürchterliche[n], tierische[n] Sinnlichkeit" (Z. 74 f.) kann ihm so nicht genommen werden. Typisch für einen pubertierenden Jugendlichen weiß er, dass etwas auf ihn zukommt, er kann sich von diesem Etwas aber „nicht die geringste Vorstellung machen" (Z. 73 f.).

Bei der Suche nach Orientierung und Sicherheit helfen ihm die Klassenkameraden offensichtlich auch nicht weiter. Zumindest wird am Ende des Textauszuges angedeutet, dass er von einem älteren Schüler wegen seiner Zurückhaltung gehänselt wird. Törleß findet also weder bei der eigenen Familie, die er ja verabschiedet hat, noch bei den Mitschülern Hilfe in seiner schwierigen Situation.

Heinrich Kaulen spricht in seinem Text in Bezug auf den Adoleszenzroman IV. von einer „Subgattung des modernen Jugendromans" (Text B, Z. 2). Naturgemäß gibt es gerade im Jugendbuchbereich eine Vielzahl von Romanen, die sich intensiv mit dem Heranwachsen beschäftigen. Eines der erfolgreichsten dieser Werke ist sicherlich die siebenbändige Geschichte des Zauberlehrlings **Harry Potter** der englischen Autorin Joanne K. Rowling. Zwar kann die Fortsetzungsgeschichte im Gegensatz zu Musils Roman leicht als Trivialliteratur abgetan werden, aber dennoch muss festgehalten werden, dass die meisten

Merkmale des Adoleszenzromans vorhanden sind, wenn auch die Ausleuchtung der Innenwelt des Protagonisten Harry Potter ein wenig zurücktritt hinter der spannenden und ereignisreichen äußeren Handlung.

Betrachtet man zunächst die **Gesamtkonzeption** des mehrere tausend Seiten 1. umfassenden Werkes, so sieht man, dass die Autorin die Geschichte eines englischen Jungen erzählt, der als zehnjähriger seine (Ersatz-)Familie verlässt, um in einem Internat erzogen zu werden. Sein Erwachsenwerden wird begleitet von einer Reihe dramatischer Abenteuer und ersten sexuellen Erfahrungen, bis er schließlich selbst eine Familie gründen und ein erfolgreiches eigenes Leben führen kann. Natürlich ist die Entwicklung der Hauptfigur auf den ersten Blick die fantastische Geschichte eines armen Jungen, der seine Eltern verloren hat, bei Tante und Onkel aufwachsen muss und ganz überraschend erfährt, dass er die Fähigkeit zum Zaubern hat. Natürlich sind die Abenteuer, die er mit dem Zauberstab meistern muss, dem Genre „Fantastik" zuzuordnen. Neben der sichtbaren Welt der Menschen existiert eine zweite Wirklichkeitsebene, die Welt der Zauberei, die man im King's Cross Bahnhof in London auf dem Gleis 9 3/4 betritt, aber nur, wenn man dazugehört. In dieser Parallelwelt gibt es jede Menge Magier, gute und böse, verschrobene Hauselfen und gutmütige Riesen, vor allem gibt es die Hogwarts-Schule für Hexerei und Zauberei mit ihren Lehrern für die Verteidigung gegen die dunklen Künste und für Zaubertränke. Der Kern aller Abenteuer und Prüfungen ist die Existenz des bösen Zauberers Voldemort, der nur ein Ziel hat, nämlich den Protagonisten zu vernichten. Aber hinter dieser doch sehr trivialen Folie wird nichts anderes erzählt als die **Geschichte eines Jungen, der zu sich selber finden muss**.

Wie Musils Törleß kommt Harry Potter im Laufe seiner Entwicklung immer 2. wieder in Situationen, die er nicht einschätzen kann. Obwohl die Autorin ihren Protagonisten oft die richtige Entscheidung treffen lässt, weiß er manchmal nicht, was er denken und wie er seine Umgebung einschätzen soll. In erster Linie ergeben sich schwierige Situationen meist aus dem **Umgang mit dem anderen Geschlecht**. Immer, wenn Harry mit jungen Mädchen zu tun hat, wächst seine Unsicherheit ins Grenzenlose, wohingegen er im Kampf mit Riesenspinnen, Riesenschlangen und selbst den stärksten Zauberern die Oberhand behält. Seine **Identitätssuche** ist auch deshalb „prekär" (Text B, Z. 8), weil er ja in einer ganz eigenen, für ihn zunächst neuen Welt seinen Platz finden muss, was ihm allerdings recht schnell gelingt. Dieser Wechsel in die Zauberwelt ist gleichzeitig eine Entwicklungsmöglichkeit, weil das Leben des Harry Potter in der Welt der Menschen von Nichtbeachtung, ja von Unterdrückung geprägt gewesen ist. Hier hat er bei Tante Petunia, Onkel Vernon und seinem Cousin Dudley gelebt, die eine Karikatur der spießbürgerlichen, festgefahrenen englischen Mittelstandsfamilie darstellen – sozusagen das Gegenteil einer Familie, die eine erfolgreiche Adoleszenzphase überhaupt zulassen würde. Nicht zufällig ist der bedauernswerte Dudley körperlich und geistig ein Muster dafür, wie Erwachsenwerden nicht funktioniert: Er ist ein-

fältig, halbstark und gleichzeitig ängstlich, auf Konsum bedacht und über-
gewichtig. Während der gesamten Geschichte entwickelt er sich kaum weiter.
Harry, dessen Eltern im Kampf gegen Lord Voldemort getötet worden sind,
erfährt erst als 11-Jähriger von seiner magischen Herkunft und durch welche
Umstände er zur Waise wurde. Obwohl dieses Wissen geeignet wäre, bei
Harry eine **tiefe Krise** auszulösen, kommt es – entgegen der Tradition des
Adoleszenzromans – nicht dazu: In Hogwarts findet Harry seine Ersatz-
familie, auch wenn nicht alle Mitschüler auf seiner Seite stehen.
Nach einer längeren Suche kennt Harry Potter schließlich auch seinen Platz in
der Welt, heiratet die Schwester seines besten Freundes und kann am Ende
seine Kinder verabschieden, die wie er die Hogwarts-Schule besuchen werden
– ein Happy End, das in dieser Form kaum einen Roman der Hochliteratur
auszeichnen würde. Dort wird die Phase der Adoleszenz oftmals wenig erfolgreich beendet, die Protagonisten finden manchmal sogar den Tod.
Ein **weiterer Unterschied** zu den Adoleszenzromanen, die in die Literaturgeschichte eingegangen sind, ist der bloße Umfang und die große Anzahl an
Figuren, die die Harry-Potter-Welt auszeichnen. Neben der titelgebenden
Hauptfigur werden in den sieben Bänden eine ganze Reihe von weiteren Zauberern vorgestellt, die Harrys Übergang in die Erwachsenenwelt teilen.

Abschließend kann der weibliche Antipode zu Harry kurz vorgestellt werden, 3.
denn **Hermine Granger** ist ein gutes Beispiel dafür, wie in trivialen Adoleszenzromanen doch auch mit **Stereotypen** gearbeitet wird. Eine „unverwechselbare Einzelperson" (Text B, Z. 19), wie sie Kaulen als kennzeichnend für
den Adoleszenzroman sieht, ist Hermine sicher nicht: Sie ist von Anfang an
das triviale Beispiel eines bescheidenen, intelligenten Mädchens, das kaum
Probleme mit dem Erwachsenwerden hat, sondern immer genau weiß, was zu
tun ist. Bei den Lehrern gilt sie als Musterschülerin, bei den Mitschülern entsprechend als Streberin. Sie sammelt fleißig gute Noten und Punkte für die
eigene Schulmannschaft, die Abenteuer der Potter-Clique begleitet sie mit
guten Ratschlägen, Informationen und weiteren nützlichen Accessoires, die in
brenzligen Situationen Rettung bringen. Für Harry Potter ist Hermine letztlich
ein stabilisierender Faktor, also genau das, was dem jungen Törleß in seiner
Umgebung fehlt.

Warum in vielen Werken der Weltliteratur und in zahlreichen Jugendromanen c
die Probleme der Pubertät in den Mittelpunkt rücken, liegt auf der Hand.
Jeder Mensch muss diese Phase meistern; Vorbilder, die die Kunst anbietet,
können dabei unter Umständen helfen. Adoleszenzromane spiegeln aber nicht
nur die **Schwierigkeiten Jugendlicher** wider, sondern auch **gesellschaftliche
Barrieren**, die diese Schwierigkeiten mitverursachen. Es ist kein Zufall, dass
die Schule in diesem Zusammenhang eine zentrale Funktion einnimmt. In
dieser Institution wird – neben der Familie – darüber entschieden, ob die
Adoleszenzphase gelingt oder ob es zu einem Scheitern kommt.

Deutsch (Bayern G8) – Abiturprüfung 2012
Aufgabe 4: Materialgestütztes Verfassen eines informierenden Textes

Die Theatergruppe Ihrer Schule inszeniert Goethes Schauspiel *Faust. Der Tragödie erster Teil.* Sie gestalten gemeinsam mit Mitschülern das Programmheft zu dieser Aufführung.

Verfassen Sie zu diesem Zweck einen Beitrag mit dem Titel „*Faust* 2012", in dem Sie das Verhältnis von Faust und Mephisto umreißen und die Aktualität des Stücks aufzeigen!

Verwenden Sie für Ihre Darstellung Ihre eigenen Kenntnisse sowie die Kerngedanken der beigefügten Materialien! Veranschaulichen Sie Ihre Ausführungen durch geeignete Verweise auf die Dramenhandlung!

Hinweise der Redaktion:

- Das Programmheft enthält folgende Beiträge verschiedener Autoren;
  der von Ihnen zu verfassende Beitrag ist Punkt 4:
  1 Die Handlung
  2 Unser Bühnenbild
  3 Unsere Darsteller
  4 *Faust* 2012
- Ihr Beitrag soll 1 200 bis 1 500 Wörter umfassen.
- Dem Stil des Programmhefts entsprechend können die Materialien ohne Zeilenangabe nur unter Nennung des Autors zitiert werden.

Material 1

**Theaterkritik zur *Faust*-Inszenierung am Wiener Burgtheater:
Peter Kümmel, *Dieser Abgrund gehört mir!***

[…] *Faust*-Inszenierungen leben davon, dass sich die zentralen Figuren, Faust und Mephisto, gegenseitig belichten: Man sah Mephisto als gefallenen Engel und als Lebemann, als Folterknecht und als Diener, als den Erzieher, den Kompagnon, den Sekundanten oder den heimlichen Geliebten Fausts. Und je weiter wir voranschreiten in die
5 Theater-Gegenwart, desto mehr scheinen Faust und Mephisto in eins zu fallen. Sie werden sich immer ähnlicher, sie brauchen einander. Der lebenshungrige Sterbliche und der erfahrungsmüde Unsterbliche – gemeinsam wirken sie wie ein Perpetuum mobile.
   In Wien aber ist Mephisto ein einsamer Kerl ohne Gegenüber. Gert Voss spielt ihn
10 als genussfrohen und bestechlichen Teufel, der genau weiß, wo er (Menschen-)Leckerbissen bekommt. Er liebt die gute Unterhaltung, die das Unglück der Sterblichen ihm bietet. Voss gibt einen spielsüchtigen alten Höllenkater, doch seine Wiener Beute er-

2012-34

starrt zwischen den Pfoten zu Stein. Mephisto, die „Spottgeburt von Dreck und Feuer"
(so nennt ihn Faust), wirkt in dieser Inszenierung so verloren, als habe er sich in
15 einer Computeranimation verlaufen.

Faust (Tobias Moretti) sitzt in tiefer Nacht in seinem Studierzimmer an einem Lap-
top; der angebissene Logo-Apfel glüht, es ist die einzige Lichtquelle im Saal. Faust
tippt die Verse des Eröffnungsmonologs – „Habe nun, ach!" – in den Computer [...].

Aus: DIE ZEIT vom 10. 09. 2009

Material 2

**Einführender Text auf der Homepage des Thalia-Theaters Hamburg von
Benjamin von Blomberg zur Premiere von *Faust I* und *II* am 30. 09. 2011**

Dass Faust uns heute als unseresgleichen anmutet, ist verstörend. Von unserer Welt
und ihrer Entstehung erzählt Goethe: einer durchbefreiten Gesellschaft von Radikalindividualisten, unfähig zu Gemeinschaft und Arbeit an kollektivem Sinn. „Löse dich
von allen äußeren, das Ich einschnürenden Einflüsterungen", ruft Mephisto diesem
5 Faust zu: von den zweifelnden, skrupulösen, gedankenschweren, den Stimmen des
Vergangenen und Ideellen. Des Teufels Lied geht so: Sei dein eigener Maßstab! Wie
sehr es dem ganz anderen ähnelt, jenem von der Ohnmacht des allein auf sich selbst
zurück geworfenen Menschen, seiner Liebesunfähigkeit, Rastlosigkeit, Depression –
das ahnen wir. Wir, die unseligerweise vielleicht idealen Leser Goethes. In unserem
10 Stammbuch funkeln seine Gedanken hell.

Aus: http://thalia-theater.de/h/repertoire_33_de.php?play=416

Material 3

Manfred Osten, *Die beschleunigte Zeit*

[...] Einer nämlich scheint schon lange vor uns aufgebrochen zu sein ins globale
Dorf: Dr. Faust. Er hat uns früh erkannt mit seiner Verwünschung aller Langsamkeit.
„Fluch vor allem der Geduld!" Und er hat sie auch lange vor uns schon erfunden, die
Ablösung der Zeit vom Raum, das rasant beschleunigte Lebenstempo in Gestalt seines
5 Weggefährten mit Namen Mephisto. Faust begab sich schon vor mehr als 200 Jahren
bereitwillig unters Joch jener Eile, die bekanntlich des Teufels ist. Es ist ein sehr
modernes Joch, das Goethe in genialer Wortschöpfung als veloziferisch bezeichnet,
als Verschränkung von Velocitas (die Eile) und Luzifer.

Deutlich sichtbar werden auch schon die modernen Formen der Versklavung:
10 Fausts Unterwerfung unter das Diktat der Eile, die erzwungene Adaptation seiner
Sinne an eine beschleunigte Wahrnehmung und sein (schließlich mit Erblindung er-
kaufter) Glaube an eine unbegrenzte Fortschrittsdynamik. Faust hat sich Luzifer unterworfen im Namen einer Wette, deren *ultima causa* sein Fluch der Geduld ist: seine
Verweigerung des Augenblicks zugunsten der Ungeduld. [...]

Aus: DIE ZEIT vom 26. 08. 1999

Material 4

Thomas Mann, *Über Goethes „Faust"* (1939)

[...] Ein zeitgenössischer Kritiker, Pustkuchen hieß der Mann, schrieb ärgerlich: „Zwar ist die Critik alles menschlichen Wissens, die Faust ausspricht, nicht sowohl die eines Mannes, der wie Alexander in Indien an den Grenzen steht und nach dem Unmöglichen langt, als die eines Studenten, der über seine Professoren spaßt, indeß
5 that sie den Bedürfnissen der Meisten ein Genüge." [...] Was aber solche Kritik unbemerkt läßt, ist das denkwürdige Phänomen, daß im „Faust" der Genius studentischer Jugend die Repräsentanz der Menschheit an sich reißt und daß eine Welt, die abendländische, diese Repräsentanz angenommen, den Symbolwert der Faust-Gestalt für ihr tiefstes Wesen erkannt hat. Der Jugend geschieht große Ehre durch dieses
10 Stück und die Größe, zu der es emporwuchs. In seiner Ungebändigtheit, Unbedingtheit, seiner Revolte, seinem Haß auf Grenzen, auf Ruhe und Behagen, seiner Sehnsucht und Himmelsstürmerei ist es ganz Ausdruck dessen, was das gemäßigte und beruhigte Alter jugendliche Unreife nennt. Kraft des Genies aber wird diese Unreife menschlich beispielhaft; der Jüngling steht für den Menschen selbst, und was jugend-
15 licher Sturm und Drang, Studenten-Titanismus war, wird zum alterslos gültigen Typus.

Es ist freilich, der Maske nach, kein Jüngling, sondern ein stark angejahrter Magister und Doktor, den wir zuerst am Pult im dumpfen Gewölbe vor uns sehen. Da die Sudelköcherei der Hexenküche ihm dreißig Jahre vom Halse schaffen soll, und da er,
20 als er Gretchen anspricht, etwa als Dreißigjähriger erscheint, so muß er zu Anfang des Stückes seine runden sechzig haben, und so pflegt er auf dem Theater auch auszusehen. Von diesem Sechziger aber sagt Mephistopheles zum Herrn:

Fürwahr! er dient Euch auf besondre Weise.
Nicht irdisch ist des Thoren Trank noch Speise.
25 *Ihn treibt die Gärung in die Ferne,*
Er ist sich seiner Tollheit halb bewußt;
Vom Himmel fordert er die schönsten Sterne,
Und von der Erde jede höchste Lust,
Und alle Näh' und alle Ferne
30 *Befriedigt nicht die tiefbewegte Brust.*

Das sind natürlich nicht Worte, die auf einen Menschen an der Schwelle des Greisenalters passen. Goethe verlegt seinen Jugenddrang in einen Mann des Alters, in welchem er selber die „Wahlverwandtschaften" schreiben wird. Sein Faust ist als Sorgenkind der Gottheit und Gegenstand der Eroberungsgelüste der Finsternis – der Mensch
35 selbst; aber der junge Dichter, der mit Leichtigkeit diese kosmische Figur entwarf, gab ihr die eigenen Züge, den Charakter des Jünglings, und so wurde der Jüngling zum Menschen, der Mensch zum Jüngling. [...]

Aus: Mann, Thomas/Mertz, Wolfgang (Hg.): Zutrauliche Teilhabe. Thomas Mann über Goethe,
Frankfurt/Main: S. Fischer 1999

Hinweise und Tipps

- *Gefordert wird von Ihnen ein **informierender Text**, der **adressatenbezogen** geschrieben sein muss. Der Text ist gedacht als Teil eines Programmheftes, das Schüler begleitend zu einer Aufführung der schuleigenen Theatergruppe gestalten. Dabei ist es wichtig, dass Ihr Text den **kommunikativen Kontext** sowie die **Erwartungen und Interessen der Leser** mitberücksichtigt. Da das Programmheft wohl im Rahmen einer Schulaufführung verteilt wird, sind die Adressaten überwiegend Lehrer, Schüler und deren Eltern. Der Adressatenbezug kann sich z. B. durch die Wahl geeigneter sprachlicher Mittel äußern, aber auch durch einen Hinweis auf die hochgradige Kanonisierung des Werks.*
- *Unter der Überschrift „Faust 2012" erwartet der Leser eine Antwort auf die Frage, was **heute an Goethes „Faust" noch von Interesse** ist. Daneben verlangt die Aufgabenstellung die Beschreibung des **Verhältnisses von Faust und Mephisto**, nicht jedoch eine Inhaltzusammenfassung des Stücks oder die Beschreibung des Bühnenbildes. Dass beides nicht Teil der Aufgabenstellung ist, können Sie den „Hinweisen der Redaktion" entnehmen.*
- *Die beigefügten **Materialien** müssen dabei kritisch ausgewertet werden und die gewonnenen Erkenntnisse sachlogisch geordnet werden, wobei jedoch eine detaillierte Analyse der Materialien nicht verlangt ist. Entsprechend dem Stil eines Programmheftes können Sie Zitate aus den Materialien ohne Zeilenangaben und nur unter Nennung des Autors integrieren.*
- *Grundsätzlich sind Sie frei in der Strukturierung Ihrer Ausführungen; die **Gliederung** muss jedoch eine gewisse Logik erkennen lassen.*
- *Wichtig ist der **Umfang** Ihres Beitrags; verlangt sind 1 200 bis 1 500 Wörter. Dies bedeutet eine deutliche Beschränkung, die allerdings durch die erwähnte Vorgabe, dass die Handlung im Programmheft bereits dargestellt ist, eine Richtung erhält.*

Gliederung

1	Faust im Jahr 2012
2	Verhältnis zwischen Faust und Mephisto
2.1	Die Wette zwischen Gott und Mephisto als Rahmenbedingung
2.2	Faust und Mephisto – Verführung im Zeichen der Wette
3	Aktualität von Goethes *Faust*
3.1	Überzeitliche Themen
3.2	Aufgreifen typisch moderner Themen
3.2.1	Selbstverwirklichungsbestrebungen des Individuums
3.2.2	Hedonismus als Teil des modernen gesellschaftlichen Selbstverständnisses
3.2.3	Fehlen verbindlicher Orientierungsinstanzen
4	Faust als unseresgleichen

Lösungsvorschlag

Irgendwann kommt wohl jeder einmal in Berührung mit Goethes *Faust*. Viele 1
werden sich vielleicht noch an die Schwierigkeit der eigenen *Faust*-Lektüre in
ihrer Schulzeit erinnern, wo einem die versgebundene Sprache Goethes nicht
eingehen wollte, während der Lehrer in den höchsten Tönen von diesem Werk
schwärmte. Anderen steht diese Erfahrung erst noch bevor oder sie haben sie
gerade hinter sich gebracht. Darum herum kommt kaum einer: Im bayerischen Lehrplan für Gymnasien ist Goethes *Faust I* die einzige namentlich
festgelegte Pflichtlektüre. Kein anderes Werk der deutschen Literatur gehört
so sehr zum **Kanon** oder wird ähnlich oft an deutschen Bühnen gespielt.
Warum also, so wird sich der Zuschauer fragen, wollen auch wir dieses Stück
zur Aufführung bringen? Was interessiert uns daran? Was hat uns dieses vor
mehr als 200 Jahren geschriebene Werk heute, 2012, noch zu sagen?

Kern des Dramas ist das **Verhältnis zwischen Faust und Mephisto**. Dass 2
Mephisto aber überhaupt an Faust herantritt, ist die Folge einer **Wette** mit 2.1
Gott. Mephisto hält nicht viel von den Menschen und bedauert sie, die sich auf
der Erde mehr recht als schlecht durchschlagen. Gott entkräftet dieses abfäl-
lige Urteil über die Menschen und verweist ihn an Faust. Er erlaubt Mephisto
sogar, dass er versuchen darf, diesen vom rechten Weg abzubringen. Gott ist
sich jedoch sicher, dass dies nicht gelingen wird: „Ein guter Mensch in seinem Drange ist sich des rechten Weges wohl bewusst."

Mephisto hat nun also die Erlaubnis, Faust auf die Probe zu stellen und nähert 2.2
sich diesem, bevor er sich zu erkennen gibt, zunächst in Gestalt eines Pudels.
Er weiß schon, dass es nicht einfach sein wird, denn dieser Faust fordert vom
Himmel „die schönsten Sterne / Und von der Erde jede höchste Lust, / Und
alle Näh' und alle Ferne / Befriedigt nicht die tiefbewegte Brust."
Zu Beginn lernen wir einen „stark angejahrten Magister und Doktor" (Thomas
Mann) kennen, der isoliert in seinem Studierzimmer **an der Beschränktheit
des Menschen und seiner Erkenntnisfähigkeit verzweifelt**. Er klagt: „Da
steh ich nun, ich armer Tor und bin so klug als wie zuvor!" Er erkennt, dass
„wir nichts wissen können", und versucht zunächst mithilfe der Magie, ja sogar mit einem Selbstmordversuch, vor dem ihn in letzter Sekunde die Osterglocken bewahren, seine Grenzen zu überschreiten. Als Faust beim Osterspaziergang unter den vielen Menschen seine Isolierung am schmerzlichsten
spürt, taucht Mephisto auf, um ihm seinen Pakt anzubieten. Er verspricht ihm,
dass er das Absolute erfahren wird, die Grenzen seines Wissens überschreiten
kann und damit die Ganzheit erfahrbar wird. Erst dann, wenn er erfährt, was
die „Welt im Innersten zusammenhält", und er zum „Augenblicke" sagt, „verweile doch, du bist so schön", will er sich zufrieden auf ein „Faulbett" legen
und Mephisto darf sich seine Seele holen. Faust glaubt jedoch nicht, dass
Mephisto dies jemals gelingt, und besiegelt im Gefühl der eigenen Überlegen-
heit den Pakt mit seinem Blut.

Mephisto unterschätzt Faust zunächst und glaubt, ihn mit **Zerstreuungen** vom rechten Weg abbringen zu können. Sein erster Versuch –in Auerbachs Keller will er ihm das leichte Leben näherbringen – scheitert aber kläglich. Auch Mephistos zweiter Versuch, die **Verführung** mit einer Frau, scheitert im Grunde. Faust verliebt sich wirklich in Gretchen. Fast ist er schon so weit, dass er das Gefühl der Ganzheit verspürt, aber wegen seiner Wette mit Gott muss Mephisto erreichen, dass Faust sich schuldig macht. Durch den vergifteten Schlaftrunk für Gretchens Mutter und dem Mord an ihrem Bruder Valentin scheint Mephisto auch das zu gelingen. Doch da erkennt Faust, dass dieses Gretchen doch nicht das Ziel seiner Wünsche ist, sein heißes Begehren ist schon wieder abgekühlt. Er versucht sie eher aus Mitleid als aus grenzenloser Liebe aus dem Kerker zu befreien. Gretchen erkennt ihre Schuld – sie hat ihr Neugeborenes umgebracht und fühlt sich auch am Tod der Mutter schuldig – und kann dadurch von Gott gerettet werden. Faust dagegen, immer noch in Gesellschaft von Mephisto, bleibt weiter auf der Suche.

Bereits seit Georg Lukacs wird **Mephisto**, der Neinsager (griech.), immer wieder als die **andere Hälfte von Faust** gesehen. Seine Zerrissenheit, die zwei Seelen in seiner Brust, wird dramaturgisch aufgespalten in zwei Figuren. Je „weiter wir voranschreiten in die Theater-Gegenwart, desto mehr scheinen Faust und Mephisto in eins zu fallen. Sie werden immer ähnlicher, sie brauchen einander." (Peter Kümmel)

Goethes *Faust* greift Themen auf, die von einer erstaunlichen **Aktualität** sind: 3 Faust ist mit seinem Wunsch nach dem Überschreiten der Grenzen und seinem Drang nach Erforschung der Natur und des Menschen der exemplarische Mensch der Moderne.

Schon Thomas Mann hat 1939 den „Symbolwert der Faust-Gestalt" herausge- 3.1 stellt. Fausts kompromissloses Fordern „in seiner Ungebändigtheit, Unbedingtheit, seiner Revolte, seinem Haß auf Grenzen, auf Ruhe und Behagen, seiner Sehnsucht und Himmelsstürmerei" (Thomas Mann) kann als **jugendliches Aufbegehren** gesehen werden. Auch wenn Faust zu Beginn der Tragödie als ein sechzigjähriger, ergrauter Doktor gezeigt wird, trifft seine Charakterisierung, die Mephisto dem Herrn gibt, eher auf einen Jugendlichen zu, wenn es heißt: „Ihn treibt die Gärung in die Ferne, / Er ist sich seiner Tollheit halb bewusst; / Vom Himmel fordert er die schönsten Sterne / Und von der Erde jede höchste Lust." Diese Figur, die gleichsam das Unmögliche verlangt, symbolisiert das abendländisch-moderne Menschenbild: Der „Jüngling steht für den Menschen selbst, und was jugendlicher Sturm und Drang, Studenten-Titanismus war, wird zum alterslos gültigen Typus." (Thomas Mann) Faust hat den Charakter eines jungen Menschen, „der Jüngling [wurde] zum Menschen, der Mensch zum Jüngling" (Thomas Mann).

Auch Gretchens völlige Hingabe an Faust und ihre **unbedingte Liebe** sind überzeitliche Themen, die gerade uns Jugendliche sehr interessieren. Scheinbar kopflos ist dieses Gretchen dazu bereit, alles für ihren Geliebten zu tun. So lässt sie sich sogar darauf ein, ihrer über alles geliebten Mutter einen Schlaftrunk zu geben, um ungestört mit Faust eine Liebesnacht zu verbringen. Erst später wird ihr dann klar, dass sie hier zu weit gegangen ist. Auch merkt sie, dass es wohl doch intellektuelle Unterschiede zwischen beiden gibt, die auf Dauer keine stabile Beziehung möglich machen.

Der *Faust* ist jedoch nicht nur wegen dieser überzeitlichen Themen heute noch für uns interessant, sondern gerade auch wegen seiner **typisch modernen Themen**. 3.2

Dr. Faustus kann gesehen werden als einer, der sich radikal **selbstverwirklichen** will. Einschränkende berufliche und gesellschaftliche Verpflichtungen und Werte lehnt er ab. Wenn sein Famulus etwas von ihm wissen möchte, ist er nur widerwillig bereit, mit ihm seine Erkenntnisse zu teilen. Er fühlt sich diesem intellektuell überlegen und hat keine Lust mehr, seine Verpflichtungen als Universitätslehrer zu erfüllen. Auch aus der Gesellschaft zieht er sich völlig zurück, obwohl das Volk große Stücke auf den Doktor hält. Aber auch das kann ihm keine Befriedigung mehr geben, da er sich innerlich zerrissen fühlt. „Löse dich von allen äußeren, das Ich einschnürenden Einflüsterungen, ruft Mephisto diesem Faust zu: von den zweifelnden, skrupulösen, gedankenschweren, den Stimmen des Vergangenen und Ideellen." (Benjamin von Blomberg) Und Faust ist bereit, für seine Selbstbestimmung selbst seine zwischenmenschlichen Beziehungen aufs Spiel zu setzen – eine Bereitschaft, die typisch ist für das moderne Individuum. 3.2.1

Auf eine wirkliche Beziehung mit Gretchen lässt sich Faust nicht ein, als er im Religionsgespräch erkennt, dass der intellektuelle Unterschied zwischen ihnen groß ist. Er bewundert sie zwar noch ob ihrer in sich ruhenden Ganzheit, die er gerade erreichen möchte, beginnt aber schon sich zurückzuziehen, nachdem seine sexuellen Bedürfnisse befriedigt sind. Diese **Liebesunfähigkeit** wird gerade unserer „durchbefreiten Gesellschaft von Radikalindividualisten" (Benjamin von Blomberg) vorgeworfen: Die Zahl der Single-Haushalte in unseren Großstädten nimmt immer mehr zu. Auch Faust ist so ein Single, der ständig auf der Suche ist und rastlos von einem Event zum anderen hastet, nur dass es Faust bei seinen Versuchen der Grenzüberschreitung um die Suche nach dem Absoluten geht. Faust steht wegen seiner unerfüllten Suche sogar kurz vor dem Selbstmord. Die Osterglocken läuten, als er nach der Phiole greift und sein Ausruf „Die Botschaft hör ich wohl, allein mir fehlt der Glaube" zeigt, dass nur die Erinnerung an längst verlorene Werte ihn noch davon abhalten.

Auch der heutige **Hedonismus**, der zu unserem modernen gesellschaftlichen Selbstverständnis gehört, wird im *Faust* thematisiert. Mephistos Versuche, Fausts Drängen mit Vergnügungen und Zerstreuungen zu befriedigen, erinnern an die Event- und Spaßgesellschaft des 21. Jahrhunderts. Mephisto kann als „genussfroher und bestechlicher Teufel" interpretiert werden, der die „gute Unterhaltung, die das Unglück der Sterblichen ihm bietet", genießt (Peter Kümmel). Nachdem sich Faust als beziehungsunfähig erwiesen hat, führt ihn Mephisto zur Walpurgisnacht. Bei dieser rauschhaften Party vergisst er sein 3.2.2

Gretchen, erst ganz am Ende kommt sie ihm wieder in den Sinn. Mephisto macht ihn bekannt mit entfesselter und ausschließlich triebhafter Sexualität, wie sie sich auch in der modernen Gesellschaft wiederfindet.

Als „spielsüchtiger alte[r] Höllenkater" (Peter Kümmel) zeigt Mephisto sich nicht nur in der Walpurgisnacht, sondern auch in der Hexenküche. Die dort stattfindende Verjüngung Fausts findet sich wieder im ausgeprägten Körperkult bzw. **Jugendlichkeitswahn**, der tausende in die Fitnessstudios und zu den Botoxspritzen treibt.

Das Problem der **Orientierungslosigkeit**, das in der aktuellen Wertediskussion oft beklagt wird, findet sich schon bei Faust. In einer zunehmend säkularisierten Welt wird Sinn zum Teil in esoterischen Formen gesucht, so wie Faust auf die Magie zurückgreift, um mithilfe des Erdgeistes seine Erkenntnisgrenzen zu erweitern. Nennen könnte man für die heutige Zeit zudem Sekten oder Psychogruppen, aber auch Fluchten in Drogen und Alkohol. 3.2.3

Faust ist **rastlos**, weil er das Absolute erfolglos sucht. Seine Ungeduld und sein fortwährendes Streben kann man als Vorläufer der Erfahrung der Beschleunigung des Alltags sehen. Er hat sie „lange vor uns schon erfunden, die Ablösung der Zeit vom Raum, das rasant beschleunigte Lebenstempo in Gestalt seines Weggefährten mit Namen Mephisto." (Manfred Osten) Goethe selbst hat das moderne Diktat der Eile als „veloziferisch" bezeichnet, eine Kombination aus „Velocitas" (die Eile) und „Luzifer". Als höchstes Ziel wünscht sich Faust dann auch den Genuss des Augenblicks: „Werd ich zum Augenblicke sagen: Verweile doch! Du bist so schön!" Hier wird der moderne Wunsch nach Entschleunigung vorweggenommen.

Mit seinem Wunsch nach Selbstverwirklichung, seiner Unfähigkeit zu echter, verantwortungsvoller Liebe, seiner hedonistischen Jugendsehnsucht, seiner Orientierungslosigkeit und Rastlosigkeit mutet Faust uns „als unseresgleichen" an (Benjamin von Blomberg). Dies ist verstörend und faszinierend zugleich – und für uns mehr als Grund genug, den *Faust* im Jahr 2012 auf die Bühne zu bringen.

> **Deutsch (Bayern G8) – Abiturprüfung 2012**
> **Aufgabe 5: Argumentieren, auch in freieren Formen**

Muße. Vom Glück des Nichtstuns, so lautet der Titel eines im Jahr 2010 erschienenen Buchs von Ulrich Schnabel.

Bearbeiten Sie zum Thema „Nichtstun" **eine** der beiden Varianten!

Variante 1:

Setzen Sie sich mit in der heutigen Zeit vertretenen Einstellungen gegenüber dem Nichtstun auseinander! Berücksichtigen Sie dabei die beigefügten Materialien sowie Ihre eigenen Erfahrungen und entwickeln Sie ausgehend von Ihren Ergebnissen mögliche Konsequenzen für den Einzelnen und die Gesellschaft!

oder

Variante 2:

Traditionell verfassen die Abiturienten Ihrer Schule einen Gastbeitrag für den am Ende des Schuljahres erscheinenden Jahresbericht. Der beste eingereichte Text wird gedruckt und prämiert. Gewünscht wird ein Essay über das Nichtstun in einer Länge von etwa 1 500 Wörtern.
Verfassen Sie diesen Essay und nutzen Sie dafür die beigefügten Materialien!
Finden Sie eine geeignete Überschrift!

Material 1

Friedrich Nietzsche (1844–1900), *Muße und Müßiggang*

[…] Man schämt sich jetzt schon der Ruhe; das lange Nachsinnen macht beinahe Gewissensbisse. Man denkt mit der Uhr in der Hand, wie man zu Mittag isst, das Auge auf das Börsenblatt gerichtet, – man lebt, wie Einer, der fortwährend Etwas „versäumen könnte". „Lieber irgend Etwas thun, als Nichts" – auch dieser Grund-
5 satz ist eine Schnur, um aller Bildung und allem höheren Geschmack den Garaus zu machen. Und so wie sichtlich alle Formen an dieser Hast der Arbeitenden zu Grunde gehen: so geht auch das Gefühl für die Form selber, das Ohr und Auge für die Melodie der Bewegungen zu Grunde.
Der Beweis dafür liegt in der jetzt überall geforderten *plumpen Deutlichkeit,* in
10 allen den Lagen, wo der Mensch einmal redlich[1] mit Menschen sein will, im Verkehre mit Freunden, Frauen, Verwandten, Kindern, Lehrern, Schülern, Führern und Fürsten, – man hat keine Zeit und keine Kraft mehr für die Ceremonien, für die Verbindlichkeit mit Umwegen, für allen Esprit der Unterhaltung und überhaupt für alles *Otium*[2]. Denn das Leben auf der Jagd nach Gewinn zwingt fortwährend dazu,
15 seinen Geist bis zur Erschöpfung auszugeben, im beständigen Sich-Verstellen oder

Ueberlisten oder Zuvorkommen: die eigentliche Tugend ist jetzt, Etwas in weniger Zeit zu thun, als ein Anderer. […] Giebt es noch ein Vergnügen an Gesellschaft und an Künsten, so ist es ein Vergnügen, wie es müde-gearbeitete Sclaven sich zurecht machen. Oh über diese Genügsamkeit der „Freude" bei unsern Gebildeten und Unge-
20 bildeten! Oh über diese zunehmende Verdächtigung aller Freude! Die *Arbeit* be-kommt immer mehr alles gute Gewissen auf ihre Seite: der Hang zur Freude nennt sich bereits „Bedürfnis der Erholung" und fängt an, sich vor sich selber zu schämen. „Man ist es seiner Gesundheit schuldig" – so redet man, wenn man auf einer Land-partie[3] ertappt wird. Ja, es könnte bald so weit kommen, dass man einem Hange zur
25 vita contemplativa[4] (das heißt zum Spazierengehen mit Gedanken und Freunden) nicht ohne Selbstverachtung und schlechtes Gewissen nachgäbe. […]

Aus: Nietzsche, Friedrich: Die fröhliche Wissenschaft, Leipzig: A. Kröner 1930

Worterläuterungen:
1 *redlich sein*: i. S. v.: sich anderen gegenüber aufrichtig verhalten, ihnen Wertschätzung erweisen
2 *Otium (lat.)*: Muße
3 *Landpartie*: Ausflug aufs Land
4 *vita contemplativa* (lat.): das zurückgezogene, der meditativen Betrachtung gewidmete Leben

Material 2

Muße braucht Zeit, **Auszüge aus einem Interview von Ulrich Schnabel mit Prof. Dr. Hartmut Rosa[1]**

Rosa: Die Zeit wird uns wirklich knapp, und zwar aus drei Gründen: Erstens nimmt die technische Beschleunigung zu, das Auto ist schneller als das Fahrrad, die E-Mail schneller als der Brief, wir produzieren immer mehr Güter und Dienstleistun-gen in immer kürzerer Zeit. Das verändert den sozialen Erwartungshorizont: Wir
5 erwarten von einander auch eine höhere Reaktionsfrequenz. Dazu kommt, zwei-tens, der soziale Wandel. Leute wechseln ihre Arbeitsstelle in höherem Tempo als früher, ihre Lebenspartner, Wohnorte, Tageszeitungen, ihre Gewohnheiten. Wir sind ungeheuer flexibel – und finden immer weniger Verankerung in stabilen sozia-len Beziehungen. Und drittens ist insgesamt eine Beschleunigung des Lebens-
10 tempos zu beobachten. Wir versuchen, mehr Dinge in kürzerer Zeit zu erledigen. […] In der säkularisierten Gesellschaft gilt als „gutes Leben" vor allem das „rei-che", das erfüllte Leben. Wir wissen zwar, dass wir sterben müssen, aber wir ver-suchen vor dem Sterben noch, möglichst viel zu erleben. Die Logik lautet: Wer doppelt so schnell handelt, kann praktisch zwei Lebenspensen in einem unterbrin-
15 gen. […] Mir scheint, wir verhalten uns ein wenig wie Suchtkranke: Wir suchen immer nach dem nächsten Kick. Und wenn es uns an Feiertagen einmal gelingt, aus dem täglichen Hamsterrad der andrängenden Optionen auszusteigen, haben wir plötzlich Entzugserscheinungen. Wer 365 Tage im Jahr gewöhnt ist, immer unter Strom zu stehen – noch schnell telefonieren, kurz was im Internet checken –, legt
20 dieses Verhalten nicht so leicht ab. Deshalb braucht Muße Zeit.

DIE ZEIT: Muss man die Leere einfach aushalten können?

Rosa: Viele Menschen haben Angst, sich selbst ausgesetzt zu sein. Deshalb hat man diese totale Dauerstimulation – man hat überall Musik dabei, geht ins Kino, lässt sich von Werbung berieseln – auch das hat etwas von einer Sucht. Offenbar fehlt

25 uns das Vertrauen darauf, dass in der Tiefe unserer selbst etwas ist, wenn mal nichts von außen andrängt. [...]

Aus: DIE ZEIT vom 30. 12. 2009

1 Prof. Dr. Hartmut Rosa lehrt und forscht am Institut für Soziologie der Universität Jena mit Schwerpunkt auf den Gebieten Zeitdiagnose, Zeitsoziologie und Entschleunigungstheorie.

Material 3

Stanislaw Dick, In der Ruhe liegt die Kraft

[...] [D]er Neurophilosoph Evan Thompson von der Universität von Toronto: „Das Gehirn ist ständig aktiv, aus eigener Initiative und auf organisierte Weise. Doch was ist die Bedeutung dieser weitverzweigten Aktivität?" Und er gibt die Antwort gleich selbst: „Während Ruhezeiten, wenn man keine Aufgabe zu bewältigen hat, ist man in

5 einem Zustand, der sich auf das Selbst hin orientiert." Das Gehirn verändert dann die Richtung seiner Aufmerksamkeit, lenkt sie nach innen. [...]

Aus: Frankfurter Rundschau vom 30. 07. 2009

Material 4

Zitate, Wörterbucheintrag, Graphik von 2009

Muße ist die Verteidigung der Vollkommenheit. (Oscar Wilde)

Wer Muße nur als Zeit der Wellness und Fitness versteht, unterwirft sie prompt wieder jenem Nützlichkeitsdenken, das bereits unseren gesamten Arbeitsalltag regiert. Muße wäre dann nichts anderes als eine funktionelle Methode, um die Schaffenskraft wiederherzustellen. (Ulrich Schnabel)

Aus: DIE ZEIT vom 30. 12. 2009

Mu-ße <f. 19; unz.> *Ruhe u. Zeit, ruhige, beschaul. Freizeit*; dazu fehlt mir die (nötige) ~; (genügend, keine) ~ haben, etwas zu tun; etwas mit ~ betrachten, tun [<ahd. *muoza* „freie Zeit zu etwas, Untätigkeit, Bequemlichkeit; Möglichkeit, Gelegenheit zu etwas"; zu germ. **motan* „müssen"]

Aus: Wahrig-Burfeind, Renate: Brockhaus. Wahrig. Deutsches Wörterbuch,
Gütersloh/München: Wissenmedia in der Inmedia-ONE-GmbH 2011

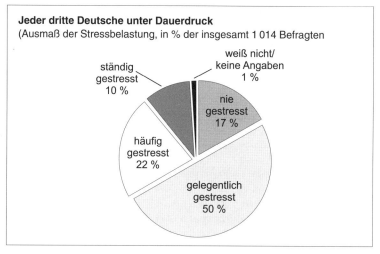

Quellen: Techniker Krankenkasse, F.A.Z.-Institut

Hinweise und Tipps

- *Die Aufgabe bietet Ihnen zwei Varianten des Argumentierens zum Thema „Nichtstun" an. Wichtig ist bei beiden Varianten, dass Sie sich zunächst intensiv mit den umfangreichen beigefügten **Materialien** auseinandersetzen und dass Sie **eigene Erfahrungen** einbringen. Dabei reicht eine distanzlose Wiedergabe des Materials nicht aus. Allerdings ist auch keine detaillierte Analyse der Texte verlangt.*
- *Das materialgestützte Erörtern erfordert neben der **analysierenden** natürlich eine **argumentierende Vorgehensweise**. Die gewählten Aspekte sollten möglichst reflektiert dargestellt werden, sodass Ihr Standpunkt erkennbar wird.*
- ***Variante 1**: Es handelt sich um eine **klassische antithetische Erörterung**, die sich mit den Einstellungen gegenüber dem Nichtstun auseinandersetzen soll. An den Anfang stellt man am besten eine **Definition** des Begriffs. Anschließend kann ein **historischer Rückblick** über den Nietzsche-Text erfolgen. Dabei ergibt sich die **Gegenüberstellung** von Zustimmung und Ablehnung ganz von selbst, auch wenn das Material eher einer Verteidigung des Nichtstuns das Wort redet. Im letzten Gliederungspunkt des Hauptteils müssen Sie dann die **Konsequenzen** untersuchen, die sich für den Einzelnen und für die Gesellschaft ergeben. Die Aufgabenformulierung lässt offen, ob sich diese Konsequenzen eher auf die Einstellungen zum Nichtstun oder auf das Nichtstun selbst beziehen. Im Kern geht es jedoch in beiden Fällen darum, zu überlegen, wie die Muße in unserer hektischen Welt wieder mehr Raum einnehmen könnte.*

– **Variante 2**: *Mit dieser Variante wird das sogenannte „neue Schreiben", das im Lehrplan verankert ist, eingefordert. Die freiere Form des Argumentierens ist **situations- und adressatenorientiert**. Achten Sie besonders auf folgende Punkte:*

- *Die Angabe des **Zwecks** der Veröffentlichung (Jahresbericht; Text eines Abiturienten) weist darauf hin, dass sich der Text an Mitschüler, Lehrer und Eltern richtet.*
- *Für den Essay sollten Sie eine möglichst originelle **Überschrift** finden.*
- *Auch hier wird die **Berücksichtigung des Materials** verlangt; nachdem die Aufgabe gleichzeitig einen Text für einen Schreibwettbewerb verlangt, kann das Material dazu dienen, ein höheres Anspruchsniveau zu erreichen, um in diesem Wettbewerb zu punkten.*
- *Die **Wörterbegrenzung** zwingt Sie dazu, möglichst pointiert zu formulieren und bei der Auswahl der Argumente besonders klug vorzugehen. 1 500 Wörter bedeuten bei durchschnittlicher Schriftgröße ungefähr fünf bis acht Seiten Text.*
- *Ein Essay zeichnet sich durch **Subjektivität** und ein **hohes geistiges und sprachlich-stilistisches Niveau** aus.*

Gliederung – Variante 1

A   Leben in der Activity-Gesellschaft

B   Einstellungen gegenüber dem Nichtstun und Konsequenzen
für den Einzelnen und die Gesellschaft

   I.   Begriffsbestimmung

   II. Muße als unnötiger Luxus
      1. Beschleunigung als Kennzeichen der Zeit
      2. Die Ökonomisierung des Lebens

   III. Muße als Grundlage einer sinnvollen Existenz
      1. Bedeutung der Muße für die Bildung
      2. Bedeutung der Muße für die Kreativität
      3. Muße als Maßnahme zur Stressreduktion
      4. Muße als Basis für Selbstfindungsprozesse

   IV. Konsequenzen
      1. Individuelle Konsequenzen
      2. Gesellschaftliche Konsequenzen

   V. Fazit

C   „Augenblick, verweile doch, du bist so schön!"

Lösungsvorschlag – Variante 1

Eines der beliebtesten Spiele gerade auch unter Jugendlichen ist „Activity". **A**
In diesem Spiel müssen Begriffe geraten werden, die ein Mitglied der eigenen
Mannschaft vorstellt. Die Begriffe können dabei mit eigenen Worten umschrieben oder durch Zeichnungen erklärt werden. Die Teilnehmer können
auch als Pantomimen auftreten oder mit Hilfe einer gesummten Melodie die
gefragten Sachverhalte vorstellen. Das hört sich nicht sonderlich kompliziert
an, aber das Spiel entwickelt regelmäßig eine ganz eigene Dynamik. Aktiv
sein macht Spaß, das ist die Botschaft des Spiels. Immer in Bewegung sein,
Körper und Geist fit halten und so Aufgaben lösen – „Activity" kann durchaus als **Bild für das Leben in unserer Gesellschaft** gesehen werden. Während Aktivitäten auf allen Ebenen des Lebens positiv bewertet werden, wird
die Kehrseite der Medaille, das **Nichtstun**, zunehmend **negativ wahrgenommen.** Aus diesem Grund hat der Journalist Ulrich Schnabel 2010 über das
Glück des Nichtstuns ein Buch geschrieben, in dem Gedanken zur gegenwärtigen Lage unserer aktiven Gesellschaft festgehalten sind. Zumeist wird das
Nichtstun gesellschaftlich sehr kritisch bewertet, es gibt aber auch Verfechter
echter Muße.

Welche Konsequenzen sich aus dieser Diskussion über das Nichtstun für **B**
jeden Einzelnen und die gesamte Gesellschaft ergeben, muss geprüft werden,
wobei ein Blick in die Geschichte zeigt, dass die Diskussion nicht neu ist. Zunächst allerdings soll versucht werden, den **Begriff des Nichtstuns** näher zu
bestimmen.

Im **alltagssprachlichen Verständnis** wird das Nichtstun wörtlich genommen **I.**
und bedeutet dann nichts anderes als Faulenzen. Anstatt seine Aufgaben zu
erledigen, zum Beispiel die Hausaufgaben, beschäftigt man sich lieber mit
angenehmeren Dingen, die allerdings unproduktiv sind. Zu diesen zeitver-
schwenderischen Aktivitäten gehören sinnlose Stunden vor dem Fernseher
oder stundenlanges Musikhören; beides dient einzig dazu, der Arbeit zu entfliehen.
Eine **differenziertere Einschätzung** des Konzepts des Nichtstuns geht davon
aus, dass die Abwesenheit von Aktivität die **Grundbedingung eines freien
Lebens** ist. Menschliches Tun darf demnach nicht ständig unter dem Blick-
winkel der Zweckgebundenheit gesehen werden. Nur wer frei ist von Verpflichtungen, hat die Möglichkeit, sich mit sich selbst auseinanderzusetzen
und dadurch zu sich zu kommen. Während das alltagssprachlich verstandene
Nichtstun einen negativen Beigeschmack behält, ist das hier beschriebene
Verhalten am besten mit dem **Begriff der „Muße"** zu umschreiben. Darunter
darf dann allerdings nicht Muße als „Zeit der Wellness und Fitness" verstanden werden (Schnabel, Material 4), sondern in seiner früheren Bedeutung als
„Möglichkeit, Gelegenheit zu etwas", wie es das *Deutsche Wörterbuch* definiert (Material 4). Und dieses „etwas" ist die **Selbstreflexion**, die Beschäf-

tigung mit dem eigenen Ich, die entscheidend für die Weiterentwicklung des Individuums ist.

In einer Gesellschaft, die, wie eingangs aufgezeigt, großen Wert auf ständige II. Aktivität legt, wird von vielen bezweifelt werden, dass das Nichtstun überhaupt sinnvoll sein kann. Wer über die positiven Seiten des Müßiggangs nachdenken will, sollte sich deshalb zunächst vor Augen führen, welche **Kritikpunkte gegenüber der Muße**, die oft als Luxus bezeichnet wird, angeführt werden.

Muße erfordert zunächst einmal Zeit. Wir leben aber in einer Gesellschaft, die 1. von einer fast schon dramatischen **Zeitverknappung** geprägt ist. Das charakteristische Kennzeichen der Gegenwart ist laut des Soziologen Hartmut Rosa die **Beschleunigung**. Ursache ist die Technik, die alle Bereiche des Lebens erheblich beeinflusst – den Verkehr, die Kommunikation und die Produktion. Wir können uns schneller fortbewegen, wir können schneller miteinander in Kontakt treten und „wir produzieren immer mehr Güter und Dienstleistungen in immer kürzerer Zeit" (Material 2, Z. 3 f.). Die damit einhergehende hohe Belastung am Arbeitsplatz, die Notwendigkeit, Überstunden oder ausgedehnte Geschäftsreisen zu machen, der oft notwendige Umzug – all dies führt zu einer „Beschleunigung des Lebenstempos", die auch Rosa feststellt (Material 2, Z. 9 f.). Das Nichtstun, die Muße erscheint aufgrund dieser Gegebenheiten als vollkommen anachronistisch und muss deshalb abgelehnt werden.
Die Beschleunigung dagegen wird heute von vielen sogar als Lebenselixier gesehen. Demnach besteht der **Sinn des Lebens** darin, möglichst viel zu erleben. Anders als in früheren Zeiten, als man aus religiösen Gründen sein Leben auf ein späteres Leben nach dem Tod ausrichtete, wird in unserer säkularisierten Gesellschaft zumeist davon ausgegangen, dass unsere Zeit mit dem Tod endet. Dies führt dazu, dass diese wenige **Zeit intensiv genutzt** wird: „Wer doppelt so schnell handelt, kann praktisch zwei Lebenspensen in einem unterbringen." (Material 2, Z. 13 ff.) Rosa macht in diesem Verhalten des modernen Menschen sogar Züge einer Sucht aus.

Die Muße passt nicht in unsere beschleunigte Zeit, sie passt auch nicht in un- 2. sere ökonomisch geprägte Welt: „Time is money". Das hat bereits im 19. Jahrhundert der Philosoph Friedrich Nietzsche erkannt, als er in einem Aufsatz über *Muße und Müßiggang* nachdachte. Hier wirft er seinen Zeitgenossen vor, dass sie „mit der Uhr in der Hand" denken und selbst beim Essen „das Auge auf das Börsenblatt gerichtet" haben (Material 1, Z. 2 f.). Allerdings muss auch zugestanden werden, dass Menschen grundsätzlich **materiellen Zwängen** unterworfen sind. Einen Beruf zu ergreifen ist zunächst einmal eine schlichte Notwendigkeit, um die Lebensgrundlagen zu sichern und zur modernen Berufswelt gehören die oben beschriebenen Beschleunigungen. Der Erfolg in einer Leistungsgesellschaft hängt zudem auch davon ab, dass man mit den technischen Grundlagen der Arbeitswelt vertraut ist und sich ihnen anpasst. Wer heute Geschäftsverbindungen mit Hilfe handgeschriebener Briefe aufrecht erhalten wollte, der wäre sehr schnell gescheitert. Erfolg und Leistung sind aber nicht nur die Voraussetzung für ein Leben in Sicherheit und Wohlstand, sondern auch ein Mittel, das Selbstbewusstsein zu stärken und damit ein Beitrag zur individuellen Entwicklung. Die **Hochachtung der Arbeit und des Erfolgs** sind historisch bedingt, die Erfüllung der Pflicht gilt in unserer Gesellschaft als ein hohes Gut. Nichtstun könnte so gesehen schnell zur sozialen Ächtung führen und damit der Ausbildung einer stabilen Identität entgegenstehen. Aus dieser Perspektive ist ein Leben, das sich dem Müßiggang hingibt, wenig erfolgversprechend.

Demgegenüber vertreten die **Verteidiger des Nichtstuns** einen anderen Standpunkt. Muße ist nicht überflüssig, sondern eine der wichtigsten Grundlagen für ein gelingendes Leben. Sie ist bedeutsam für die Bildung, die Kreativität und für die Auseinandersetzung mit dem eigenen Selbst. III.

Wieder hat bereits Nietzsche darauf aufmerksam gemacht, dass Muße eine grundlegende **Voraussetzung für echte Bildung** ist (vgl. Material 1, Z. 4 ff.). Um Zusammenhänge wirklich zu begreifen, braucht man Zeit. Das schulische Lernen von möglichst vielen Inhalten in möglichst kurzer Zeit etwa führt regelmäßig dazu, dass zwar kurzfristig Wissen angehäuft wird, dass aber dieses Wissen nach der Prüfung sofort wieder vergessen wird. Wenn man die Unterrichtsinhalte der zwölfjährigen Schulzeit in einer Tabelle erfassen und daneben die Wissensbestände aufführen würde, die ein junger Mensch ein Jahr nach dem Abitur noch sicher beherrscht, dann käme wohl ein deutliches Missverhältnis zwischen Aufwand und Ergebnis zum Vorschein. 1.

Eine weitere mögliche Folge des Nichtstuns ist die **Steigerung der Kreativität**. Schon die Auseinandersetzung mit Kunst braucht Kontemplation. Glücksmomente ergeben sich bei der Begegnung mit bildender Kunst nicht, wenn man ein Museum im Eiltempo durchläuft, weil man die Highlights einer Urlaubsreise schnell abhaken will, sondern nur, wenn man die Muße hat, sich absichtslos und genauer mit einzelnen Kunstwerken auseinanderzusetzen. „Interesseloses Wohlgefallen" hat der Philosoph Immanuel Kant den ästhetischen Genuss eines Kunstwerkes genannt. Für seinen Begriff kann man ohne Verlust auch die Muße setzen. Entsprechend gibt es auch **Kreativität nie auf Knopfdruck**, eine Erfahrung, die man im Schulalltag häufiger machen kann: Kaum jemand ist etwa fähig, in einer Unterrichtsstunde spontan ein Gedicht zu verfassen, auch wenn genau das immer wieder gefordert wird. Erst die kontemplative Beschäftigung mit einer Sache führt zu kreativen Lösungen. 2.

In der heutigen Gesellschaft stehen die Menschen häufig unter Druck: Dementsprechend gaben in einer Befragung nur noch 17 % an, dass sie nie Stress empfinden. 10 % dagegen fühlen sich ständig gestresst, 22 % immerhin noch häufig gestresst und 50 % sagen, dass sie gelegentlich unter Stress leiden (vgl. 3.

dazu Material 4). Gerade vor diesem Hintergrund gewinnt das gelegentliche Nichtstun, das **Stress und Stressphänomene verringern** kann, an Bedeutung. Selbst die Werbung hat sich diesen Zusammenhang zu eigen gemacht: Eine bekannte Bierwerbung zeigt einen jungen Mann, der sich ganz allein in den Dünen und am Strand relaxt bewegt und deutlich macht, dass er am glücklichsten ist, wenn er sich nur mit dem Spazierengehen beschäftigen muss – ganz im Sinne Nietzsches, der einen „Hange zur vita contemplativa" (vgl. Material 1, Z. 24 f.) befürwortete. Es ist nachgewiesen, dass jeder von uns seine Aktivitäten ab und zu herunterfahren muss, um sowohl physische wie psychische Leiden zu verringern.

Nach Beobachtung von Hartmut Rosa ist es heutzutage eine große Leistung, einmal nichts zu tun. Auf Anhieb können das nur sehr wenige Menschen, denn wer nichts tut, muss sich mit sich selbst beschäftigen. Und davor haben nach Ansicht des Soziologen viele Menschen schlicht und ergreifend Angst, es könnte ja sein, dass man in diesem Ich nicht viel findet (vgl. Material 2, Z. 22 ff.). Dass das Nichtstun tatsächlich zur **Beschäftigung mit sich selbst** führt, bestätigt übrigens auch die Hirnforschung. Neurowissenschaftlicher haben festgestellt, dass sich das Gehirn in den Zeiten der Ruhe automatisch nach innen wendet, also mit dem eigenen Selbst zu tun hat (vgl. Material 3). Wer Abstand von den Dingen des Alltags sucht, findet leichter zu sich selbst. Das Bewusstwerden der eigenen Person gehört vermutlich zu den entscheidendsten Vorteilen der Muße. Die Auseinandersetzung mit dem eigenen Charakter und die Selbstvergewisserung führen dabei zu einer **Sinnfindung**, die jenseits vorgegebener Normen und Werte aus einem selbst kommen kann und deshalb authentisch ist. Diese Konzentration auf das Wesentliche ist eine Folge des Nichtstuns, die sich einstellen kann und einen entscheidenden Vorteil in der Entwicklung des eigenen Selbst darstellt.

Aus diesen Überlegungen zum Müßiggang ergeben sich **Folgerungen** für das Leben jedes Einzelnen und für die Gesellschaft insgesamt. Unbestreitbar ist, dass es in der westlichen Zivilisation ohne Arbeit nicht geht, weshalb das Nichtstun nur zeitweise eine Option sein kann. Alles deutet aber darauf hin, dass man sich gerade angesichts der Anforderungen der modernen Berufswelt mit Phasen der Muße helfen muss.

Im **privaten Bereich** wäre zu überlegen, ob die ständige Verfügbarkeit bzw. die **Dauerkommunikation** nicht bewusst **unterbrochen** werden sollte, um sich wenigstens ab und zu auf das Wesentliche zu konzentrieren. Jüngste Untersuchungen belegen, dass gerade Jugendliche bereits Internet-Suchtverhalten zeigen. Wichtig wäre deshalb, hin und wieder bewusst für einige Stunden oder Tage auf Facebook oder ähnliche Plattformen zu verzichtet. Der Umgang mit der daraus entstehenden Leere muss allerdings erst wieder erlernt werden (vgl. Material 2). Dieses tiefe Loch, in das mancher ohne Smartphone und PC fallen würde, hat noch nichts mit Muße zu tun, sondern ist zunächst eine quälende Herausforderung.

Möglichkeiten zur Muße können auch durch eine bewusste **Abgrenzung zwischen Arbeit und Nicht-Arbeit** erreicht werden. VW in Wolfsburg hat zum Beispiel den hausinternen E-Mail-Verkehr so programmiert, dass nach 18 Uhr keine Mails mehr weitergeleitet werden können. Solche Maßnahmen muss die Firma anbieten, aber auch der Einzelne kann die Möglichkeiten, die sich ihm bieten, ausschöpfen. Wochenenden sollten dann Wochenenden bleiben und nicht mit Arbeiten vollgestopft werden, die man während der Woche nicht mehr ganz geschafft hat. Ein Königsweg der Entschleunigung ist in der Berufswelt die **Auszeit**, die auch ein ganzes Jahr betragen kann, das sogenannte Sabbatjahr, was zunehmend auch genutzt wird. Wer für längere Zeit aus dem Beruf aussteigt, wird sich zwangsläufig mehr mit sich und seinen Wünschen und Vorstellungen beschäftigen können und so zu einer besseren Selbsteinschätzung kommen. Das ist dann Nichtstun im positiven Sinn, denn es geht nicht darum, seinen Körper und seinen Geist zu beruhigen, um am nächsten Tag im Job wieder besser zu funktionieren, sondern darum, zu sich selbst zu finden.

Während diese individuellen Maßnahmen immer an die Rahmenbedingungen 2. gebunden bleiben – ein Sabbatjahr ist nur mit der Unterstützung des Arbeitgebers durchführbar –, haben **Staat und Gesellschaft** viele Möglichkeiten, Rückzugsorte zu schaffen.

Dies beginnt bereits in der Schule, wo klarer als bisher zwischen arbeitsintensiven Prüfungszeiten und **prüfungsfreien Zeiten** unterschieden werden sollte. Dies würde maßgeblich dazu beitragen, dass der Dauerdruck, der auf den Schülern lastet, zu minimieren. Wer die Schule ernst nimmt, kann kaum einen Nachmittag etwas kürzer treten. Selbst die Wochenenden müssen zur Vorbereitung genutzt werden. Weiß man aber, dass die nächste Woche prüfungsfrei ist, kann man sich entspannter mit den Inhalten der einzelnen Fächer auseinandersetzen. Nach Nietzsche ist es ja gerade dieses ständige Lernen neuer Dinge, das wirkliche Bildung verhindert (vgl. Material 2, Z. 4 ff.).

Um Muße für die Gesellschaft als Ganzes zu ermöglichen, brauchen alle Menschen grundsätzlich freie Zeiten jenseits des Urlaubs, der vorrangig dazu dient, die Arbeitskraft wieder herzustellen. Wichtiger erscheint in diesem Zusammenhang eine wirkliche Rhythmisierung des Lebens, und die leisten in unserem Kulturkreis die **Sonn- und Feiertage**. Diese müssen jedoch auch entsprechend genutzt werden: Aufwändige Freizeitaktivitäten bringen wenig, vielmehr muss jeder einzelne bewusst die freie Zeit annehmen und die Muße akzeptieren. In diesem Zusammenhang wäre es ein fatales Signal, wenn der Sonntag als echter Ruhetag abgeschafft werden würde, wieder bräche ein Stück Müßiggang weg. Tendenzen dazu gibt es schon länger: Bäckereien haben geöffnet, verkaufsoffene Sonntage werden immer wieder angeboten. Daraus erwächst bei manchen Vertretern der Konsummittelindustrie die Vorstellung, dass man auf Sonntage als geschützte Ruhetage ganz verzichten könnte.

Zusammenfassend kann festgehalten werden, dass in unserer hektischen Welt V.
Muße und Müßiggang fehlen. Was Nietzsche bereits erkannt hat und die moderne Wissenschaft bestätigt, ist die Entwicklung einer Gesellschaft, die ununterbrochen aktiv sein muss, um entweder Erfolg im Beruf zu haben oder sich selbst abzulenken. Es ist durchaus zu befürchten, dass sich diese Tendenzen in den Zeiten der Globalisierung und der Medialisierung fortsetzen. Verkehr, Kommunikation und Warenproduktion haben inzwischen eine globale Dimension erreicht, die sich unmittelbar auch auf den Menschen und sein Verhalten auswirkt, denn die Arbeit nimmt den modernen Menschen zunehmend für sich in Anspruch. Es ist kein Wunder, dass sich seit einiger Zeit Klagen über das sogenannte Burn-out-Syndrom häufen. Alle Betroffenen berichten von einem **Gefühl der Überlastung,** das aus modernen Arbeitsprozessen erwächst. Zeit für das Nichtstun bleibt so kaum.

Dabei müsste die Muße mit aller Deutlichkeit gefördert werden. Alles deutet darauf hin, dass sie ein Kernbestand des menschlichen Daseins ist. Niemand ist dafür gemacht, 24 Stunden am Tag zu funktionieren. Zudem kann die Ausbildung zu einem seiner selbst bewussten Menschen nur gelingen, wenn genügend Zeit zur Verfügung steht. Niemand bezweifelt, dass Leistung und Arbeit wichtig sind. Erfolgreich ist man aber nur, wenn man auch seine **Persönlichkeit entwickelt** hat.

Aber auch jeder Einzelne sollte darauf achten, dass er nicht sein gesamtes Leben nur unter dem Aspekt des Nützlichen betrachtet. Wenn selbst in den Stunden der freien Zeit Ruhe ein Fremdwort bleibt, kann etwas nicht stimmen. In unserem schnelllebigen Jahrhundert ist es sehr wichtig, Stunden der Muße zu erleben, denn nur so kann man zu sich selber finden. Das bezieht sich im Übrigen nicht nur auf die geistige Erholung, sondern auch auf die körperliche. Wer selbst im Urlaub von einer sportlichen Höchstanstrengung, vielleicht sogar Überforderung, zur nächsten jagt, muss sich nicht wundern, wenn der Körper erschöpft aus dem Urlaub zurückkehrt.

Die Frage nach der **Bedeutung des Nichtstuns** lässt bereits **Goethe** seinen C
Faust stellen. Der Pakt, den dieser mit Mephisto eingeht, zielt auf den einen Augenblick, an dem er sagen kann: „Augenblick, verweile doch, du bist so schön!" In dieser Situation wäre Faust dann bereit, seine Seele dem Teufel zu überlassen. Selbst für den Alleskönner Faust ist es also von größter Bedeutung an einen Punkt zu kommen, an dem man nichts mehr erreichen will, sondern sich ganz auf sich selbst konzentrieren kann. Goethe brauchte zwei umfassende Dramen-Teile, um seinen Helden auf vielen Umwegen zu diesem Ende zu führen.

2012-52

Gliederung – Variante 2

A *Anekdote zur Senkung der Arbeitsmoral* (Heinrich Böll)

B Lob der Faulheit
 I. Die Zwänge der Gesellschaft
 II. Die Vorteile des Nichtstuns
  1. Kraft schöpfen
  2. Kreativität zulassen
  3. Selbsterkenntnis ermöglichen
 III. Plädoyer für mehr Muße
  1. In der Schule
  2. In der Gesellschaft

C Appell an den idealen Schüler

Lösungsvorschlag – Variante 2

Lob der Faulheit 2.0

Wer zwölf Jahre zur Schule geht, lernt einiges kennen, zum Beispiel die Poly- A
nomdivision, das Wormser Konkordat oder die berühmte Desoxyribonuklein-
säure. Dazu kommt eine Fülle von Geschichten, die den Deutschunterricht
erst zu dem machen, was er gerne sein möchte: Sprachunterricht und Lebens-
hilfe zugleich. Über die Jahre hinweg hat sich bei mir ein Favorit heraus-
kristallisiert, dessen Überzeugungskraft unschlagbar ist und dessen Witz mir
bei jedem Lesen mehr Vergnügen bereitet: **Heinrich Bölls** *Anekdote zur Senkung der Arbeitsmoral*, die uns bereits in der achten Jahrgangsstufe näherge-
bracht wurde. Zurückblickend auf meine Schullaufbahn möchte ich die Anekdote allen Schülerinnen und Schülern wärmstens empfehlen – sie könnte viele
Mühen der Schule abmildern.
Worum geht es in der kurzen Geschichte? Sie handelt von einem sehr deutschen Urlauber, der auf einen sehr Einheimischen an einer westlichen Meeres-
küste Europas trifft. Dieser, so kann man erschließen, lebt vom Fischfang.
Der Tourist beobachtet eines Tages, wie der Fischer in der Mittagssonne vor
sich hindöst. Die beiden kommen ins Gespräch und ganz nebenbei entwickelt
der Deutsche für den vollkommen entspannten Mann einen Masterplan zur
Steigerung der ökonomischen Effizienz. Seine Ideen zur Fang- und Gewinn-
maximierung entwirft er mit sichtlichem Enthusiasmus, bis zu dem Punkt, an
dem der Fischer die alles entscheidende Frage stellt: Für was soll das gut
sein? Nun, so sagt der Deutsche, wenn man genug getan habe, könne man sich
in aller Ruhe an den Strand setzen und seine freie Zeit genießen. Die Antwort
kann sich der Leser sicherlich denken, sie ist aber zu schön, um nicht wiederholt zu werden: Genau das mache ich doch jetzt schon! Volltreffer!! Und

2012-53

gleichzeitig ein Plädoyer dafür, sich sehr genau zu überlegen, ob das Prinzip des Immer-Mehr, Immer-Schneller wirklich in jedem Fall die beste Wahl ist. Oder ob es nicht gerechtfertigt ist, auch einmal die Faulheit zu rühmen, das *Lob der Faulheit* zu singen, wie es schon Lessing im 18. Jahrhundert in einem kleinen Gedicht vorgemacht hat. Wie lässt sich die **Faulheit** im 21. Jahrhundert **legitimieren**? Versuch eines Lobs der Faulheit 2.0:

Wenn mit Faulheit das süße Nichtstun, das zweckfreie Dasitzen und Herumlungern gemeint ist, dann wirft dies in unserer **Gesellschaft** naturgemäß zunächst einmal **kritische Fragen** auf. Kann es sich ein Schüler leisten, weder Hausaufgaben zu machen noch den Lernstoff zu verinnerlichen? Kann er sich gar einen Tag im Freibad gönnen, statt für die nächste Klausur zu büffeln? Oder weiter: Kann es sich ein Arbeitnehmer leisten, keine Überstunden zu machen, um ein Über-Soll zu erfüllen? Kann er sich Brückentage grundsätzlich freinehmen, kann er sich grundsätzlich weigern, auch am Wochenende, auch am Feierabend seine Mails abzurufen, um im Fall des Falles eingreifen zu können? **B I.**

Die **intuitive Antwort** lautet vermutlich: Nein! Niemand kann sich das leisten. Der Schüler nicht, der doch das Klassenziel erreichen muss, der Arbeitnehmer nicht, der seinen Job pflichtbewusst erfüllen muss. Diese Haltung existiert nicht schon seit Anbeginn der Zeitzählung, sie hat sich erst mit der neuzeitlichen Entstehung des **modernen Arbeitsethos**, vor allem aber seit der Etablierung der bürgerlichen Gesellschaft in Mitteleuropa durchgesetzt. Bereits Friedrich Nietzsche hat im späten 19. Jahrhundert die Auswüchse dieser Wandlung beobachtet, als er feststellte, dass seine Zeitgenossen „mit der Uhr in der Hand" denken und selbst beim Essen „das Auge auf das Börsenblatt gerichtet" haben (Material 1, Z. 2 f.). Das menschliche Handeln sei, so Nietzsche, stets auf Gewinnstreben ausgerichtet. Man sei gezwungen, immer schneller als andere zu sein, unter Umständen sogar, indem man den anderen hintergehe. Der Philosoph attestierte der damaligen Gesellschaft ein abstoßendes Nützlichkeitsdenken: Selbst notwendige Erholungsphasen müssten damit gerechtfertigt werden, dass sie die Kraft für das Geschäft wiederherstellten.

Dies dürfte heute von den meisten nicht anders gesehen werden. Wer nicht arbeitet, soll auch nicht essen – so oder ähnlich hört man es oft, und das nicht nur an den Stammtischen. Und es stimmt ja durchaus: Die täglichen Brötchen werden einem nicht gegeben, man muss sie sich verdienen. Wie kann man das Lob der Faulheit trotzdem rechtfertigen?

Nichtstun ist nicht nichts, es bringt, wenn man genauer hinschaut, große Vorteile, und das nicht nur für das Individuum, sondern für die gesamte Gesellschaft. **II. 1.**

Da ist die Tatsache, dass niemand 24 Stunden am Tag durcharbeiten kann: Faulheit ist ein menschliches Grundbedürfnis. Wir müssen schlafen und wir brauchen Stunden, die nicht auf Schule oder Beruf ausgerichtet sind. Freizeit und Urlaub erlauben dem Menschen, **neue Kraft zu schöpfen**, sich zu erholen – sofern diese Mußestunden auch wirklich der Muße vorbehalten sind.

Und die braucht der Mensch durchaus in regelmäßigen Abständen. Befragt man die Deutschen nach dem Ausmaß der Stressbelastung, dann gibt knapp ein Drittel an, ständig oder häufig gestresst zu sein. Mußestunden erscheinen da als pure Überlebensstrategie!

Auch sind diese Stunden der Muße, ist Faulheit die **Voraussetzung kreativer Tätigkeiten**. Wie Kreativität nicht funktioniert, haben wir in der Schule manches mühselige Mal erfahren müssen, etwa dann, wenn Lehrer uns in den letzten zehn Minuten einer Unterrichtsstunde aufforderten, schnell noch ein Gedicht zu schreiben (besonders beliebt: Das Elfchen!). Kunst auf Knopfdruck sagten wir dann, und es stimmt: kreative Prozesse brauchen Zeit. Man muss die Möglichkeit haben, sich in eine Sache ganz zu versenken, vor allem darf man keinen Produktivitätsdruck verspüren. Kreatives entsteht dann wie von selbst. Das gilt übrigens nicht allein für die Kunst, sondern auch für die Lösung komplexer Aufgaben. Die besten Ideen entspringen manchmal der Muße. Leider kennen wir aus dem Unterricht vor allem den gegenteiligen Effekt: Während der Matheklausur will die Rechnung einfach nicht gelingen, in der Badewanne, zwischen Schaumbergen und Entchen, fällt es dann plötzlich wie Schuppen von den Augen. Wäre nur der Zeitdruck nicht gewesen!

Am wichtigsten aber: Faulheit ist keine bloße Schwäche des Charakters, sondern trägt erst zur Herausbildung desselben bei – die Auseinandersetzung mit sich selbst, das **Reifen der Selbsterkenntnis** ist ohne Zeiten der Ruhe und Einkehr nicht möglich. Dass andauernde Aktivität die Beschäftigung mit dem eigenen Selbst verhindert, bestätigt sogar die Hirnforschung inzwischen eindrucksvoll: Neurowissenschaftlicher haben festgestellt, dass sich das Gehirn in Zeiten der Ruhe automatisch nach innen wendet und so die Auseinandersetzung mit dem Ich in Gang setzt (vgl. Material 3). Unsere Gesellschaft scheint diese Selbstreflexion allerdings nicht unbedingt zu fördern. Es hat sich ein Verhalten ausgebildet, das darauf aus ist, möglichst keine Lücken zu lassen: Morgens werden wir vom Radio geweckt, die dauerfröhlichen Moderatoren geben die Losung des Tages aus – meist geht es darum, dass bald Wochenende ist. Schon am Frühstückstisch wird ein erster Blick auf den Facebook-Account geworfen (es könnte ja gemeldet werden, dass die erste Stunde entfällt). In der Schule hetzen wir von Stunde zu Stunde, von Fach zu Fach, bis in den Nachmittag hinein. Schnell noch die Mails gecheckt und den Abend dann dem Fernsehprogramm überlassen und so weiter und so weiter. Sollten sich dennoch Lücken ergeben, lassen sie sich zuverlässig durch zahlreiche Multimedia-Spielzeuge überbrücken. Der Soziologe Harmut Rosa erklärt diese Unrast damit, dass wir in beschleunigten Zeiten leben, in denen es darum geht, „möglichst viel zu erleben". Und das geht nach einem scheinbar logischen Prinzip: „Wer doppelt so schnell handelt, kann praktisch zwei Lebenspensen in einem unterbringen." (Material 2, Z. 13 f.) Das Problem dieses „Hamsterrades": Man muss Tag und Nacht aktiv sein. Ausstiegswillige tun sich zunächst wahnsinnig schwer mit dem Stillstand und empfinden eine einzige Leere. Aber genau diese **Leere muss ausgehalten werden**, in ihr ist man sich selbst ausgesetzt, in ihr findet man den Urgrund des eigenen Selbst.

Wir sollten lernen, dieser Auseinandersetzung mit sich selbst nicht aus dem Weg zu gehen. Erreichbar ist dies nur mit einem Mehr an Muße in Schule und Gesellschaft.

Die **Schule** bietet Möglichkeiten zur Muße, sie sollten genutzt werden. Eine III. sinnvolle Einrichtung sind etwa Ruheräume, die in Freistunden und Pausen als Rückzugsorte dienen können. Eine kleine Bibliothek, anspruchsvolle Spiele, der Verzicht auf Handys und Computer – mehr wäre nicht nötig. Die Schulgemeinschaft sollte sich auch überlegen, ob die Dauerbelastung der Schüler – ja, es gibt sie wirklich! – nicht minimiert werden kann, indem man prüfungsfreie Zeiten einführt oder die Leistungserhebungen grundsätzlich überdenkt. Schon Nietzsche hat erkannt, dass ständige Aktivität wahrer Bildung entgegensteht (vgl. Mat 1). Es geht also dabei nicht darum, dem faulen Schüler entgegenzukommen, vielmehr ist die Entwicklung der Schülerpersönlichkeit jenseits der Leistungsmessung ins Auge zu fassen. Und warum sollte man nicht auch ein neues Schulfach kreieren, das sich genau damit befasst: Lebensstile, Selbsterkenntnis?

Was für die Schule gilt, gilt selbstverständlich auch für die **Gesellschaft** insgesamt: Muße braucht Zeit, also gebt ihr diese Zeit. Beschallt nicht alle öffentlichen Räume mit lauter Musik, richtet für die wenigen arbeitsfreien Stunden Ruhezonen ein. Haltet am freien Wochenende fest, lasst vor allem den Sonntag als arbeitsfreien Tag unbedingt bestehen. Respektiert, wenn jemand sich dazu entschließt, für längere Zeit aus dem Beruf auszusteigen. Die vita contemplativa sollte eine gesellschaftlich akzeptierte Form des Lebens sein. Wer faul in der Hängematte liegt, leistet später vielleicht gerade deshalb mehr für die Gesellschaft als ein dauergestresster Manager!

Ist der faule Schüler der bessere Schüler? Meine Ausführungen nach acht Jah- C ren am Gymnasium sollten nicht missverstanden werden. Es geht, um mit Aristoteles zu sprechen, immer um das **richtige Maß**. Ideal wäre es, wenn beides in der Schule Platz finden würde: Leistung und Muße, aktives Lernen und Ruhe, Wissenserwerb und Entwicklung des eigenen Selbst. Der ideale Schüler ist dann ein Heranwachsender, dem das Lob der Faulheit gelingt.

Ihre Meinung ist uns wichtig!

Ihre Anregungen sind uns immer willkommen. Bitte informieren Sie uns mit diesem Schein über Ihre Verbesserungsvorschläge!

Titel-Nr.	Seite	Vorschlag

Bitte hier abtrennen

Lernen ▪ Wissen ▪ Zukunft
STARK

22_VD9

Bitte ausfüllen und im frankierten Umschlag
an uns einsenden. Für Fensterkuverts geeignet.

Zutreffendes bitte ankreuzen!

Die Absenderin/der Absender ist:

Lehrer/in in den Klassenstufen:

☐ Fachbetreuer/in
☐ Fächer:
☐ Seminarlehrer/in
☐ Fächer:
☐ Regierungsfachberater/in
☐ Fächer:
☐ Oberstufenbetreuer/in

☐ Schulleiter/in
☐ Referendar/in, Termin 2. Staats-
  examen:
☐ Leiter/in Lehrerbibliothek
☐ Leiter/in Schülerbibliothek
☐ Sekretariat
☐ Eltern
☐ Schüler/in, Klasse:
☐ Sonstiges:

Unterrichtsfächer: (Bei Lehrkräften!)

STARK Verlag
Postfach 1852
85318 Freising

Kennen Sie Ihre Kundennummer?
Bitte hier eintragen.

Absender (Bitte in Druckbuchstaben!)

Name/Vorname

Straße/Nr.

PLZ/Ort/Ortsteil

Telefon privat   Geburtsjahr

E-Mail

Schule/Schulstempel (Bitte immer angeben!)

Bitte hier abtrennen ✂

Sicher durch das Abitur!

Klare Fakten, systematische Methoden, prägnante Beispiele, Übungs- sowie Abitur-Prüfungsaufgaben mit erklärenden Lösungen zur Selbstkontrolle.

Deutsch

Gedichte analysieren und interpretieren	Best.-Nr. 944091
Dramen analysieren und interpretieren	Best.-Nr. 944092
Epische Texte analysieren und interpretieren	Best.-Nr. 944093
Erörtern und Sachtexte analysieren	Best.-Nr. 944094
Abitur-Wissen Prüfungswissen Oberstufe	Best.-Nr. 94400
Abitur-Wissen Deutsche Literaturgeschichte	Best.-Nr. 94405
Abitur-Wissen Textinterpretation Lyrik, Drama, Epik	Best.-Nr. 944061
Abitur-Wissen Erörtern und Sachtexte analysieren	Best.-Nr. 944064
Kompakt-Wissen Literaturgeschichte	Best.-Nr. 944066
Epochen der deutschen Literatur im Überblick	Best.-Nr. 104401
Klausuren Deutsch Oberstufe	Best.-Nr. 104011

Englisch

Themenwortschatz	Best.-Nr. 82451
Grammatikübung	Best.-Nr. 82452
Übersetzung	Best.-Nr. 82454
Grundlagen, Arbeitstechniken und Methoden mit Audio-CD	Best.-Nr. 944601
Sprechfertigkeit mit Audio-CD	Best.-Nr. 94467
Sprachmittlung	Best.-Nr. 94469
Klausuren Englisch Oberstufe	Best.-Nr. 905113
Abitur-Wissen Landeskunde Großbritannien	Best.-Nr. 94461
Abitur-Wissen Landeskunde USA	Best.-Nr. 94463
Abitur-Wissen Englische Literaturgeschichte	Best.-Nr. 94465
Kompakt-Wissen Abitur Themenwortschatz	Best.-Nr. 90462
Kompakt-Wissen Abitur Landeskunde/Literatur	Best.-Nr. 90463

Französisch

Sprachmittlung · Übersetzung	Best.-Nr. 94512
Themenwortschatz	Best.-Nr. 94503
Textarbeit Oberstufe	Best.-Nr. 94504
Klausuren Französisch Oberstufe mit MP3-CD	Best.-Nr. 105011
Abitur-Wissen Französische Literaturgeschichte	Best.-Nr. 94506
Kompakt-Wissen Abitur Kurzgrammatik	Best.-Nr. 945011
Kompakt-Wissen Abitur Wortschatz Oberstufe	Best.-Nr. 945010

Latein

Klausuren Latein Oberstufe	Best.-Nr. 106011
Abitur-Wissen Lateinische Literaturgeschichte	Best.-Nr. 94602
Abitur-Wissen Römische Philosophie	Best.-Nr. 94604
Abitur-Wissen Prüfungswissen Latinum	Best.-Nr. 94608
Kompakt-Wissen Basisautoren Oberstufe	Best.-Nr. 946010
Kompakt-Wissen Kurzgrammatik	Best.-Nr. 906011

Spanisch

Kompakt-Wissen Wortschatz Oberstufe	Best.-Nr. 945401

Kunst

Abitur-Wissen Malerei · Plastik · Architektur	Best.-Nr. 949618
Abitur-Wissen Werkerschließung	Best.-Nr. 949628
Kompakt-Wissen Abitur Kunst	Best.-Nr. 949601

Geschichte

Geschichte 1 – Gesellschaft im Wandel (15.–19. Jh.); Demokratie und Diktatur – Probleme der deutschen Geschichte im 20. Jh.	Best.-Nr. 947818
Geschichte 2 – Historische Komponenten europäischer Kultur und Gesellschaft; Konfliktregionen und Akteure internationaler Politik in historischer Perspektive	Best.-Nr. 947828
Grundlagen, Arbeitstechniken und Methoden	Best.-Nr. 94789
Abitur-Wissen Die Antike	Best.-Nr. 94783
Abitur-Wissen Das Mittelalter	Best.-Nr. 94788
Abitur-Wissen Französische Revolution	Best.-Nr. 947812
Abitur-Wissen Die Ära Bismarck: Entstehung und Entwicklung des deutschen Nationalstaats	Best.-Nr. 94784
Abitur-Wissen Imperialismus und Erster Weltkrieg	Best.-Nr. 94785
Abitur-Wissen Die Weimarer Republik	Best.-Nr. 47815
Abitur-Wissen Nationalsozialismus und Zweiter Weltkrieg	Best.-Nr. 94786
Abitur Wissen Deutschland von 1945 bis zur Gegenwart	Best.-Nr. 947811
Abitur Wissen USA	Best.-Nr. 947813
Abitur Wissen Naher Osten	Best.-Nr. 947814
Kompakt-Wissen Abitur Geschichte Oberstufe	Best.-Nr. 947601
Klausuren Geschichte Oberstufe	Best.-Nr. 107611

(Bitte blättern Sie um)

Sozialkunde

Abitur-Wissen Demokratie	Best.-Nr. 94803
Abitur-Wissen Sozialpolitik	Best.-Nr. 94804
Abitur-Wissen Die Europäische Einigung	Best.-Nr. 94805
Abitur-Wissen Politische Theorie	Best.-Nr. 94806
Abitur-Wissen Internationale Beziehungen	Best.-Nr. 94807
Kompakt-Wissen Abitur Grundlagen der nationalen und internationalen Politik	Best.-Nr. 948001
Kompakt-Wissen Abitur Grundbegriffe Politik	Best.-Nr. 948002

Studi-Kompass

Wie geht es nach dem Abitur weiter?

Abiturprüfung 2013

Optimale Unterstützung für Schülerinnen und Schüler bei der selbstständigen Vorbereitung auf die **Abiturprüfung in Bayern:**

– Wertvolle **Hinweise** zum Ablauf des Abiturs.
– **Original-Prüfungsaufgaben und Übungsaufgaben im Stil des Abiturs** machen mit den Inhalten vertraut und geben Gelegenheit zum selbstständigen Üben unter Prüfungsbedingungen.
– Ausführliche, **schülergerechte Lösungen** sowie hilfreiche Tipps und Hinweise zum Lösen der Aufgaben.

Abitur Mathematik – Bayern	Best.-Nr. 95001
Abitur Physik – Bayern	Best.-Nr. 95301
Abitur Biologie – Bayern	Best.-Nr. 95701
Abitur Chemie – Bayern	Best.-Nr. 95731
Abitur Geschichte – Bayern	Best.-Nr. 95761
Abitur Sozialkunde – Bayern	Best.-Nr. 95801
Abitur Geographie – Bayern	Best.-Nr. 95901
Abitur Wirtschaft und Recht – Bayern	Best.-Nr. 95851
Abitur Deutsch – Bayern	Best.-Nr. 95401
Abitur Englisch mit MP3-CD – Bayern	Best.-Nr. 95461
Abitur Französisch mit MP3-CD – Bayern	Best.-Nr. 95501
Abitur Latein – Bayern	Best.-Nr. 95601
Abitur Sport – Bayern	Best.-Nr. 95980
Abitur Kunst – Bayern	Best.-Nr. 95961

Natürlich führen wir noch mehr Titel für alle Fächer und Stufen: Alle Informationen unter
www.stark-verlag.de

Die Reihe **Studi-Kompass** gibt Antworten auf Fragen zum Studium:

→ Detaillierte Informationen zu jeder Hochschule – und Hochschulstadt – in Deutschland sowie alle wichtigen Adressen und Ansprechpartner

→ Zahlreiche Berufsbilder, mögliche Tätigkeitsfelder und Arbeitsmarktprognosen für Absolventen

→ Online-SelfAssessment zur Unterstützung der Schülerinnen und Schüler bei der persönlichen Studienentscheidung

Wirtschaftswissenschaften und Wirtschaftsingenieurwesen, Ausgabe Nord	Best.-Nr. 20088A
Wirtschaftswissenschaften und Wirtschaftsingenieurwesen, Ausgabe Süd	Best.-Nr. 20088B
Ingenieurwissenschaften, Ausgabe Nord	Best.-Nr. 20010A
Ingenieurwissenschaften, Ausgabe Süd	Best.-Nr. 20010B
Psychologie und Pädagogik	Best.-Nr. 20094
Biologie, Chemie, Pharmazie	Best.-Nr. 20073
Mathematik und Physik, Ausgabe Nord	Best.-Nr. 20030A
Mathematik und Physik, Ausgabe Süd	Best.-Nr. 20030B
Rechtswissenschaften, Ausgabe Nord	Best.-Nr. 20085A
Rechtswissenschaften, Ausgabe Süd	Best.-Nr. 20085B
Sprach- und Literaturwissenschaften	Best.-Nr. 20040
Kulturwissenschaften	Best.-Nr. 20076
Politik- und Sozialwissenschaften	Best.-Nr. 20020
Medien, Ethnologie und Journalistik	Best.-Nr. 20080

„So finde ich das passende Studienfach!"
Leitfaden zum Online-SelfAssessment
inkl. Aktivierungs-Code ... Best.-Nr. 20000
Aktivierungs-Code zum Online-SelfAssessment Best.-Nr. 20000C

Bestellungen bitte direkt an:
STARK Verlagsgesellschaft mbH & Co. KG · Postfach 1852 · 85318 Freising
Tel. 0180 3 179000* · Fax 0180 3 179001* · www.stark-verlag.de · info@stark-verlag.de
*9 Cent pro Min. aus dem deutschen Festnetz, Mobilfunk bis 42 Cent pro Min.
Aus dem Mobilfunknetz wählen Sie die Festnetznummer: 08167 9573-0

Lernen · Wissen · Zukunft
STARK